सर्जिकल स्ट्राइक

सर्जिकल स्ट्राइक

ईश कुमार गंगानिया

प्रभात पेपरबैक्स
www.prabhatbooks.com

प्रकाशक
प्रभात पेपरबैक्स
प्रभात प्रकाशन प्रा. लि. का उपक्रम
4/19 आसफ अली रोड, नई दिल्ली-110002
फोन : 011-23289777 • हेल्पलाइन नं. : 7827007777
इ-मेल : prabhatbooks@gmail.com ❖ वेब ठिकाना : www.prabhatbooks.com

संस्करण
2023

मूल्य
तीन सौ रुपए

मुद्रक
आर-टेक ऑफसेट प्रिंटर्स, दिल्ली

★

SURGICAL STRIKE
novel by Shri Ish Kumar Gangania

Published by **PRABHAT PAPERBACKS**
An imprint of Prabhat Prakashan Pvt. Ltd.
4/19 Asaf Ali Road, New Delhi-110002

ISBN 978-93-5521-389-1

₹ 300.00

पुलवामा के
शहीदों के बलिदान
और
उनके परिवार के
भावी संघर्ष को···

समय से सार्थक संवाद

माना जाता है कि कथा साहित्य का उदय संभवतः कहानी-लेखन से संभव हो सका है। यह भी माना जाता है कि उपन्यास का उदय लंबी कहानियों के लेखन के प्रादुर्भाव के साथ-साथ हुआ है, किंतु कहानी और उपन्यास के बीच जो खास अंतर है, उसे समझने के लिए ज्यादा उलझन का सामना नहीं करना पड़ता। दरअसल, कहानी जीवन तथा समाज के किसी विशेष भाग को विश्लेषित करती है, जबकि अर्नेस्ट ए. बेकर ने उपन्यास की परिभाषा देते हुए उसे गद्यबद्ध कथानक के माध्यम द्वारा जीवन तथा समाज की व्याख्या का सर्वोत्तम साधन बताया है, अर्थात् विश्व-साहित्य का प्रारंभ संभवतः कहानियों से ही हुआ, इसे मानने में कोई संदेह शायद नहीं रहता।

यह भी कि साहित्य में गद्य का प्रयोग जीवन के यथार्थ चित्रण का द्योतक रहा है। उपन्यास के जरिए साधारण बोलचाल की भाषा द्वारा लेखक के लिए अपने पात्रों, उनकी समस्याओं, विचारों तथा उनके जीवन की व्यापक पृष्ठभूमि से प्रत्यक्ष संबंध स्थापित करना आसान होता है। इस संबंध में एक सत्य उजागर कर दूँ कि ईश कुमार गंगानिया के प्रस्तुत उपन्यास 'सर्जिकल स्ट्राइक' से पूर्व उनका 'इंट्यूशन' शीर्षांकित एक कहानी-संग्रह, तीन काव्य-संग्रह तथा आलोचना की दर्जन भर पुस्तकें प्रकाशित हो चुकी हैं, अतः उपन्यास लिखने की उनकी कोशिश अनायास नहीं है। गंगानियाजी ने अपने इस उपन्यास में जीवन की विसंगतियों के व्यापक चित्रण प्रस्तुत करने में ही उपन्यास-लेखन की कला को प्राथमिकता प्रदान करते हुए समय के साथ एक सार्थक संवाद करने का साहस किया है।

यथार्थ के प्रति उनका आग्रह बिल्कुल नया है, ऐसा नहीं है···यह उनकी कविताओं और निबंधों में बेबाक तेवर के साथ बराबर अभिव्यक्त होता रहा है। उपन्यास का प्लॉट ऊपरी तौर पर राजनीतिक नजर आता है, लेकिन इसमें आम आदमी के जीवन से जुड़ा ऐसा कोई पहलू नहीं है, जो इसकी विषय-वस्तु से अछूता रह गया हो। कहने की आवश्यकता नहीं कि उन्होंने अपने आसपास के परिदृश्य को ही अपने उपन्यास का विषय बनाया है। कल्पना की दुनिया से परे, उनका यह उपन्यास हवाबाजी की दुनिया से परे जीवन जीनेवाले पाठकों को जरूर आकर्षित करेगा, ऐसा मेरा विश्वास है। इस उपन्यास में पात्रों की संख्या सीमित है, लेकिन वैचारिक धरातल का कैनवास काफी व्यापक है।

ये पात्र आपस में समाज के प्रत्येक पहलू पर, फिर चाहे वह राजनीतिक मसले हों, सामाजिक विसंगतियों की कुरूपता हो, धर्म के संबंध में किसी भी प्रकार की उठा-पटक की बात हो, सामाजिक अनेकता की बात हो, मूलधारा के साहित्य अथवा दलित लेखक संघों व साहित्यकारों की कारगुजारियाँ हों, बाबा साहेब आंबेडकर की विचारधारा और उनकी विचारधारा की मान्यता को लेकर उठनेवाले सवालों की बात हो, उपन्यास में सभी मुद्दों पर गर्मजोशीपूर्ण चर्चा है···संवाद हैं। उपन्यास में पात्रों के स्वाभाविक विकास के लिए स्पेस की कोई कमी नजर नहीं आती। उपन्यासकार पात्रों के स्वाभाविक विकास और उनके चित्रण में कहीं भी हस्तक्षेप करता नजर नहीं आता। इसके चलते औपन्यासिक परिस्थितियों के साथ भी न्याय होता नजर आता है और पात्रों के साथ भी। कहा जा सकता है कि कई परिस्थितियों में उपन्यासकार का अलग तरह से सोचने का आग्रह जरूर नजर आता है, लेकिन इसके पीछे पूर्वग्रह न होना लेखकीय ईमानदारी को रेखांकित करता है।

कुल मिलाकर कथाकार कोरी कल्पना की दुनिया से दूर···यथार्थ की दुनिया का उल्लेख करता है, इसलिए प्रस्तुत उपन्यास की ग्राह्यता और बढ़ जाती है। यथार्थ की परिधि के बाहर जाकर न अनावश्यक मनचाही उड़ान, न कथानक की माँग नजर आती है और न ही कथाकार इसके लिए कोई फालतू प्रयास ही करता नजर आता है। उपन्यास की विषय-वस्तु की विश्वसनीयता पाठकों को उपन्यास से जोड़े रखने में सहायक प्रतीत होती है। उनके इस उपन्यास का

आविर्भाव और विकास उनके कहानी-लेखन के बाद का उपक्रम है, जो व्यक्ति तथा समाज को व्यापक धरातल प्रदान करता है। यह जीवन की समस्याओं के प्रति एक नए दृष्टिकोण का तर्कयुक्त व व्यावहारिक दस्तावेज है। अंत में यह कहना अतिशयोक्ति न होगा कि कथाकार का दृष्टिकोण केवल बौद्धिक ही नहीं है, उपन्यासकार की कला-साधना समाज की समस्याओं को बारीकी से उकेरती है और व्यापक सामाजिक जागरूकता का मार्ग प्रशस्त करने की प्रबल क्षमता रखती है। प्रस्तुत उपन्यास में सामाजिक व राजनीतिक चेतना के क्रमिक विकास की कलात्मक प्रस्तुति है···अभिव्यक्ति है।

अधिकतर साहित्यकारों की मान्यता है कि जीवन का जितना व्यापक एवं सर्वांगीण चित्र उपन्यास में मिलता है, उतना साहित्य के अन्य किसी भी रूप में उपलब्ध नहीं।···प्रस्तुत उपन्यास इस उक्ति पर खरा उतरता है, यह कहने में मुझे कोई संकोच नहीं। दरअसल उपन्यासकार के लिए कहानी साधन मात्र है, साध्य नहीं। उसका ध्येय पाठकों का मनोरंजन मात्र भी नहीं···यह पाठक को समाज की समस्याओं की अनेक परतों से रू-ब-रू कराते हुए उनके समाधान हेतु ठहरकर विचार करने को बाध्य करता है···व्यक्ति को मौजूदा परिस्थितियों के प्रति अपनी जिम्मेदारियों के निर्वहन के लिए उकसाता है···झकझोरता है। कथाकार की यही कला लेखन के प्रति ईमानदारी की ओर संकेत करती है। शुभेच्छु···

—तेजपाल सिंह 'तेज'

नई सुबह के लिए...

मैं लोकतंत्र और लोकतांत्रिक व्यवस्था का मुरीद हूँ। मुझे देश के लोकतांत्रिक ताने-बाने से खिलवाड़ कतई पसंद नहीं है और किसी भी जिम्मेदार नागरिक को ऐसा खिलवाड़ पसंद नहीं होना चाहिए। इसलिए राष्ट्रहित में प्रत्येक जिम्मेदार नागरिक को इसके विरुद्ध खड़ा होना चाहिए। मेरा उपन्यास 'सर्जिकल स्ट्राइक' लोकतंत्र और लोकतांत्रिक मूल्यों के समर्थन में एक जज्बाती जंग है। मेरा मानना है कि यह जंग किसी भी लेखक के मनोरंजन का साधन नहीं हो सकती। जाहिर है, किसी पाठक के मनोरंजन का भी साधन नहीं। मेरे लिए इस जंग का हिस्सा होना मेरी मजबूरी है, एक जिम्मेदारी है। मैंने यह उपन्यास इसलिए नहीं लिखा कि मेरे पास उपन्यास लेखन की कोई विशेष कला है या उपन्यास की दुनिया में अपनी उपस्थिति दर्ज कराना मेरा मकसद है। मुझे यह माध्यम अपनी बात कहने के लिए उपयुक्त लगा। इसलिए मैंने उपन्यास को अपनी बात कहने का माध्यम बनाया है।

उपन्यास लिखने के पीछे समाज में कुछ ऐसी अप्रिय व हिंसक घटनाओं का बढ़ जाना है, जो लोकतंत्र को सीधे चुनौती देती नजर आती हैं, लेकिन शासन-प्रशासन की गतिविधियाँ इनके निराकरण की अपेक्षा एक प्रकार से प्रत्यक्ष या परोक्ष रूप से इनका समर्थन करती नजर आती हैं। जाहिर है, यह सब सरकार की नीयत को संदिग्ध बनाती हैं। इसलिए अराजक तत्त्वों में न किसी कानून का खौफ रह गया है और न ही पुलिस-प्रशासन का। मौजूदा परिस्थितियों में कई बार न्यायालय और न्याय की प्रक्रिया स्वयं संदेह के घेरे से परे नहीं रह पाते। देश

की लगभग सभी संवैधानिक संस्थाएँ जैसे वेंटिलेटर पर आ गई हैं और कृत्रिम ऑक्सीजन पर जिंदा हैं। यह गंभीर चिंता की बात है। इलेक्ट्रॉनिक मीडिया ने इस चिंता को और अधिक बेचैनी में परिवर्तित कर छोड़ा है। मीडिया मुझे क्रिकेट की आई.पी.एल. की टीम की तर्ज पर 'इंडियन मीडिया प्रीमियर लीग', यानी आई.एम.पी.एल. जैसी भूमिका में नजर आता है, जो बराबर मीडिया-मीडिया खेले जा रहा है। कुछ पता ही नहीं चलता कि यह अपने लिए बैटिंग कर रहा है या अपने आका के लिए। देश और इसकी जनता के लिए इसकी बैटिंग सिरे से नदारद नजर आती है। देश के एक साधारण नागरिक द्वारा 'सर्जिकल स्ट्राइक' की बहुआयामी तसवीर उपन्यास के माध्यम से पेपर पर उतारने की एक साधारण सी कोशिश है। संभवत: यह मेरे लिए इसके अतिरिक्त कुछ भी नहीं है।

'सर्जिकल स्ट्राइक' का प्लॉट यद्यपि पुलवामा के आतंकी हमले की बुनियाद पर खड़ा है, लेकिन उपन्यास में लोकतंत्र और लोकतांत्रिक मूल्यों को चुनौती देनेवाले हर मुद्दे की सर्जरी को तरजीह दी गई है। इस सर्जरी में प्रयोग होनेवाले औजारों को विशुद्ध रूप से स्टेरिलाइज, यानी कीटाणुरहित बनाने का भरसक प्रयास किया गया है। यह भी प्रयास किया गया है कि सिर्फ बीमार अंग का उपचार हो, उसी के साथ छेड़छाड़ हो, काट-छाँट हो और अन्य अंगों पर किसी भी प्रकार का प्रतिकूल प्रभाव न पड़े। इस सर्जरी के भावी सकारात्मक परिणाम के मद्देनजर पोस्ट-ऑप्रेटिव उपचार व इम्युनिटी बरकरार रखने के भी खासे प्रयास किए गए हैं। इम्युनिटी बरकरार रखने के लिए सिंधु घाटी सभ्यता से लेकर बुद्धकालीन सोशियो-पॉलिटिकल उपचार पद्धति तक और बुद्धकालीन सोशियो-पॉलिटिकल उपचार पद्धति से वर्तमान सोशियो-पॉलिटिकल उपचार पद्धति तक का सहारा लिया गया है। शेष पाठक वर्ग को तय करना है कि यह सर्जरी कितनी सार्थक है और कितनी नहीं। इसलिए इस बिंदु पर और अधिक बात करना उपयुक्त नहीं होगा।

उपन्यास लेखन के दौरान कुछ जानकारियाँ मैंने फेसबुक से जस-की-तस ली हैं। ये जानकारियाँ कितनी सही हैं और कितनी गलत, मुझे नहीं मालूम। मैं इस संबंध में कोई दावा पेश करने का पक्षधर नहीं हूँ। लेकिन हाँ, मैं इतना जरूर कहना चाहूँगा कि मुझे ये जानकारियाँ अपनी बात कहने के लिए उपयुक्त लगीं।

इसलिए मैंने इन्हें उपन्यास का हिस्सा बनाया है। उपन्यास की दृष्टि से यह कितना सार्थक है और कितना नहीं, यह पाठक के विवेक और विशेषाधिकार का मामला है। कुछ जानकारियाँ मैंने कौटिल्य के 'अर्थशास्त्र' और अन्य स्रोतों से भी जुटाई हैं। ये रिकॉर्ड के स्तर पर उपलब्ध हैं, जाहिर है, प्रामाणिक भी हैं। इसलिए मैंने इनका उपयोग भी उपन्यास में किया है। देश सर्वोपरि है, यह सोच सदैव मेरी सर्वोच्च प्राथमिकता रही है और हमेशा रहेगी। इसी सोच के मद्देनजर मैंने अपने उपन्यास में देश के लोकतांत्रिक ताने-बाने को छिन्न-भिन्न करनेवाली संदिग्ध परिस्थितियों को बराबर उजागर करने का प्रयास किया है। मुझे लगता है, इनसे नजरें चुराना मेरे लिए अपनी नैतिक व लेखकीय जिम्मेदारी से पलायन होता। इसलिए मैंने इन्हें रेखांकित करने का भरसक प्रयास किया है।

आज की जो समस्याएँ हैं, चाहे भ्रष्टाचार है, सांप्रदायिकता है, जातीय या धार्मिक अहंकार है, किसी प्रकार की मारपीट या कत्लेआम है या मौजूदा लोकतंत्र को चुनौती देनेवाली जो कोई भी समस्याएँ हैं, उनके कारणों की तलाश इतिहास में बहुत पीछे तक जाकर की गई है। इस उपन्यास में उपलब्ध जानकारी के आधार पर निकाले गए निष्कर्ष किसी वर्ग विशेष, जाति विशेष, संप्रदाय विशेष को अटपटे लग सकते हैं, आहत करनेवाले लग सकते हैं, लेकिन जैसे जिस्म से किसी काँटे को निकालने के लिए सूई या उससे बड़े व मजबूत काँटे का प्रयोग करना पड़ता है, उसी सूई व मजबूत काँटे का उपयोग मैंने भी उपन्यास में किया है। इसका उद्देश्य सिर्फ उस दर्द को समझना है, जो एक दूसरा व्यक्ति अपनी स्थिति विशेष के कारण नहीं समझ पाता या समझना ही नहीं चाहता। इसलिए निवेदन है कि इसमें प्रयोग सामग्री को इसी नजरिए से पढ़ा जाए, ताकि हम देशवासी एक-दूसरे की स्थिति को समझ सकें और एक सामूहिक सकारात्मक समझ बना सकें।

उपन्यास में अनेक स्थानों पर अंग्रेजी भाषा के शब्दों का प्रयोग किया गया है। इसके कारण के रूप में मुझे इतना कहना है कि जो हमारी आम बोलचाल की भाषा है, उसमें कई भाषाओं के शब्दों का प्रयोग स्वाभाविक रूप से होता है। मैंने दूसरी भाषाओं के शब्दों का प्रयोग इसी नजरिए से किया है, ताकि भाषा का स्वाभाविक स्वरूप सहज बना रहे। मैं जानता हूँ कि इस उपन्यास की भाषा हिंदी

है। मुझे लगा, यदि आम बोलचाल की भाषा में अंग्रेजी शब्दों की अपेक्षा हिंदी के शब्दों की जबरन घुसपैठ की गई तो यह पाठक के साथ अन्याय होगा। कहने में संकोच नहीं कि यह मेरा पहला उपन्यास है और उपन्यास लेखन का मेरा कोई पूर्व अनुभव नहीं है। जो कुछ मैंने यूट्यूब, कुछ अंग्रेजी व हिंदी के उपन्यासों को पढ़ने से सीखा है, जो कुछ वरिष्ठ उपन्यासकार मान्यवर रूपसिंह चंदेल से फोन पर सीखा, वही मेरे उपन्यास लिखने की कार्यशाला रहा। इसमें अनेक प्रकार के शिल्प व उपन्यास कला कौशल का अभाव हो सकता है, लेकिन यह उपन्यास जैसा भी बन पड़ा, पाठकों के समक्ष प्रस्तुत है। शेष विद्वान् पाठक वर्ग को तय करना है कि मेरा यह प्रयास अपनी उद्‍देश्यपूर्ति में कितना सार्थक बन पड़ा है और कितना नहीं।

मुझे यह साझा करना भी जरूरी महसूस हो रहा है कि मुझे उपन्यास लेखन सीखने के दौरान एक जानकारी मिली कि उपन्यास को लिखकर छह महीने के लिए भूल जाना चाहिए। इसे बैड (बुरा) उपन्यास बताया गया है। आगे बताया गया कि छह महीने बाद इसे पुनः लिखना चाहिए, यह उपन्यास वास्तविक उपन्यास होगा, लेकिन मैं ऐसा न कर सका। इस कड़ी में मुझे पुनः डॉ. रूपसिंह चंदेल के मार्गदर्शन पर बात करना जरूरी लग रहा है। उनके सहयोग की कहानी दिलचस्प है। उन्होंने पूछा, "उपन्यास कब लिखना शुरू कर रहे हो?"

मैंने कहा, "दो-तीन उपन्यास और पढ़ लूँ, फिर लिखना शुरू करता हूँ।"

उन्होंने कहा, "इस चक्कर में रहोगे, तो कभी उपन्यास नहीं लिख सकोगे। वैसे भी उपन्यास लिखने में दो-ढाई साल लग जाते हैं।" इन शब्दों ने मुझे प्रेरित किया और उसी दिन से मैंने अपने उपन्यास का लेखन शुरू कर दिया और आज उपन्यास तैयार है, जैसा भी है। इस मार्गदर्शन के लिए चंदेलजी का हृदय से आभार। इस कड़ी में मेरे मित्र तेजपाल सिंह 'तेज' के योगदान को अभिव्यक्त करने के लिए जितने भी शब्द प्रयोग किए जाएँ, कम हैं। बेहद खराब स्वास्थ्य होने के बावजूद उन्होंने 'सर्जिकल स्ट्राइक' के प्रत्येक अध्याय को पूरी ईमानदारी से पढ़ा, वर्तनी संबंधी अशुद्धियों पर अपनी कलम चलाई और आवश्यक परामर्श भी दिए। अंततः भूमिका के रूप में दो शब्द भी सहर्ष लिखे। उनके योगदान के लिए सादर नमन!

***

मेरे उपन्यास में पुलवामा के आतंकी हमले की पृष्ठभूमि मौजूद है, यह हकीकत है। उपन्यास का घटनाक्रम फरवरी से मई के पूर्वार्ध 2019 तक सिमटा है, यह भी यथार्थ है, लेकिन उपन्यास की विषय-वस्तु···इसका प्रत्येक अंश··· इसके पात्र और इसके पात्रों के संवाद···सभी मेरी कल्पना की उड़ान का परिणाम हैं। इनका किसी भी यथार्थ से कोई भी लेना-देना नहीं है। उपन्यास का हिस्सा बने किसी भी पात्र, संगठन, संस्था, राजनीतिक दल आदि का किसी भी रूप में, किसी भी वास्तविक घटना, किसी जीवित या मृत व्यक्ति, संगठन, संस्था, राजनीतिक दल आदि से कोई साम्य, यानी कोई रिजेम्बलेंस है तो यह विशुद्ध रूप से संयोग होगा···यथार्थ से इसका कोई संबंध नहीं है।

—ईश कुमार गंगानिया

ikgangania@gmail.com

एक

इस बार 'वैलेंटाइन डे' पर शांति थी, कुछ सुकून-सा था। किसी टी.वी. स्क्रीन पर कोई मार-पिटाई व धक्का-मुक्की भी नहीं दिखलाई पड़ रही थी। एक और मजे की बात यह थी कि आज किसी रोमियो बिग्रेड और उसका हल्ला-गुल्ला भी सिरे से नदारद था। काफी अरसे बाद पहली बार 'वैलेंटाइन डे' 'प्यार-मुहब्बत' का उत्सव लग रहा था, वरना आजकल 'वैलेंटाइन डे' 'प्यार-मुहब्बत' का नहीं, विवादों का पर्याय बन गया था। दरअसल नए मिजाज की बादशाहत के चलते अराजक तत्त्व 'वैलेंटाइन डे' के माईबाप हो गए थे। इसके चलते प्यार करनेवालों के सिर पर एक तलवार-से लटके रहना आम बात हो चली थी। प्यार करनेवालों को प्यार की भारी कीमत चुकाने का चलन आम हो गया था। आजकल प्यार के जज्बे के साथ दहशत, यानी फूल के साथ शूल जैसी जुड़ गई थी। सरकार के कुछ पालतू, संस्कृति के पहरेदार जो हो चले थे, लेकिन फिर भी प्यार करनेवालों की कमी नहीं थी। यकीनन यह जज्बा काबिल-ए-तारीफ था।

अजीब इत्तेफाक था कि आज आसपास दहशत की बानगी भी नहीं थी। टी.वी. स्क्रीन पर किसी प्रेमी युगल का भविष्य खतरे में नहीं था। माँ-बाप व खानदान की दुहाई भी नहीं थी। न कोई गिड़गिड़ाहट थी और न ही कोई आँसुओं की गंगा-जमुना। संस्कृति का पाठ पढ़ानेवाला कोई अराजक झुंड भी दिखलाई नहीं पड़ रहा था। टी.वी. स्क्रीन के रिंग मास्टरों के पास जैसे अपने करतब दिखाने का कोई अवसर नहीं बचा था। न किसी रोमियो ब्रिगेड की शान में कसीदे काढ़े जा रहे थे और न ही उनके सियासी आकाओं की महानता का ही कोई बखान था। कुल मिलाकर इस बार 'वैलेंटाइन डे' का मंजर बड़ा सुहावना था।

यह शांति प्रेमी युगलों के लिए अच्छी थी, लेकिन पालतू मीडिया और संस्कृति के ठेकेदारों, यानी रोमियो बिग्रेड के लिए यह बड़े घाटे का सौदा था।

आजीवक बाबू को शक हुआ, कहीं उन्होंने कैलेंडर तो गलत नहीं देख लिया? इसलिए उन्होंने बाकायदा अखबार से इसकी पुष्टि की, मोबाइल स्क्रीन चैक किया, लेकिन दोनों ही गवाह कैलेंडर के साथ खड़े थे। ऐसे में हवा उत्तरी ध्रुव से दक्षिणी ध्रुव की ओर न बहती तो फिर किधर बहती? इसलिए मान लिया गया कि यह तारीख 14 फरवरी ही थी। यह भी तय हो गया कि तारीख के मामले में उन्होंने कोई गलती नहीं की थी, लेकिन मौजूदा स्थिति उन्हें कुछ हजम नहीं हो रही थी। तारीख भी 14 फरवरी, वह भी 'वैलेंटाइन डे' और कोई हल्ला-गुल्ला नहीं! जाहिर है, शक की सूई दूसरी तरफ घूम गई—कहीं मेरे देश के हुक्मरानों की सल्तनत तो नहीं बदल गई? यह सवाल क्षणभर के लिए कौंधा और अगले ही पल गायब हो गया। वे जानते थे कि बिना चुनाव के सत्ता नहीं बदलती है, लेकिन आजकल यह भी कोई हैरत का विषय नहीं रह गया था। नए मिजाज की सियासत के चलते आज बिना चुनाव के भी सत्ता बदलती रहती है। मौजूदा लोकतंत्र में खरीदारों की बाढ़ है और बिकनेवालों की कोई कमी नहीं है। नए निजाम के चलते नए किस्म के लोकतंत्र में सब चलता है, यह अब कोई पहेली नहीं रह गया था।

लेकिन फिर भी इस खयाल को पुख्ता करने के लिए कई विचार उनके दिमाग से दो-चार होने लगे। अभी गली-मोहल्ले में कोई भोंपू-वोंपू तो बजे नहीं, न गली-मोहल्ले में कोई दारू-शारू बँटी, न ही कोई नोट-शोट और न ही चुनावी रैलियाँ हुईं।…न ही सियासी लोगों की रैलियों में आपस में कोई माँ-बहन हुई, न कोई जूतम-पैजार, न कोई लट्ठम-लट्ठा।…न कोई थाना-तहसील ही हुआ, न कोई छुटभइया वोट माँगने आया, न किसी छुटभइए ने कोई आँख दिखाई और न ही कानों में कोई धमकी-वमकी सुनाई पड़ी। मतलब साफ था, ऐसा कुछ नहीं हुआ था। यह चुनाव की तसवीर आजीवक बाबू के जेहन से ओझल हुई तो पुनः उनकी नजर टी.वी. स्क्रीन पर लौट आई। आजीवक बाबू का टी.वी. स्क्रीन की दुनिया में वापस लौट आना खयालों की दुनिया से हकीकत की दुनिया में वापस लौट आने जैसा था। खैर…

आजीवक बाबू अब भी टी.वी. स्क्रीन पर ध्यान केंद्रित नहीं कर पा रहे थे। जबकि यह तय हो गया था कि तारीख भी चौदह ही थी और यह 'वैलेंटाइन डे', यानी प्यार करनेवालों का ही दिन था। हुक्मरानों की बादशाहत भी बरकरार थी। ये बे-मौसम की बारिश, ये लौट-लौटकर सर्दियों का आना और मौसम का बदला मिजाज सबकुछ उनके सामने आईने की तरह साफ था, लेकिन वे अच्छी तरह जानते थे कि मुहब्बत की दुनिया के पंछी कैसे रुक सकते हैं अपने पंख फड़फड़ाने से, मुहब्बत की ऊँची उड़ान भरने से। वैसे भी यह बदला-बदला सर्दी-बरसात का मौसम प्यार का ताप बढ़ानेवाला था, घटानेवाला नहीं। इस दिन का इंतजार तो मुहब्बत में मदहोश परिंदे पूरे साल करते हैं, नए-नए सपने सँजोते हैं और उन्हें पूरा करने को हद से गुजर जाते हैं।

आजीवक बाबू इस मामले में थोड़ा अलग हैं। उनके लिए 'वैलेंटाइन डे' भी वैसा है, जैसे 'मदर्स डे', 'फादर्स डे'। जैसे माता-पिता को प्यार जताने, कृतज्ञता दिखाने या उनका कोई विशेष सम्मान करने के लिए किसी 'डे विशेष' का इंतजार करने की आवश्यकता नहीं है। माँ-बाप के प्रति प्रत्येक दिन विशेष व्यवहारवाला दिन होना चाहिए। ठीक ऐसी ही सोच उनकी अपने 'वैलेंटाइन' को लेकर है। उन्हें हमेशा लगता है कि अपने 'वैलेंटाइन' को प्यार जताने के लिए या कोई उपहार देने के लिए किसी 'दिन विशेष' का इंतजार क्यों किया जाए! जब दिल करे, जब परिस्थितियाँ अनुमति दें, मना डालो अपना 'वैलेंटाइन डे'। क्या रखा है फालतू के तमाशे में!

इस बार का 'वैलेंटाइन डे' तो आजीवक बाबू के लिए प्यार का नहीं, संग्राम का दिन होते-होते बचा। आजीवक बाबू को न किसी 'वैलेंटाइन डे' की याद थी और न ही किसी प्यार के किसी उत्सव की। वे मॉर्निंग वॉक के बाद अपने मोबाइल पर किसी व्हाट्सऐप चैट में व्यस्त थे कि अचानक "पसीने में नहाए बैठे हो, कपड़े बदलने की फुरसत भी नहीं है क्या?" आवाज थोड़ी ऊँची थी, संभवतः सीधे मुँह से जो निकली थी।

"सुबह-सुबह फिर लग गए मोबाइल में।" इस बार बात करने की टोन थोड़ी हलकी थी, शायद स्वर गले से भी थोड़ा नीचे से आया था, लेकिन दोनों ही आवाजें उन कानों तक पहुँची ही नहीं, जहाँ इन्हें पहुँचना चाहिए था।

"तबीयत खराब हो जाएगी, फिर मॉर्निंग-वॉर्निंग वॉक सब धरा रह जाएगा।" इस पर भी ड्राइंगरूम में कोई हलचल नहीं हुई तो बात आगे बढ़ गई"

"मुझे तो सुबह-शाम···ये पहन लो, वो पहन लो, ठंड लग जाएगी का पहाड़ा पढ़ाते रहते हो और खुद पसीने में नहाए बैठे हैं, न जाने कब से? ये सारे कायदे-कानून, ये हिदायतें सिर्फ मेरे लिए हैं? आपके लिए कोई कायदा-कानून नहीं है क्या?"

ये कायदे-कानूनवाली बात थोड़ी तीखी थी, इसलिए ठीक से कंठ से बाहर नहीं आई। संभवतः अंदर ही दबकर रह गई थी। जाहिर है, ऐसे में रसोईघर का तापमान बढ़ना ही था।

वैसे जज्बातों को दबाना अच्छा नहीं होता। दबे जज्बात हमेशा बाहर आने को छटपटाते हैं, उथल-पुथल मचाते हैं और बेचैनी बढ़ाते हैं। ये जितने ज्यादा समय तक दबे रहते हैं, उतने ही ज्यादा फोर्स से बाहर आते हैं। बाहर आने पर सुकून देते हैं, लेकिन सामनेवाले का चैन उड़ाते हैं और खोपड़ी का ताप बढ़ाते हैं। चाहे व्यक्ति की कैद में जज्बात हों या जज्बातों में कैद व्यक्ति, दोनों एक ही बात हैं, दोनों ही सूरत पीड़ादायक होती हैं।

अमनपसंद लोग किसी भी कैद से दूर रहते हैं, सभी को रहना भी चाहिए, लेकिन नए सियासी मिजाज के चलते कोई भी इनसानी संबंध व व्यवहार ऐसा नहीं रह गया है, जहाँ सबकुछ सीधा-सादा व सरल हो।

जब ड्राइंगरूम की बर्फ नहीं पिघली तो कैद जज्बातों को बाहर आना ही था। ड्राइंगरूम की ठंडक का जायजा लेने मैडम रसोईघर से बाहर आ गईं। साहब अभी भी मोबाइल की दुनिया में मशगूल थे। जाहिर है, अब ड्राइंगरूम का तापमान बढ़ना ही था—"सर्दी सारे रिकॉर्ड सिर्फ मेरे लिए ही तोड़ रही है या फिर कोई रिकॉर्ड तुम्हारे लिए भी है···तोड़ने के लिए?···बाद में नहीं हो सकता क्या···ये काम?"

अबकी बार फरमान गले या मुँह से नहीं आया, यह सीधा दिमागी ऊष्मा का संचार था।

"बन गई क्या मेरी ग्रीन टी, मैडमजी?" आजीवक बाबू ने फेसबुक की दुनिया से बाहर झाँकते हुए पूछा।

शालिनी को 'मैडमजी' कहना अब आजीवक बाबू का तकिया-कलाम-सा बन गया है। दरअसल, आजीवक बाबू को 'मैडम' शब्द महिलाओं के विदेशीपन, अफसरशाही या यूँ कहें कि आपसी दूरियाँ बढ़ाने जैसा लगता है, लेकिन उन्हें यह पसंद भी खूब है। इसलिए उन्होंने 'मैडम' के साथ 'जी' जोड़कर 'मैडमजी' का एक मजबूत गठबंधन बना लिया है। यह ऐसा लगता है, जैसे भारतीय विवाह की तरह, सात जन्मों जैसा अटूट गठबंधन हो गया हो। अब 'मैडमजी' शब्द उनके दिल के काफी करीब है। इसलिए वे इस शब्द का प्रयोग अपनी श्रीमतीजी के लिए जमकर करते हैं। प्यार-मुहब्बत के इजहार के लिए भी यह शब्द काफी काम का है।

मैडमजी को जब मुँह के बजाय, आँखों से बतियाते देखा तो आजीवक बाबू समझ गए कि मामला गड़बड़ है। वे जानते हैं कि आँखों की भाषा, चाहे मुहब्बत की हो या गुस्से की, शब्दों की भाषा पर हमेशा भारी पड़ती है। इसलिए आजीवक बाबू ने मोबाइल को एक तरफ रख दिया और कुछ सँभलकर बोले, "अच्छा बताओ, हुआ क्या है?...ऐसे क्यों देख रही हो, भई?" स्थिति में कोई बदलाव न देख आजीवक बाबू ने पुन: थोड़ी विनम्रता से दोहराया, "मैडमजी, हुआ क्या? कुछ बताओगी नहीं, तो मैं समझूँगा कैसे?"

"इतनी देर से बता ही तो रही हूँ, तुम्हें कुछ सुनाई दे तब न। तुम्हें मोबाइल से फुरसत हो तभी तो सुनोगे किसी की। और जब सुनोगे तभी तो समझोगे?" अब शालिनी नॉन-स्टॉप बोले जा रही थीं। उनके प्रत्येक शब्द का जवाब बड़े तीखे अंदाज में दे रही थीं। इतना ही नहीं, शालिनी के साथ-साथ अब उनकी आँखें भी बराबर बोल रही थीं।

आजीवक बाबू आँखों और मुँह की भाषा अच्छी तरह समझ पा रहे थे। वे यह भी समझ पा रहे थे, इन भाषाओं के संकेत अच्छे नहीं थे। दरअसल अब यह नाराजगी आजीवक बाबू के पसीने में भीगा होने या गीले कपड़े न बदलने की नहीं रह गई थी। यह आजीवक बाबू को ठंड से बचाने से कुछ आगे चली गई थी। यह नाराजगी शालिनी की उपेक्षा की थी। पत्नी के प्यार या उसके फिक्रमंद होने की अनदेखी की थी। यदि ऐसी उपेक्षा हो जाए तो समझो, पति के लिए मौसम अच्छा नहीं है। यह उपेक्षा तो मोबाइल के चक्कर में अब हो ही गई थी। जाहिर है, स्थिति 'करेला और ऊपर से नीम चढ़ा' जैसी हो गई थी।

चुनौती अब दोहरी हो चली थी। आजीवक बाबू को अपनी और मोबाइल बाबू, दोनों की लाज बचानी थी। शालिनी को अपने पास बिठाया और मोबाइल स्क्रीन ऑन करते हुए बोले, "देखो, एक मिनट···एक दोस्त का ये मैसेज देख लो, फिर जितनी नाराजगी करनी है, कर लेना, ठीक है? गुड मॉर्निंग के संदेश में जब कोई इतनी अच्छी बात करेगा तो मोबाइल में ध्यान अटकेगा न। बाहर की गुड मॉर्निंग का जवाब अपने घर में बैड मॉर्निंग नहीं होना चाहिए न, मैडमजी? बस एक मिनट मैसेज पढ़ लो, सिर्फ एक मिनट, फिर···?" इससे पहले कि आजीवक बाबू अपनी बात पूरी करते, शालिनी ने थोड़ा बेमन से मोबाइल अपने हाथ में ले लिया और मैसेज पर नजर डाली—

यूँ असर डाला है
मतलबी लोगों ने दुनिया पर···
प्रणाम भी करो तो
लोग समझते हैं कि जरूर कोई काम होगा
हम भी लगाव रखते हैं
पर बोलते नहीं
क्योंकि हम
रिश्ते निभाते हैं, तोलते नहीं···।

मैडमजी के चेहरे की तमतमाहट थोड़ी कम हो गई थी। यह हाव-भाव से स्पष्ट था कि रक्तचाप नीचे आ रहा था, लेकिन आँखें अब भी बराबर बोल रही थीं। आँखें तो अब आजीवक बाबू की भी बराबर बोल रही थीं। अब दोनों को शब्दों की जरूरत नहीं थी। आखिर, जैसा आमतौर पर होता है, मैडमजी की मुसकराहट के साथ बर्फ पिघली। ऐसा लगा जैसे मैडमजी की मुसकराहट न हो, युद्धविराम की सफेद झंडी हो, अंततः मैडमजी के होंठ अपने स्वाभाविक अंदाज में खुले—

"कपड़े बदल लो, वरना ठंड लग जाएगी। कुछ समझते ही नहीं। थोड़ा अपना भी ध्यान रखा करो।"

"बस इतनी सी बात थी, मैडमजी? आपने तो मुझे डरा ही दिया था, सुबह-सुबह। भला ऐसा भी करता है कोई मुझ जैसे शरीफ आदमी के साथ?"

यह आजीवक बाबू की पुरानी आदत है कि वे अपनी शराफत का सर्टिफिकेट शालिनी की नाराजगी के संबंध में अकसर बीच में ले आते हैं। शालिनी कब पीछे रहती हैं, अकसर इस शराफत के सर्टिफिकेट को अपनी मासूमियत के साथ सिरे से नकार देती हैं, लेकिन आजीवक बाबू शालिनी के चेहरे पर मुसकराहट लाने के लिए इस सर्टिफिकेट का प्रयोग बराबर करते हैं। आज भी ऐसा ही हुआ था।

"बस रहने भी दो, बड़े आए चल के··· शरीफ आदमी! अब तुम फालतू मत बोलो, हाँ?" दोनों की हँसी छूट गई।

इस सामूहिक हँसी के साथ मैडमजी वापस अपनी रसोई की दुनिया में चली गईं और आनेवाला तूफान जैसे आजीवक बाबू की बगल से निकल गया, क्योंकि यह 'वैलेंटाइन डे' न किसी नोक-झोंक का सबब बना और न ही किसी अन्य प्रकार के विवाद का। यह आजीवक बाबू और शालिनी के लिए सुकून की बात थी।

मैसेज अभी भी आजीवक बाबू के सामने था और भेजनेवाला उनकी स्मृति में। वही गठीला बदन, दरमियाना कद, गेहुआँ रंग, घनी भौंह, हलकी मूँछें, तीखे नाक-नक्श और सलीके से कंघी किए घने बाल एक आकर्षक व्यक्तित्व की गारंटी थे। स्टाइलिश कपड़े, आवाज में अद्‌भुत आकर्षण, आँखों में स्थिरता, आँखों में आँखें डालकर बातें करना उनकी एक अलग ही खूबी थी। आजीवक बाबू से आपसी संवाद में बार-बार 'सर' शब्द का आत्मीयता से प्रयोग और न जाने क्या-क्या··· यह सब मिलकर एक 40 वर्षीय व्यक्तित्व बनता है—मनीष कुमार शुक्ला, यानी आजीवक बाबू का एम.के.।

आमतौर पर आजीवक बाबू इन्हें एम.के. से संबोधित किया करते हैं। आजीवक बाबू अकसर किसी भी व्यक्ति को मूल नाम से पुकारते हैं। जातिसूचक टाइटल से संबोधित करने से बचते हैं। वे रोजमर्रा के व्यवहार में व्यक्ति को जातिसूचक टाइटल से पुकारे जाने को जातियों का प्रचार जैसा मानते हैं··· जातिवाद का प्रोत्साहन मानते हैं। उन्हें लगता है कि जातियों के कोढ़ ने भारतीय समाज को मानसिक रूप से अपाहिज बना दिया है, जो देश के माथे पर बदनुमा दाग है। ऐसे में जाति और जातिसूचक उपनाम ही व्यक्ति का व्यक्तित्व, उसकी वास्तविक पहचान, यानी उसका सबकुछ हो गए हैं। यह निरंतर आजीवक बाबू

के चिंतन व खोजबीन का विषय बना रहता है।

आजीवक बाबू इस व्याधि पर बराबर नजर बनाए रहते हैं। वो मानते हैं कि सार्वजनिक जीवन में कोई जगह ऐसी नहीं बची है, जहाँ 'जाति' इनसानी संबंधों में बिचौलिया न बनी हो। देश की चुनावी प्रक्रिया तो जातिवाद का घिनौना खेल बनकर रह गई है। यह लोकतंत्र के माथे पर एक बदनुमा दाग है। जातिवाद के घिनौने दागों को धोनेवालों की जंग में आजीवक बाबू एक छोटे से सिपाही हैं। इसको लेकर कुछ-न-कुछ लिखते-पढ़ते रहते हैं। इस लिखने-पढ़ने के चक्कर में वे कुछ संस्थाओं व संगठनों से बराबर जुड़े हैं।

आजीवक बाबू वेल्लोर जिले के तिरूपत्तर की रहनेवाली स्नेहा की जीत से बहुत खुश हैं। नौ वर्ष की अदालती लड़ाई के बाद स्नेहा को 'नो कास्ट' व 'नो रिलीजन' का सर्टिफिकेट मिल गया है। यह लड़ाई स्नेहा ने जीती है, लेकिन आजीवक बाबू को लगता है, जैसे उनकी जाति व धर्म से बगावत की वैधता पर भी अब अदालती मोहर लग गई है। अब वे अपनी बात और अधिक प्रभावी ढंग से कर सकते हैं।

आजीवक बाबू के दिल में किसी भी जाति व धर्म के लिए कोई विशेष लगाव नहीं है। वे किसी धार्मिक मान्यताओं में विश्वास नहीं करते। वे व्यक्ति को केंद्र में रखकर किसी भी धर्म और जाति की कुरीतियों पर प्रहार करने से भी नहीं चूकते। यहाँ तक कि प्रचलित बुद्धिज्म भी उन्हें आकर्षित नहीं कर पाया है, लेकिन यह अजीब संयोग है कि आजीवक बाबू की वैचारिक स्वीकार्यता आज भी उन साथियों में अधिक है, जिनके सिर जातिवाद का कोढ़ फैलाने का सेहरा बदस्तूर कायम है।

एम.के. चूँकि शुक्ला हैं···ब्राह्मण हैं। एक शिक्षक हैं और हिस्ट्री में पी-एच. डी. भी हैं, लेकिन एम.के. और आजीवक बाबू के बीच वैचारिक प्रतिबद्धता का गजब सेतु है। यह सेतु 'किसी भी गलत बात से समझौता न करना, किसी मुद्दे पर अगर किसी से भिड़ गए तो भिड़ गए, फिर पीछे न हटना की बुनियाद पर खड़ा है। सामने कौन है, भिड़ंत के परिणाम क्या होंगे, ऐसे सवाल हमेशा बेमानी रहते हैं। इन संबंधों के सेतु के बारे में सिर्फ एक ही बात हावी रहती है, वह है—उसूलों के रोड़ी, बदरपुर और बालू के मिश्रण में मर्यादाओं के मजबूत

लोहे के साथ जंगरोधक सीमेंट का मौजूद होना है। आजीवक बाबू को यह सेतु फेविकोल के मजबूती के किसी भी दावे पर हमेशा भारी नजर आता है।

आजीवक बाबू को अहसास है कि एम.के. द्वारा 'गुड मॉर्निंग' के मैसेज के साथ 'मतलबी दुनिया' को चस्पाँ करने की कोई वजह जरूर होगी, वरना यूँ ही सुबह-सुबह कोई किसी से ऐसे खफा नहीं होता, अगर कोई खफा भी होता है तो अपने किसी अजीज को 'गुड मॉर्निंग' के साथ ऐसा परेशानीवाला मैसेज नहीं भेजता। आजीवक बाबू जानते हैं कि एम.के. एक जज्बाती इनसान हैं। संभवत: वे इनसानी संबंधों और मौजूदा हालात पर उनसे कुछ कहलवाना चाहते हैं। आमतौर पर इनकी चिंता के केंद्र में भी व्यक्ति, समाज और देश मौजूद रहते हैं और इनकी चर्चा की सूई हमेशा इन्हीं के इर्द-गिर्द ही घूमती है।

मैसेज के द्वारा ज्यादा कुछ कहा नहीं जा सकता, जबकि यह मामला लंबी चर्चा की माँग करता है, जो आमने-सामने बैठकर ही संभव है। इसलिए उन्होंने एम.के. के सुर-में-सुर मिलाते हुए उन्हीं के अंदाज में 'गुड मॉर्निंग' के साथ उम्मीद का दामन पकड़े रखनेवाली एक मित्र की चंद लाइनें कुछ इस प्रकार चस्पाँ कर दीं—

अबकी हरसूँ अजीब तूफाँ-सा है।
आँगन मेरा ज्यूँ आसमाँ-सा है॥
दम घुटा जा रहा है जज्बातों का मेरे।
हर गली-कूचा ज्यूँ परेशाँ-सा है॥
चिराग-ए-रोशन गुल खिलाएगा जरूर।
हर नजर मुझको ऐसा गुमाँ-सा है॥

□

दो

14 फरवरी का यह दिन 'वैलेंटाइन डे', साल के अन्य दिनों जैसा ही होता है। इसमें कोई सुरखाब के पंख नहीं लगे होते, लेकिन यह दिन प्रेमियों को प्यार करने का एक प्लेटफॉर्म उपलब्ध कराता है। प्यार के इजहार के लिए, प्यार की पींगें बढ़ाने के लिए और अपने प्यार की पतंग लूटने के लिए यह दिन खास हो गया है, लेकिन ऐसा साल के अन्य किसी दिन नहीं होता। प्रेमी पंछी ही क्यों, यह दिन तो बाजार को भी रोमांचित रखता है। आज के दिन गली-नुक्कड़ पर फूलों की दुकान सजाए बैठे सीधे-सादे लोग हों या उपहारों की दुनिया के बेताज बादशाह, सभी अरमानों की ऊँची-ऊँची उड़ान पर होते हैं। रेस्तराँ उद्योग तो किसी लुभावनी बगिया से कम नहीं रह जाते। यहाँ तो पूरे हाड़-मांस के पुष्प पूरे यौवन पर होते हैं। चहकते हैं, महकते हैं और एक-दूसरे को गलबहियाँ डालते हैं। इनकी बॉडी लैंग्वेज के तो कहने ही क्या, अंग-अंग से मुहब्बत, अदा, नाज-नखरे और न जाने क्या-क्या छलकता है! इस मंजर के सदा के लिए ठहर जाने की कामना हर दिल में मौजूद होती है। यह सभी दिलों की पहली पसंद ही क्यों, पहली जरूरत भी होती है।

यह सिक्के का एक पहलू है, लेकिन सिक्के का दूसरा पहलू भी है, जो इन सब प्यार-मुहब्बत और रोजी-रोटी के फलसफे पर भारी पड़ता है। जी हाँ, इस दिन का इंतजार तो न जाने कौन-कौन से दल, कौन-कौन सी सेना, कौन-कौन से संघ और न जाने कैसे-कैसे संगठन करते हैं। मुहब्बत ये सब भी करते हैं, लेकिन यह इनके अपने आकाओं के हुक्म बजाने तक सीमित रहती है। ये दूसरों को दर्द देकर मुसकराने से मुहब्बत करते हैं। ये अपनी खोखली दबंगई और किसी का पालतू हो जाने से मुहब्बत करते हैं। इतना ही नहीं, मौजूदा सियासी

सोच के चलते ये अचानक भारतीय संस्कृति को खतरे में बताने से मुहब्बत करते हैं। यह संस्कृति का संरक्षण और देशभक्ति का सारा उपक्रम कुछ इस अंदाज में चलता है, जैसे यह सब करने का टेंडर स्वत: गली-मोहल्ले के आवारा अराजक तत्त्वों को उपहार में मिल गया हो।

मौजूदा निजाम के चलते, इसमें किसी प्रकार का जोखिम भी नहीं रह गया है, लेकिन आजीवक बाबू को समझ ही नहीं आ रहा था कि भारतीय संस्कृति के माईबाप आज ये तारीख कैसे भूल गए? यदि भूले नहीं, तो क्या वे कोई अद्धा-पव्वा लगाकर किसी गहरी नींद में तो नहीं सो गए?...या गुंडागर्दी के किसी बड़े संस्कृति-रक्षण और देशभक्ति के मिशन पर तो नहीं चले गए—भारतीय संस्कृति के ठेकेदार। आजीवक बाबू के लिए यह किसी तूफान से पहले की शांति से कम नहीं था और न जाने ऐसे कितने प्रश्न आजीवक बाबू के जेहन में बराबर कुलबुला रहे थे, बेचैनी पैदा कर रहे थे।

क्या अब संस्कृति के ठेकेदार अमन-चैन चाहने लगे हैं? क्या उनका संस्कृति का एजेंडा पूरा हो गया है? क्या इनका हृदय परिवर्तन हो गया है? क्या इन्होंने अपने आकाओं की बेगार बंद कर दी है? क्या इनके आकाओं को अपनी सियासत चमकाने के लिए अब इनकी जरूरत नहीं रह गई है? भारतीय संस्कृति कोई मुद्दा ही नहीं रह गया क्या? ऐसे कई सवाल आजीवक बाबू के दिमाग में बराबर दस्तक दे रहे थे, अगर ऐसा हुआ तो कैसे बनेंगे ये टी.वी. व अखबारों की सुर्खियाँ, कैसे बचेगा इनके दलों, सेनाओं और संघों का वजूद, कैसे बचेगा दबंगई के आकाओं का साम्राज्य और कैसे बचेंगे इनके वंश और विरासत?

दरअसल, गऊ माता अब अपनी इन नाजायज औलादों को नहीं बचा पा रही है। वह बेचारी खुद बेघर है, अपना पेट भरने के लिए खेतों में सेंधमारी को मजबूर है। लट्ठ तक खाने पड़ रहे हैं बेचारी को और अपना अस्तित्व बचाने के लिए न जाने क्या-क्या खाने पर मजबूर है बेचारी गऊ माता! सियासी लोगों की खुदगर्जी ने उसे माता जो बना छोड़ा है। वह कैसे पाल सकती है इतने दलों, सेनाओं, संघों और इनके आकाओं का पेट?

मंदिर-मसजिद का चारा भी अब कहाँ रह गया है पहले के जैसा ताजा और लजीज। जनता ऊब चली है इस सड़े-बुसे चारे से, कीड़े जो पड़ने लग गए हैं।

मंदिर-मसजिद को लेकर पालतू टी.वी. चैनलों पर दंगल बराबर जारी है, लेकिन इसकी आग अब सियासी मुनाफा कमाने लायक नहीं रह गई है, लेकिन फिर भी मुद्दे को गरम रखने और सियासी रोटी सेंकने के लिए इनमें ईंधन बराबर डाला जा रहा है।

'वैलेंटाइन डे' की शांति के चलते आजीवक बाबू की स्मृति में राहत इंदौरी के शे'र की ये पंक्तियाँ उभर आईं—'सरहदों पर कुछ तनाव है क्या··· पता तो करो कहीं चुनाव है क्या?' उन्हें अहसास है कि आजकल चुनाव और खून-खराबे का चोली-दामन का साथ हो चला है। कोई भी चुनाव हो, या तो सरहदों की हवा गरम हो जाती है या देश के अंदर सांप्रदायिक दंगों का खूनी मंजर सामने आ जाता है या कोई फिल्म ही जातीय या धार्मिक उन्माद का मसाला बन जाती है। ये ही सियासी देशभक्ति के पर्याय हो चले थे और संभवत: सत्ता हथियाने के भी।

आजीवक बाबू शांति की वजह का पीछा कर ही रहे थे कि अचानक टी.वी. पर ब्रेकिंग न्यूज···आतंकी हमला···पुलवामा में आतंकी हमला···बड़े जान-माल की क्षति की आशंका। इस हमले की गूँज और चीख-चिल्लाहट ने आजीवक बाबू को भी हिलाकर रख दिया। आजीवक बाबू भूल गए 'वैलेंटाइन डे' की सारी शांति-वांति और राहत इंदौरी को। उनकी आँखें अचानक जैसे टी.वी. स्क्रीन हो चली थीं। उनमें देखा जा सकता था टी.वी. एंकरों के तमतमाए चेहरे और नथुनों का फूलकर निराकार हो जाना। आँखें किसी मिसाइल से कम नहीं रह गई थीं और एंकरों की जुबान तो साक्षात् रणभेरी और नॉन स्टॉप गोला-बारूद बरसाने की मशीन हो चली थी।

मीडिया की देशभक्ति दुश्मन को पूरी तरह नेस्तनाबूद से कम, कुछ भी स्वीकार करने को तैयार नहीं थी। टी.वी. स्क्रीन अब देश हो चला था, एंकर पीड़ितों का दर्द, देश की आवाज, सेना और सरकार, यानी एंकर ही सबकुछ हो गए थे। ईंट का जवाब पत्थर से बखूबी दिया जा रहा था। ऐसा अहसास हो रहा था कि आतंकवादी, उनके आका और उनका देश अब बचनेवाले नहीं हैं।

मीडिया को अब 'वैलेंटाइन डे' के बहाने न सही, आतंकी हमले के बहाने अपने जौहर आजमाने का अच्छा मौका मिल गया था। बात एक ही

थी, 'वैलेंटाइन डे' का युद्ध छोटा था, इसमें दुश्मन देश के युवा थे। इसमें बड़ी मिसाइलों की जरूरत नहीं थी, लेकिन आतंकी हमले के मामले में वह अपनी सारी मिसाइलें खुलकर प्रयोग कर सकता था और कर भी रहा था, वह भी नॉन-स्टॉप। अब मीडिया के साथ-साथ रोमियो ब्रिगेड को भी काम मिल गया था। वे देश के अंदर तोड़-फोड़, आगजनी, प्रदर्शनबाजी, यानी सबकुछ कर रहे थे। उनके आका अपनी लफ्फाजी से देशभक्ति के नए कीर्तिमान स्थापित कर रहे थे। आजीवक बाबू जानते हैं कि देश के अंदर देशभक्ति भले ही कितने बुरे दौर से गुजर रही हो और इस पर कितने ही घिनौने दाग क्यों न लगे हों, फिर भी हम इस पर मौन बने रह सकते हैं, लेकिन जब पाकिस्तान जैसे पड़ोसी देश का मामला हो और भले ही जुबानी जंग हो, तो मुर्दे भी कब्र फाड़ सबक सिखाने बाहर निकल आते हैं। सभी मैदान-ए-जंग में ऐसे तत्पर हो जाते हैं, कहीं वो देशभक्ति का मैडल लेने में पीछे न छूट जाएँ। मीडिया खोखली देशभक्ति दिखाने का सर्वोत्तम माध्यम है, सभी जानते हैं।

इस मौके पर भी मीडिया को अपने आका को लुभाने और अपनी देशभक्ति दिखाने का इससे बेहतर विकल्प और क्या हो सकता था। यह उसकी रुचि का मामला था। इसलिए मीडिया भक्तों को अपनी भूख-प्यास का अहसास नहीं था, लेकिन यह आजीवक बाबू की रुचि का मामला नहीं था। उनके लिए यह एकदम पकाऊ हो चला था, थका देनेवाला था, लेकिन सवाल देश का था, इसलिए टी.वी. का स्विच ऑफ करने का साहस नहीं जुटा पा रहे थे। थकान से राहत के लिए चाय की तलब लग रही थी, लेकिन इसकी फरमाइश की जैसे फुरसत ही नहीं थी, शायद। अजीब संयोग था कि अचानक श्रीमतीजी चाय की ट्रे लिये सामने आ गईं।

"आपको कैसे पता चला कि मुझे चाय चाहिए?" आजीवक बाबू ने शालिनी की ओर थोड़ा मुसकराने का अभिनय करते हुए कहा।

"जनाब, इसे टेलीपैथी कहते हैं। आपके साथ रहते 35 साल हो गए, इतना तो जानती ही हूँ...मैं भी।" शालिनी धीमे-धीमे मुसकरा दी और दोनों साथ-साथ चाय की चुस्की लेने लगे।

"आप घंटों से एक ही बात सुन-सुनकर बोर नहीं हुए क्या?"

"बोर तो काफी देर से हो रहा हूँ, लेकिन फिर भी मामला देश की सुरक्षा का है, 40–50 सैनिकों की शहादत का है। उनके परिवारों पर जैसे अचानक मुसीबतों का पहाड़ टूट जाने का है और सबसे बड़ा मामला देश की सुरक्षा और राजनीतिक इच्छाशक्ति का है। आतंकी हमले के पीछे के षड्यंत्र का पर्दाफाश होना भी एक बड़ी चुनौती है। इसलिए चैनल बदल-बदलकर देख रहा हूँ कि कहीं से कोई विश्वसनीय खबर मिल जाए, बस इतनी सी हसरत है।" आजीवक बाबू के चेहरे पर अजीब सा दर्द था, विवशता थी। शालिनी के लिए आजीवक बाबू के चेहरे पर इस दर्द को पढ़ना कोई मुश्किल काम नहीं था, लेकिन फिर भी उन्होंने ट्रे उठाते हुए यूँ ही सहज लहजे में कहा, "अगर ऐसा नहीं हुआ तो क्या ऐसे ही टी.वी. से चिपके रहोगे?"

"बात तो एकदम ठीक है, लेकिन··· ?" फिर न जाने क्या सोचकर आजीवक बाबू ने टी.वी. का स्विच ऑफ कर दिया और आकर आँखें बंद करके लेट गए।

आँखें भले ही बंद थीं, रिलैक्स होने का प्रयास बराबर जारी था, लेकिन परिणाम के मामले में अभी भी स्थिति वही 'ढाक के तीन पात' जैसी बनी थी। घंटाभर सुकून की नाकामयाब तलाश के बाद जब हिम्मत जवाब दे गई तो आजीवक बाबू ने पुनः टी.वी. ऑन कर लिया।

युद्ध अभी भी जबरदस्त लड़ा जा रहा था। आजीवक बाबू पुनः अलग-अलग चैनल बदल-बदलकर देखने की कोशिश कर रहे थे कि दुश्मन निपट लिया या अभी भी बचा है, उसमें कुछ जिंदा होने जैसा? वे देखना चाह रहे थे कि कहीं दुश्मन देश के सरेंडर की कोई खबर मिल जाए, कोई माफीनामा ही मिल जाए या उसके नेस्तनाबूद होने की कोई अंतिम तसवीर ही मिल जाए। या अमेरिका जैसी किसी महाशक्ति की ओर से कोई पुष्टि हो जाए कि 'दुश्मन पूरी तरह बरबाद हो चुका है, इसलिए अब भारत को युद्धविराम कर देना चाहिए।'

किंतु आजीवक बाबू को ऐसा कुछ नहीं मिला, लेकिन वे इतना जरूर समझ पा रहे थे कि कुछ ही देशभक्त चैनल और उनके एंकर ही थे कि वे इतने बड़े युद्ध की कमान सँभाले हुए थे। देशभक्ति का ज्वार इतना जबरदस्त था कि उन्हें किसी

फौज, सरकार और जनता की कोई दरकार ही नहीं रह गई थी। बाकी मुट्ठी भर न्यूज चैनल इसे खबरों की तरह ही देख रहे थे, किसी युद्ध के मैदान की तरह नहीं, शायद ये कम देशभक्त थे या देशभक्त थे ही नहीं। उनकी बॉडी लैंग्वेज में कोई खास परिवर्तन नहीं था। एक अजीब सी स्थिरता थी। ऐसा लगता था कि ये टी.वी. चैनल और इनके एंकर युद्ध में हिस्सा ही नहीं ले रहे हैं, शायद उन्होंने तय कर लिया था कि यह मसला सेना और सरकार का है। टी.वी. पर अनावश्यक फतवेबाजी व लफ्फाजी अवाम के लिए परेशानी का सबब हो सकती है। इसलिए वे मात्र सूचनाओं को संप्रेषित कर अपनी सीमित भूमिका ही निभा रहे थे।

यह जो युद्ध देश के अंदर छिड़ गया था, इसके जल्दी खत्म होने के आसार अभी नजर नहीं आ रहे थे। सीमापार से शत्रु अलग से जुबानी जंग छेड़े था। यह देशभक्त मीडिया को और अधिक आक्रामक होने का असलाह प्रदान कर रहा था। देशभक्त मीडिया इसमें अपनी एंकरिंग की मिर्ची डालकर और अधिक उत्तेजक बनाए जा रहा था। आखिर मीडिया की देशभक्ति रंग लाई और 15 फरवरी की शाम होते-होते देश का बच्चा-बच्चा, महिलाएँ, तिरंगे झंडे, स्लोगन की तख्तियाँ, सब जबरदस्त नारों में तब्दील नजर आ रहे थे। गली-मुहल्ला जंग का मैदान था और जबरदस्त युद्ध लड़ा जा रहा था। सीमापार की जंग का क्या हुआ, खुदा जाने, लेकिन आस-पड़ोस का जंगी माहौल देखकर साफ था कि देशभक्त मीडिया अपनी निर्णायक जंग जीत गया था।

दबंग और लगभग सरकारी हो चले मीडिया के तेवर तो आजीवक बाबू ने देख ही लिये थे। ये दूसरे-तीसरे दिन भी बदस्तूर जारी थे। इसलिए जंग की मुकम्मल तसवीर से रू-ब-रू होने के लिए उन्होंने फेसबुक को खँगालना शुरू किया। आजीवक बाबू ने जाना कि अब यहाँ दबी जुबान का मुखर होना शुरू हो चुका था, अगर हमले के तुरंत बाद ऐसी कोई आवाज आती तो संभवत: बहुत बड़ा बावेला होता। गद्दारी का खिताब खुद-ब-खुद दौड़कर सवाल उठानेवालों के साथ चस्पाँ हो जाता और आगजनी हो सकती थी। जान-माल की क्षति और खून-खराबा हो जाना सहज बात थी। मॉब-लिंचिंग पुन: अपने करतब दिखाने मैदान में उतर सकती थी और न जाने क्या-क्या हो सकता था, कुछ कहा नहीं जा सकता था।

यह अच्छी बात थी कि गऊ माता और मंदिर-मसजिद की बदौलत लोगों को अक्ल आ गई थी या यूँ कहें कि मॉब-लिंचिंग ने लोगों को समय की नजाकत देखने का पारखी बना दिया था। दलित-पिछड़े अलग तरह से समझदार हो गए थे और एक खास किस्म के अल्पसंख्यक अलग तरह से। इसलिए ये अपनी देशभक्ति का ढिंढोरा इतनी तेजी से पीट रहे थे कि कई बार तो ये देशभक्त मीडिया को भी पछाड़ते नजर आए। देशभक्ति की इस नई इबारत के लिए मॉब-लिंचिंग की पाठशाला और इसके प्रायोजकों के बारे में क्षणभर के लिए ऐसा लगा कि उन्हें बधाई का पात्र होना चाहिए, लेकिन यह खयाल जितनी जल्दी अस्तित्व में आया था, उतनी ही जल्दी रसातल में चला गया। जाना भी चाहिए था, क्योंकि इसका न कोई उज्ज्वल वर्तमान था और न ही कोई भविष्य।

अंधभक्ति से दूर एक वर्ग ऐसा भी था, जो अब चुप नहीं था, शायद वह अंधभक्त उन्मादी भीड़ का हिस्सा नहीं था। वह फेसबुक पर अपने 'फेस प्रदर्शन' से हटकर, थोड़ा मुखर होने लगा था। लगता था कि मीडिया द्वारा जनता को भीड़ में तब्दील कर देनेवाला चश्मा अब काम नहीं कर रहा है। जाहिर है, वह आतंकवाद, शहीद, मीडिया, राजनीति और सरकार को अपने विवेक और बिना किसी प्रायोजित चश्मे के खुद की स्वतंत्र आँखों से देखने लगा था। आजीवक बाबू दो दिनों से देशभक्त मीडिया को देख रहे थे। अब उन्होंने मौजूदा घटनाक्रम को फेसबुक, यानी जनसाधारण के चश्मे से देखना शुरू किया। यह इमेज देशभक्त मीडिया के प्रोपेगेंडा के विपरीत एकदम अलग, यानी अनेक संदेहों और तीखें सवालों की भरमार के रूप में कुछ ऐसे नजर आई—

- टी.वी. चैनल में रोज सुबह-सुबह भारत का भविष्यफल बतानेवाले किसी पाखंडी ने आतंकी हमले की भविष्यवाणी क्यों नहीं की?
- मोदीजी को जान का खतरा है! इसकी खबर इंटेलिजेंस को मिल जाती है, लेकिन पुलवामा जैसे भयंकर हमले की खबर नहीं? अजीब विडंबना है।
- अमेरिका ने कुछ दिन पहले कहा था, भारत में लोकसभा चुनाव से पहले दंगे करवाए जा सकते हैं। ऐसा ही कुछ दिखाई दिया पुलवामा हमले के बाद। संधियों ने तांडव मचाना शुरू कर दिया। रास्ते में जा

रहे लोगों की गाड़ियाँ फूँकनी शुरू कर दीं। इसके बाद देशभक्ति और राष्ट्रवाद के नाम पर लोगों को भड़काया जा सकता है। मुसलिम समुदाय को निशाना बनाया जा सकता है। चुनाव जीतने के लिए फिर देश को पाकिस्तान के साथ जंग में झोंका जा सकता है। संयम की जरूरत है'''भावनाओं में बहने की नहीं।

- अखलाक के फ्रिज में बीफ सूँघ लिया, लेकिन 350 किग्रा आर.डी. एक्स. नहीं सूँघ पाए?
- गाय का मांस लेकर जानेवाली गाड़ियाँ आए दिन पकड़ी जाती हैं, लेकिन 200 किग्रा. विस्फोटक नहीं पकड़ा जाता। पूरी-की-पूरी दाल काली है।
- देश के अंदर आतंकवाद फैलानेवाले हिंदू संगठनों को उनके नेताओं सहित सीमा पर भेज देना चाहिए।
- मैं इसे शायद एक साजिशन हत्या ही कहूँगा, क्योंकि भारत में जब भी लोकसभा चुनाव नजदीक आते हैं तो आतंकवादियों को आतंक के लिए सिर्फ भारत की ही क्यों याद आती है?
- पीएम ने आतंकी हमले के बाद चार चुनावी सभाएँ कीं, लेकिन इस मसले पर बुलाई गई सर्वदलीय बैठक में नहीं गए। चुनावी हवस? इतनी लापरवाही किसके इशारे पर? अब चुनाव लड़ोगे इसी सहारे पर?
- कल जब यह आतंकी हमला 3:37 PM पर, हुआ तब उत्तराखंड से मोदी 5:45 PM, केरल से योगी 6:18 PM, कर्नाटक से शाह 8 PM LIVE (लाइव) चुनावी भाषण दे रहे थे तो कोई वैलेंटाइन पार्टी में मस्त था! इन्हें देश कभी माफ नहीं करेगा।
- एक बड़ा धमाका और #राफेल गायब, #बेरोजगारी गायब, #महँगाई गायब, #भ्रष्ट्राचार गायब, #200 पॉइंट रोस्टर गायब, #जातिवाद गायब, दिमाग तो लगाया है बंदे ने। फोटो 15 फरवरी, 2019 का है, वैसे इस फोटोवाले की खुशी तो देखते बनती है। #56 इंच #Ban EVM।

- शुक्र मनाओ पाकिस्तानवालो कि अभी मोदीजी सत्ता में हैं...अगर विपक्ष में होते तो पाकिस्तान की ईंट-से-ईंट बजा देते...
- कश्मीर में लगभग 6 लाख सैनिक तैनात हैं और चप्पे-चप्पे पर तलाशी होती है, फिर कैसे यह 350 किग्रा. आर.डी.एक्स. कश्मीर में आ गया?
- बड़ा ही दु:ख का विषय है, 'भारत रत्न' अटल बिहारीजी ने अपनी पेंशन बरकरार रखते हुए अर्धसैनिक बलों की पेंशन बंद कर दी थी, आज शहीद हुए 40 जवान, जो NPS के दायरे में थे, उनकी विधवाओं को इस बलिदान के बदले जीवनयापन के लिए कोई पेंशन नहीं मिलेगी, जबकि नवनियुक्त विधायक के दिवंगत होने पर उसके परिवार को मिलेगी।
- भारतीय मुसलमान...पुलवामा हमले पर सबसे ज्यादा विरोध प्रदर्शन मुसलमानों की ओर से हो रहे हैं, बँटवारे के बाद सबसे ज्यादा देशभक्ति का प्रमाण भी उन्हें ही देना पड़ा है, फिर भी देश की एक खास विचारधारा उन्हें शक की दृष्टि से देखती आई है। बँटवारे के बाद भारतीय मुसलमान चाहे भारत में रहे, चाहे पाकिस्तान में, उन्हें दोयम दरजे का नागरिक समझा जाता रहा है। ऐसी मानसिकता उन्हीं हिंदू-मुसलमानों की रही है, जो देश का बँटवारा चाहते थे। आज भी यही मानसिकता काम कर रही है।

आजीवक बाबू के लिए यह आतंकवादी तमाशा रोजमर्रा के तमाशों से नया नहीं है। यह रोज होनेवाले तमाशों में से एक है...थोड़ा विस्फोटक है...थोड़ा बड़ा है। वे मानते हैं कि देश में 10-15 प्रतिशत लोग भी ठीक से नहीं बचे होंगे, जो भीड़ का हिस्सा नहीं हैं। वे इस भीड़ को कभी मूर्खों की भीड़ की संज्ञा देते हैं...कभी इनसान के दिमाग से भेजा (ब्रेन) निकालने के बाद जो बचता है...आजीवक बाबू उसे भीड़ कहते हैं...अंधभक्त कहते हैं।

वे मानते हैं कि भीड़ और भेड़ में कोई खास फर्क नहीं होता। भीड़ में 'भ' के साथ 'ई' की मात्रा होती है और भेड़ में 'भ' के साथ 'ए' की...बस इतना सा अंतर होता है। वे मानते हैं कि भीड़ और भेड़ दोनों का संचालन 'भ', यानी

'भय' करता है। भेड़ों के मामले में भय का सूत्रधार चरवाहा होता है और भीड़ के मामले में सूत्रधार कोई तथाकथित धर्मगुरु हो सकता है या कोई कूपमंडूक राजनेता हो सकता है···वैसे भी दोनों का धंधा कमोबेश एक जैसा ही हो गया है। आजकल चरवाहों और धर्मगुरुओं या राजनेताओं के लिए भीड़ और भेड़ इनकी निजी संपत्ति हो चले हैं। इसलिए इन दोनों द्वारा इनको इस्तेमाल करने और इनके दोहन के मामले में कोई अंतर नहीं रह गया है। जो इस भय के भक्त नहीं हैं, वे परेशान हैं। आजीवक बाबू भी इन परेशान लोगों की जमात में शरीक हैं।

परेशान इसलिए भी हैं कि यह स्वामित्व का पैमाना भीड़ और भेड़ की खरीद-फरोख्त के धंधे पर आधारित है। यह खरीद-फरोख्त का धंधा आम आदमी से शुरू होकर मीडिया, अफसरशाही, राजनीति और अदालतों तक के बड़े-बड़े दरबारों तक में सेंध लगा चुका है। सभी जगह भीड़ और भेड़ बनने की होड़-सी नजर आती है। बड़ी-बड़ी संवैधानिक संस्थाएँ इस 'भय' की भीड़ से बाहर नजर नहीं आ रही हैं। वो जानते हैं कि किसी भी युद्ध में भीड़ की भी अपनी भूमिका होती है। भीड़ किसी भी लड़ाई का अभिन्न अंग होती है। यह भीड़ 'किसलिए' और 'किसके लिए' लड़ रही होती है, यह अकसर ठीक से तय नहीं हो पाता। आखिर भीड़ सिर्फ भीड़ होती है—'एक विवेकहीन व दिशाविहीन भीड़'। आजीवक बाबू प्रायोजित भीड़ को हमेशा एक बड़े खतरे के रूप में देखते हैं और इससे हमेशा आहत महसूस करते हैं।

□

तीन

देश में अलग-अलग मोर्चों पर चल रही जंग को आजीवक बाबू अपने नजरिए से देखने और समझने की पुरजोर कोशिश कर रहे थे। आतंकी हमले के बाद सीमा पर सन्नाटा था, लेकिन इस आतंकी हमलों के शिकार सैनिकों के घरों में दिल दहला देनेवाला मातम था, हाहाकार था और कभी न भरनेवाला दर्दनाक शून्य था, लेकिन अब अलग-अलग मोर्चों पर पूरा देश एक अजीबोगरीब जंग लड़ रहा था। अनेक लोग, जो इस युद्ध के मार्चों पर सीधे-सीधे मौजूद नहीं थे, वे भी जंग से अछूते नहीं थे। वे भी बराबर जंग लड़ रहे थे। कुछ अपनी बीमारी से लड़ रहे थे, कुछ अपनी रोजी-रोटी जुटाने की जंग लड़ रहे थे तो कुछ रोजमर्रा की अन्य जरूरतों की पूर्ति के लिए लड़ रहे थे। गौरतलब हकीकत यह भी है कि इन सब जंगों के साथ-साथ ये सभी एक जंग अपने आप से भी लड़ रहे थे। जी हाँ, वे भीड़ से पटे सड़क-चौराहों से लड़ रहे थे, सड़कों पर जल रहे सार्वजनिक वाहनों के धुएँ से लड़ रहे थे। ट्रैफिक के झुंडों से लड़ रहे थे, समय की मजबूरियों से लड़ रहे थे और सबसे निर्णायक लड़ाई वे अपनी विवशताओं से लड़ रहे थे। यकीनन वे सामने खड़े भयंकर तूफाँ से अपनी कश्ती मझधार से निकालने के लिए एक निर्णायक लड़ाई लड़ रहे थे।

इस युद्ध के माहौल में आजीवक बाबू एकदम अलग-थलग थे, लेकिन ऐसा नहीं था कि वे कोई जंग नहीं लड़ रहे थे। एक जबरदस्त लड़ाई वे भी बराबर लड़ रहे थे, लेकिन यह लड़ाई आजीवक बाबू के लिए नई नहीं थी। ऐसी लड़ाइयाँ उनके होश सँभालने के साथ शुरू हो गई थीं और वर्षों से निरंतर आज भी जारी हैं। ये लड़ाइयाँ उनके जीवन का अभिन्न अंग बन गई हैं। पहले

ये लड़ाइयाँ मुफलिसी से दो-दो हाथ करने की थी, पारिवारिक जिम्मेदारियों के निर्वहन की थी और संसाधनों के अभाव में शैक्षिक जरूरतों को पूरी करने की थी। आज इनमें कुछ नई लड़ाइयाँ जुड़ गई हैं, लेकिन इनको निमंत्रण देने के लिए आजीवक बाबू स्वयं दोषी हैं। इन लड़ाइयों में प्रमुख लड़ाई सम्मानजनक अस्मिता की है, सामाजिक कुरीतियों के विरुद्ध खड़ा होने की है और देश के एक जिम्मेदार नागरिक के रूप में जिम्मेदारियों के निर्वहन की है। आजीवक बाबू अच्छी तरह जानते हैं कि यह लड़ाई कभी खत्म होनेवाली नहीं है, लेकिन आजीवक बाबू इस लड़ाई से हताश नहीं हैं, निराश भी नहीं हैं। आजीवक बाबू भले ही साधारण से व्यक्ति हैं, लेकिन न वे मन से कमजोर हैं और न ही तन से। वे नकारा और पीठ दिखानेवालों में से भी नहीं हैं। इसकी एक मात्र वजह उनकी इच्छाशक्ति है। यही उनकी प्रेरणा व ऊर्जा का स्रोत है। इसलिए हारे नहीं हैं और जाहिर है, वे जैसे-तैसे परिस्थितियों से अपनी सामर्थ्य के अनुरूप बराबर लड़ रहे हैं।

उनकी मौजूदा लड़ाई भीड़ का हिस्सा न बनने की है। यह लड़ाई अतीत के अप्रासंगिक आदर्शों को जबरन वर्तमान में ढोने के विरुद्ध है। इनकी आड़ में अपनी कमजोरियाँ छिपाने और जिम्मेदारियों से भागने के विरुद्ध लड़ाई है। यह लड़ाई आस्थाओं और विवेकहीन परंपराओं के महिमामंडन के विरुद्ध है। यह लड़ाई किसी का पालतू होने, चापलूस होने और अवसरवाद के विरुद्ध है। यह लड़ाई सत्य के विरुद्ध छल-कपट और षड्यंत्रों के विरुद्ध लड़ाई है। यह लड़ाई ईमानदारी के झूठे प्रदर्शन और मक्कारी के विरुद्ध लड़ाई है। यदि इसे एक वाक्य में कहा जाए तो 'यह लड़ाई किसी भी कीमत पर किसी का पालतू और बिकाऊ न होने की है, यानी यह लड़ाई आजीवक बाबू की इकलौती धरोहर, अपने जमीर को बचाए रखने की लड़ाई है।'

अपने उसूलों की इस लड़ाई के लालन-पालन में मित्रों का साथ छूट रहा है। रिश्ते-नातों का दायरा भी बराबर सिमटता चला जा रहा है। लेखक बिरादरी में तो आजीवक बाबू और भी बुरी तरह उपेक्षित हो चले हैं। अपने जमीर से गद्दारी जो नहीं कर सकते। किसी मुख्यधारा के मीडिया में आजीवक बाबू की कोई पहुँच नहीं है और न ही आजीवक बाबू ने ऐसी कोई हसरत ही पाली है। उन्हें

अपने निजी संबंध बनाने के लिए संपादकों के दफ्तर कभी आकर्षित नहीं करते। अखबारों का दरबारी होना भी उनकी सोच का हिस्सा नहीं है। इसलिए किसी जी-हुजूरी और चापलूसी से उनका दूर का भी रिश्ता नहीं है। यदि यूँ कहा जाए कि तथाकथित वक्त के साथ चलनेवाले लोगों में वे कुछ ज्यादा ही पिछड़े हैं। लोगों की उपेक्षा का शिकार बने रहना उनकी नियति जैसा बन गया है। ले-देकर एक फेसबुक बचा है, जहाँ आजीवक बाबू थोड़ा सुकून पाने की उम्मीद पाले हैं। ऐसा नहीं है कि फेसबुक की दुनिया किसी गुटबंदी या राजनीति की शिकार नहीं है, यह भी गुटबंदी से कतई अछूती नहीं है, लेकिन फिर भी जो कुछ स्पेस बचता है, आजीवक बाबू उसी से अपना काम चला लेते हैं।

आजीवक बाबू फेसबुक के प्लेटफॉर्म के जरिए बताना चाहते हैं कि मौजूदा जंग के संदर्भ में मीडिया और फेसबुक की जो साझा तसवीर बनी है, यह देश के हित में नहीं है। जाहिर है, बेहद डरावनी है। जिन विषैले रंगों से यह घिनौनी तसवीर बनती है, वे रंग आजीवक बाबू के जेहन को जख्मों से सराबोर कर रहे हैं। ये जख्म ज्योतिष के महिमामंडन के हैं, इसके विश्वविद्यालयों के पाठ्यक्रम का हिस्सा होने के हैं और मलाईदार रोजगार में तब्दील होने के हैं। ये जख्म जाति विशेष के तुष्टीकरण पर सवाल पूछना चाहते हैं—आखिर ज्योतिष के नाम पर जनता के साथ धोखा क्यूँ? यह कैसा विज्ञान है? कैसी संस्कृति है?

वे ज्योतिष पर कुछ और सवाल उठाना चाहते हैं—जब तूफान, भूचाल, बाढ़, जैसी प्राकृतिक आपदा अनेक मासूम जिंदगियों को लील रही होती हैं, तब क्यों करवट तक नहीं लेती ज्योतिष विद्या अपने आरामगाह में? जब आतंकवादी घुसपैठ होती है, चिथड़े-चिथड़े बिखर जाते देश के सैनिक और जनता के जिस्म, तब क्यों नहीं रेंगती जूँ तक ज्योतिष के कान पर? जब राजनीति, अर्थनीति और बाजार में अनेक उठा-पटक होती हैं, मुँह तक क्यों नहीं खोलते ज्योतिष के ठेकेदार? हमलों और दर्दनाक मौतों से कराहते लोग क्यों न पकड़ें ज्योतिष का गिरेबाँ? ज्योतिष कुछ साहब लोगों की रखैल है तो क्या, क्यों नहीं उठने चाहिए इनके अवैध संबंधों पर सवाल? और हर मंच पर सरेआम क्यों न हो देश को मूर्ख बनानेवाली साजिश का पर्दाफाश?

वे पूछना चाहते हैं कि इतनी बड़ी मात्रा में विस्फोटक आतंकी घटनास्थल

पर पहुँचा कैसे? कहाँ गए वो स्नीफर डॉग, जिन्होंने सूँघा था अखलाक के फ्रिज में बीफ? कहाँ गए वे एक के बदले दस सिर लानेवाले फतवेदार? कहाँ गए गऊमाता के सपूत संघी, बजरंगी? क्यों नहीं लेते बदला अपने भाइयों की शहादत का? यदि पालतू मीडिया जनता को भीड़ बनाकर सड़क पर उतारेगा, तोड़-फोड़ और आगजनी कराएगा और सुरक्षा की खामियों के सवाल को दबाएगा तो क्यों सवालों के घेरे में न आए सरकार और मीडिया के चाटुकार?

आजीवक बाबू पूछना चाहते हैं, क्यों बनाया जा रहा है मीडिया हाउस को वार रूम? क्यों खेला जा रहा है मासूम जनता के जज्बात से? क्यों बना रहे हो देश को 'इडियट्स पैराडाइज'? क्यों दी जा रही है मातम में लिपटे परिवारों को शहीद की गाली, जब शहीद जैसा कोई मुआवजा नहीं, शहीद जैसी कोई सुविधा नहीं और परिवार को पेंशन नहीं? क्यों बनाया जा रहा है दर्दनाक मौत को चुनाव जीतने का हथियार, चुनाव जीतने की सीढ़ी, आखिर क्यों?

लेकिन आजीवक बाबू को यह समझ नहीं आ रहा था कि ये सवाल भीड़ से पूछे जाएँ या भेड़ों से? ये सवाल छुटभइयों से पूछे जाएँ या इनके आकाओं से? ये सवाल जनता को भीड़ में बदलने की सुपारी लेनेवाले मीडिया हाउसों से पूछे जाएँ या नथुने फुला-फुला स्क्रीन पर चिल्लानेवाले पालतू टी.वी. एंकरों से? किसी से भी पूछो, जवाब एक ही मिलेगा सबके पास, रटा-रटाया और षड्यंत्रों से भरपूर। तुम गद्दार हो, दुश्मन से मिले हो, पाकिस्तान के एजेंट हो और गद्दारों के लिए हिंदुस्तान में कोई जगह नहीं है। यही एकमात्र जवाब देशभक्ति का सर्टिफिकेट बाँटनेवालों के पास है। एकदम लैमिनेटिड, यानी सुरक्षित। यदि गाय को माता न मानें और मॉब-लिंचिंग का समर्थन न करें तो गद्दार। यदि आस्था का अँगोछा गले में न डालें और जुमलों का जयकारा न लगाएँ तो देशद्रोही। यदि संस्कृति के ठेकेदार संघों, दलों और घरेलू, यानी पालतू सेनाओं की गुंडागर्दी और ट्रोल की बेशर्मी पर मुँह खोलें तो आप और भी बड़े गद्दार और देशद्रोही हो जाते हैं।

आजीवक बाबू भी गद्दार होने से बहुत डरते हैं, साहब! डरना लाजिमी भी है। भला क्यों चाहेगा कोई जरा सा मुँह खोलने के अपराध में गद्दार हो जाना, वह भी सैकड़ों में और बिना किसी अदालत और कायदे-कानून के। वैसे देशभक्ति का सर्टिफिकेट बाँटनेवाले स्वयं में चलती-फिरती अदालतें हो चले हैं। स्वयंभू हो

गए हैं, संप्रभु, बेताज बादशाह और मौजूदा सियासी दौर में सभी कुछ तो हो चले हैं, लेकिन आजीवक बाबू देशभक्ति के सर्टिफिकेट बाँटनेवालों से डरते नहीं हैं। इनसे न डरने का साहस आजीवक बाबू में अपनी सिंधु घाटी सभ्यता के वारिस होने के नाते आता है। चार्वाक, यानी लोकायत संस्कृति के अनुगामी होने से आता है। यह साहस उन्हें आजीवक होने से आता है और इससे भी पहले देश के एक जिम्मेदार नागरिक होने से आता है।

'आजीवक' हो जाने और 'आजीवक' से 'आजीवक बाबू' में नामांतरण हो जाने के पीछे भी एक दिलचस्प कहानी है। दरअसल, आजीवक बाबू का मूल नाम दीपक कुमार है। दीपक कुमार, चूँकि दलित समाज से हैं, इस दलित होने के साथ सैकड़ों जातियाँ जुड़ी हैं और जातियों के आधार पर जुड़ा है घृणित व्यवहार। यह जो घृणित व्यवहार है, यह आजीवक बाबू के गले की फाँस बना है और उन्हें ठीक से चैन की साँस तक नहीं लेने देता। आजीवक बाबू जाति को समाज और देश के अमन-चैन और प्रगति में बाधक मानते हैं। दलित समाज के लिए यह बाधा कँटीली झाड़ियों जैसी है और कदम-कदम पर इनसे लहूलुहान होना दलित समाज की नियति बन गई है।

जीवन में आदर्शों का अनुसरण उनकी पहली पसंद है। कर्तव्यों का पालन उनकी प्रतिबद्धता है, लेकिन इसके बावजूद जाति का लेबल उनके सम्मान व स्वाभिमान के मार्ग में बराबर आड़े आता है। इस सम्मान व स्वाभिमान की जंग ने दीपक कुमार को लेखक बना दिया और लेखन की दुनिया ने उन्हें 'आजीवक बाबू' बना छोड़ा। दीपक कुमार से आजीवक बाबू हो जाने की प्रक्रिया में डॉ. कमलकांत की बड़ी भूमिका है। वे गुजरात कैडर के प्रशासनिक अधिकारी रहे हैं। एक बार वे आई.एस.आई., लोधी कॉलोनी, दिल्ली में 'कास्ट एनिहिलेशन लिटरेरी मंच' (कॉलम) के कार्यक्रम में आए थे। उन्होंने निजी तौर पर दीपक कुमार से बात करते हुए कहा, "आपको 'आजीवक' पर काम करना चाहिए। यही हमारी ऐतिहासिक अस्मिता है और सम्मानजनक पहचान भी।" फिर कुछ रुककर पुनः परामर्श दिया, "इसके लिए आपको ए.एल. बाशम की पुस्तक 'हिस्ट्री एंड डॉक्ट्रींस ऑफ द आजीवीकाज' (ए वैनिश्ड इंडियन रिलीजन) को पढ़ना चाहिए। मुझे यकीन है कि आप ये काम अच्छी तरह कर सकते हैं।"

"आपको ऐसा क्यों लगा कि मैं इस विषय पर अच्छी तरह कुछ काम कर सकता हूँ? आजीवक बाबू ने अपनी प्रशंसा के शब्द सुनने के लिए यह प्रश्न पूछ डाला।

"मैंने आपको पढ़ा है भई, आप ही जुड़े हैं न प्रो. अजीत सिंह और उनकी आलोचना की पत्रिका 'समय समीक्षा' से···बस वहीं पढ़ा है।"

"जी···जी···मैं 'समय समीक्षा' से जुड़ा हूँ। अगर आपको लगता है कि मैं इस विषय पर कुछ कर सकता हूँ तो मैं कुछ-न-कुछ अवश्य करने की कोशिश करूँगा, आपको निराश नहीं करूँगा।" दीपक ने कृतज्ञता भरे अंदाज में अपनी बात रखी। बात क्या रखी, एक प्रकार से 'आजीवक' पर काम करने का आश्वासन दे दिया।

"कोई दिक्कत हो या किसी प्रकार की कोई जरूरत हो तो मैं हूँ न। मेरा मोबाइल नंबर ले लो।" यह कहते हुए हाथ मिलाया, पीठ थपथपाई और मुसकरा दिए।

आजीवक बाबू में आग और घास-फूस तो पहले से मौजूद थे, लेकिन डॉ. कमलकांत के परामर्श और हौसला अफजाई ने इसे ऐसी हवा दी कि आजीवक बाबू दिन-रात जुट गए 'मिशन आजीवक' को अंजाम देने। उन्होंने दो-तीन महीने में इतना पढ़ डाला कि 'समय समीक्षा' के अगले अंक में 'आजीवक' को लेकर एक स्थापना दे डाली। स्थापना यह कि दलित समाज चूँकि सैंधव सभ्यता का वारिस है···देश का मूल निवासी है और···लोकायत, यानी चार्वाक संस्कृति का संवाहक है और इसका संवाहक ही 'आजीवक' है। इसलिए दलितों को 'आजीवक' हो जाना चाहिए। मौजूदा परिस्थितियों के चलते जातियों से मुक्ति का इससे बेहतर दूसरा कोई सम्मानजनक विकल्प नहीं हो सकता। आजीवक अस्मिता के चलते दलित साहित्य को आजीवक साहित्य हो जाना चाहिए। इस मामले में काफी प्रतिक्रियाएँ आईं। 'समय समीक्षा' के संपादक के नाम एक महत्त्वपूर्ण पत्र डॉ. दुर्गाप्रसाद का आया। दुर्गाप्रसाद एक अच्छे विचारक रहे हैं और अनेक महत्त्वपूर्ण प्रशासनिक व राजनीतिक पदों पर कार्य कर चुके हैं।

लेकिन इस पत्र के बाद उनकी आवाज दब गई। कहा जा सकता है कि दबा दी गई। इसकी एक खास वजह यह रही कि डॉ. एल.के. निगम की इस

मुहिम का हिस्सा नहीं हो सकते थे। दरअसल, ये निगम साहब एक 'दलितोत्थान' नामक पत्रिका निकालते हैं। इसके चलते इनका लेखन तो लेखन, हर उठना-बैठना, हँसना-रोना, गाना-बजाना 'दलित' शब्द की छतरी के साए में होता है। ऐसा लगता है कि निगम साहब दलितमय हो गए हैं और 'दलित' के अलावा उनके पास कहने-सुनने या साँस लेने तक को कुछ बचा ही नहीं है। ऐसा लगता है कि कुछ नया सोचने व करने की उनमें न कोई इच्छाशक्ति बची है और न कोई समझ, लेकिन डॉ. दुर्गाप्रसाद उनके भक्त हैं, इसलिए उन्होंने उनके विरुद्ध जाने का साहस नहीं दिखाया। वैसे भी अधिकतर दलित साहित्यकार 'दलित' शब्द की परिधि में कैद रहे हैं और आज भी हैं। उनमें किसी भी नए विचार के लिए इस परिधि से बाहर झाँकने का शायद साहस ही नहीं रह गया है।

इनकी स्थिति उन कट्टरपंथी हिंदुओं जैसी हो चली है, जो बाहर से थोपे हुए गाली जैसे शब्द 'हिंदू' को छोड़ने को तैयार नहीं। इसके विपरीत अनेक प्रकार के कुतर्कों के दम पर इसके महिमामंडन के लिए भारत को 'हिंदू राष्ट्र' बनाने के लिए शातिराना मुहिम छेड़े हैं। कमोबेश यही हाल दलित साहित्य के ठेकेदारों का है, मठाधीशों का है। ये न इससे आगे सोचने को तैयार हैं और न ही कुछ लिख-पढ़ने को। ऐसे में आजीवक बाबू का 'आजीवक' की वकालत करना इतना बड़ा अपराध हो गया कि दलित साहित्यकारों ने एक प्रकार से जैसे उनका हुक्का-पानी बंद करने का अघोषित फरमान जारी किया हुआ है। इसलिए ये दीपक कुमार को हतोत्साहित करने के लिए दीपक कुमार की अपेक्षा संबोधन में 'आजीवक बाबू' कहते हैं, लेकिन दीपक कुमार इस नए संबोधन से परेशान नहीं हुए हैं, बल्कि उन्होंने इसे एक चुनौती के रूप में स्वीकार कर लिया। बिना किसी गजट नोटिफिकेशन के दीपक कुमार दलित साहित्य बिरादरी में आज एक विलेन, यानी 'आजीवक बाबू' के रूप में नामजद हो गए हैं।

आजीवक बाबू का खलनायक में तब्दील होना, अस्मिता की जंग का हिस्सा होने का खामियाजा है। आजीवक बाबू इसे डॉ. कमलकांत की संगत का दुष्प्रभाव भी मानते हैं। डॉ. कमलकांत महिलाओं के प्रति विवादित टिप्पणियों के कारण विलेन बने थे। उन्होंने इस खलनायकी से बचने के लिए संत कबीर को अपनी ढाल बनाया था, लेकिन कामयाब नहीं हुए, क्योंकि कबीर के बचाव

में लेखकों की बाढ़-सी आ गई। डॉ. कमलकांत अपने मकसद में कामयाब नहीं हो सके, लेकिन हिम्मत नहीं हारी और संभवत: अपने 'जेंडर बॉयस' एजेंडे को अमलीजामा पहनाने के लिए 'आजीवक' की शरण ली। उन्होंने अपनी एक मित्रमंडली या यूँ कहें कि एक भक्त मंडली बनाई, एक पत्रिका भी निकाली और एक ऑर्गेनाइज्ड मुहिम चलाई।

इस मुहिम के तहत डॉ. कमलकांत ने 'आजीवक' को एक धर्म के रूप में प्रोजेक्ट किया। अपने आप को इसका अघोषित 'धर्म-प्रवर्तक' बनाया, ताकि अन्य धर्मों की तर्ज पर महिलाओं के प्रति पूर्वग्रह को जस्टीफाई किया जा सके। आजीवक को धर्म बनाने और स्वयं को आजीवक का धर्म प्रवर्तक बनने के लिए डॉ. कमलकांत ने तथागत बुद्ध और बुद्धिज्म को निशाने पर लिया और 'बिलो द बेल्ट' यानी स्तरहीन वार किए। अपनी महत्त्वाकांक्षी योजनाओं को अंजाम तक पहुँचाने के लिए उन्होंने डॉ. आंबेडकर पर कीचड़ उछालने में कोई कसर बाकी नहीं छोड़ी। गौरतलब यह भी है कि इस पत्रिका में जिस भी नाम से जो कुछ भी लिखा जाता है, वह डॉ. कमलकांत की पूर्वग्रही बौद्धिक जुगाली के अलावा कुछ और नहीं हो सकता।

आजीवक बाबू डॉ. कमलकांत की खलनायकी के कारण पीड़ित हैं। प्रत्येक व्यक्ति आज भी 'आजीवक' चिंतन-दर्शन को डॉ. कमलकांत के चश्मे से देखता है और आजीवक का नाम मात्र लेने से फाड़ खाने को आता है। डॉ. कमलकांत की उगाई नफरत की फसल आज भी आजीवक बाबू को बराबर काटनी पड़ रही है। एक समय था जब आजीवक बाबू आजीवक दर्शन पर काम कर रहे थे, तब डॉ. कमलकांत गुजरात से बराबर घंटों बात करते। उन्हें भ्रम हो गया था कि उनके अन्य भक्तों की तरह आजीवक बाबू भी उन्हीं के निर्देशन में काम कर रहे हैं, उनके अनुयायी हैं। वे स्वयं को 'आजीवक' के पक्षधर साहित्यकारों के सरदार जैसा मानते, बराबर फोन करते और सभी को 'आजीवक' कहकर संबोधित करते। वे जमकर चर्चा करते, लेकिन अपने पत्ते कभी नहीं खोलते थे।

"बनारस से दिनेश गौतम भी आजीवक पर काम कर रहे हैं, बहुत परिश्रम कर रहे हैं और उनका काम जल्दी आनेवाला है।" वे अकसर ऐसी भूमिका

बाँधकर आजीवक बाबू से उनके अध्ययन व लेखन की खोज-खबर लेते और हौसला अफजाई भी खूब करते, लेकिन कोई चर्चा तथागत बुद्ध व डॉ. आंबेडकर को बीच में घसीटने व आपत्तिजनक टिप्पणियों के बगैर खत्म नहीं होती थी। यह आजीवक बाबू को कतई पसंद नहीं था, लेकिन वे इस चर्चा का हिस्सा कभी नहीं बनते। इसके विपरीत आजीवक बाबू काफी सीमा तक तथागत व बाबा साहब का अनुसरण करते थे।

"दिनेश गौतम भी कबीर को आजीवक परंपरा में मानते हैं। वे कबीर का भी गंभीर अध्ययन कर रहे हैं। उनका काम आने के बाद मजा आ जाएगा, लेकिन वे अपने काम के बारे में बताते कि मेरे काम में अभी समय लगेगा।"

"कबीर आजीवक परंपरा की महत्त्वपूर्ण कड़ी हैं। आजीवक परंपरा को समझने के लिए कबीर को समझना जरूरी है।"

आजीवक बाबू भी इस पर अपनी स्वीकृति देते, लेकिन वे कबीर को महिलाओं के विरुद्ध इस्तेमाल के पक्षधर नहीं थे। इसलिए विवादित मुद्दों से बराबर बच निकलते। आखिर एक दिन आजीवक बाबू का धैर्य जवाब दे गया और उन्होंने स्पष्ट कर दिया—

"नहीं, मैं कबीर को सीधे-सीधे 'आजीवक' परंपरा में नहीं मानता। स्त्री चिंतन में, जहाँ तक आपके दखल का सवाल है, वह मेरी समझ से परे है।" मौजूदा परिस्थितियों में आजीवक बाबू ने अपने विरोध की लगाम ढीली रखना ही बेहतर समझा।

"नहीं, ऐसा नहीं है। इस बारे में आप दिनेश गौतम से बात करके देखना, कुछ चीजें और स्पष्ट हो जाएँगी। आजीवक और क्षत्रिय बुद्ध तो एकदम विरोधी ध्रुव की तरह थे। इससे तो सहमत होंगे आप या फिर...बुद्ध को भी आप 'आजीवक' की तरह ही देखना पसंद करोगे?"

"नहीं, मैं तथागत का विरोधी नहीं हूँ और न ही बुद्ध को मैं 'आजीवक' विरोधी ही मानता हूँ। इसके विपरीत मैं आजीवक परंपरा में सहयोगी मानता हूँ।"

"ये क्या बात हुई?" आजीवक बाबू द्वारा तथागत को आजीवक परंपरा में सहयोगी मानने की बात से वे कुछ उखड़-से गए।

आजीवक बाबू ने अपना संयम खोए बगैर अपनी बात रखी, "मेरे पास

इसके पुख्ता प्रमाण हैं और जब मेरा काम आएगा तब आप देख लेना। फिलहाल इस पर बात करना जल्दबाजी होगी।"

आजीवक बाबू की टिप्पणी ने एक प्रकार से डॉ. कमलकांत के भावी किले की बुनियाद को ही जैसे बेबुनियाद कर दिया था। इसलिए डॉ. कमलकांत का आपा खोना स्वाभाविक था। वे आजीवक बाबू के काम का इंतजार नहीं कर सकते थे। इसलिए तुनकमिजाजी के चलते बोल उठे, "आपको आजीवक धर्म के बारे में क्या कहना है? क्या इसमें भी किसी प्रकार की कोई शंका है...स्पष्ट करेंगे तो बेहतर होगा?"

डॉ. कमलकांत के आखिरी शब्दों, यानी 'स्पष्ट करेंगे तो बेहतर होगा' में अजीब प्रकार की झल्लाहट थी, जिसे आजीवक बाबू सहज ही समझ पा रहे थे। फिर भी संयमित भाव से अपनी बात रखते हुए कहा, "नहीं, मैं इसे धर्म भी नहीं मानता...मैं इसे जीवन-शैली मानता हूँ, जो व्यक्ति की जरूरतों के अनुरूप निरंतर परिवर्तनशील हो सकती है।...यह वैज्ञानिकता पर आधारित है तो प्रयोगात्मक स्थिति में तो होगी ही। परिवर्तनशीलता के लिए सदैव स्पेस होना स्वस्थ परंपरा का हिस्सा है। इसलिए मैं आजीवक परंपरा में 'परिवर्तनशीलता' को स्थायी प्रवृत्ति के रूप में स्वाभाविक मानता हूँ।"

अपनी बात पूरी कर आजीवक बाबू ने डॉ. कमलकांत की प्रतिक्रिया जाननी चाही। आजीवक बाबू हैलो...हैलो...हैलो करते रह गए, लेकिन सामने से कोई प्रतिक्रिया नहीं आई। आजीवक बाबू को ऐसा आभास हुआ कि संभवत: डॉ. साहब ने फोन आजीवक बाबू के आजीवक को धर्म न माननेवाले वक्तव्य पर ही काट दिया हो और डॉ. कमलकांत ने बाद की बात सुनने की भी जरूरत न समझी हो। ठीक ऐसे ही तेवरों का सामना आजीवक बाबू को दलित साहित्यकारों से संवाद में करना पड़ता है। यह स्थिति ऐसी है जैसे 'दलित' शब्द के बगैर दलितों का कोई साहित्य संभव नहीं...ठीक वैसे ही डॉ. कमलकांत के लिए धर्म के बगैर 'आजीवक' का कोई मतलब नहीं।

यह बात डॉ. कमलकांत को झटका लगनेवाली थी। इसमें असामान्य कुछ भी नहीं था। संभवत: वे समझ गए थे कि आजीवक बाबू अब उनके किसी काम के नहीं हैं। इसलिए उन्होंने फोन जारी रखना जरूरी न समझा हो। इस

संवादहीनता के बाद आजीवक बाबू की दो पुस्तकें 'आजीवक' विषय पर आईं। उन्होंने आजीवक दर्शन को लोगों तक सहज रूप में पहुँचाने और इसके विषय में पैदा हुआ भ्रम दूर करने के लिए अलग मासिक पत्रिका 'अस्मिता वाहिनी' निकाली। इसके सभी अंक डॉ. कमलकांत को भी भेजे। अंततः डॉ. कमलकांत का एक आखिरी फोन आया।

"आप एक सोची-समझी रणनीति के तहत 'आजीवक' आंदोलन को भटका रहे हैं...मेरे लिए समस्या खड़ी कर रहे हैं।" उनकी आवाज में जबरदस्त नाराजगी थी...दर्द था...फ्रसट्रेशन थी...और अफसरशाही की धमक भी थी।

"आप बड़े अधिकारी हैं...बड़े लेखक हैं...लोकप्रिय हैं...आप अपनी बात अपने तरीके से रखिए...मैं अपनी बात अपने तरीके से रख रहा हूँ। मुझे लगता है, इसमें नाराजगी का कोई प्रश्न नहीं होना चाहिए। मुझे अपने अध्ययन के आधार पर जो ठीक लग रहा है...मैं अपनी वही बात रख रहा हूँ। मेरे सामने वर्तमान का ही नहीं...भविष्य का भी प्रश्न है। अब गेंद पाठक वर्ग के पाले में है और पाठक वर्ग ठीक या गलत का फैसला स्वयं करेगा। जिसके तर्क में वजन होगा, वह स्वीकार्य हो जाएगा वरना खारिज। डॉ. साहब! इस अवसर पर मैं एक बात और कह देना जरूरी समझता हूँ, वह यह कि मैं किसी से डिक्टेट होकर नहीं लिखता...मैंने जीवन में ऐसा समझौता करना नहीं सीखा है और न ही निकट भविष्य में मेरा ऐसा कोई इरादा ही है।"

इससे पहले कि आजीवक बाबू डॉ. कमलकांत का पक्ष जान पाते, डॉ. कमलकांत ने अपना फोन काट दिया और फिर कभी दोबारा लौटकर उनका न कोई फोन आया और न ही उन्होंने कभी आजीवक बाबू का फोन ही उठाया, शायद अपनी डायरी से उन्होंने आजीवक बाबू का नाम और फोन नंबर, दोनों ही उड़ा दिए थे।

अपने जमीर से समझौता न करने के कारण आजीवक बाबू डॉ. कमलकांत के खेमे का हिस्सा कभी नहीं बन सके। दलित साहित्यकारों की आजीवक को लेकर मोर्चेबंदी बराबर जारी है। इनके निशाने पर यद्यपि डॉ. कमलकांत हैं, उन्हीं के कुतर्कों का जवाब देने के लिए एक संपादित पुस्तक भी आई है। इसमें दलित और गैर-दलित साहित्यकारों ने पूर्वग्रह के चलते चार्वाक/लोकायत

जैसे भौतिकवादी चिंतन की धज्जियाँ उड़ाईं···वैसे पूर्वग्रह के चलते ऐसा होना स्वाभाविक है। यह घृणा डॉ. कमलकांत तक सीमित न रहकर 'आजीवक' दर्शन के प्रति घृणा में तब्दील होती नजर आ रही है। इसमें संदेह नहीं कि इसकी लपटें 'आजीवक' की बात करनेवाले आजीवक बाबू तक और तेजी से आ रही हैं और भविष्य में भी अवश्य आएँगी। अब जबकि डॉ. कमलकांत की मंडली अपना अस्तित्व खो चुकी है। इसलिए यह लड़ाई अब आजीवक बाबू बनाम रैस्ट, यानी 'बाकी सब' के बीच हो गई है। आजीवक बाबू मैदान हैं और देखना बाकी है कि ऊँट किस करवट बैठता है।

□

चार

आजीवक बाबू टी.वी. पर एंकरों के कान फाड़ू फर्जी राष्ट्रवाद से तौबा कर चुके थे और फर्जी राष्ट्रवाद को और अधिक झेलने का साहस नहीं जुटा पा रहे थे। वो नहीं चाहते थे कि बेवजह माथा गरम हो, ब्लड प्रेशर बढ़े और खुद की दिक्कतों में परिवार की दिक्कतें जुड़ें। उन्होंने गली-मोहल्ले की मिसाइली नारेबाजी से बचने के लिए दरवाजे बंद किए थे। वे राजनीतिज्ञों और टी.वी. एंकरों के गोला-बारूद से भी खुद को बचाना चाहते थे, लेकिन कैंडल मार्च, फ्लैग मार्च, शहीदों की जय-जयकार सबकुछ बगल में मौजूद था। पाकिस्तान को सबक सिखाने और नक्शे से मिटाने के नारों के साथ-साथ न जाने क्या-क्या मौजूद था, इसका कोई हिसाब नहीं था। इस क्या-क्या में देश के हुक्मरान थे, उनके भाषण थे, शौर्य के नए-नए कीर्तिमान थे! यह सब आजीवक बाबू के स्मृतिपटल पर बराबर दस्तक दे रहा था।

चुनावी सभा के आलीशान तंबुओं में एक अजीब सी जंग थी। जनता के वोट लूटने के लिए शहीदों और उनके परिवारों की शान में कसीदे काढ़े जा रहे थे। मंचों से सेना को हौसले बाँटे जा रहे थे, गोला-बारूद बाँटे जा रहे थे, मिसाइलें बाँटी जा रही थीं, बम बाँटे जा रहे थे, यानी चुनावी युद्ध का सारा जंगी सामान बाँटा जा रहा था। चुनावी रैलियों में देश को सुरक्षा बाँटी जा रही थी। जनता को अलग से सुरक्षा बाँटी जा रही थी। उज्ज्वल भविष्य भी खुले हाथों अपने आप बँट रहा था। आखिर 'भीड़' को जो कुछ भी चाहिए था, सबकुछ बड़ी दरियादिली से लुटाया जा रहा था। मजे की बात तो यह थी कि जो उनके पास था ही नहीं, वह सब भी जमकर बाँटा जा रहा था या यूँ कहें कि जमकर लुटाया

जा रहा था। चुनाव की पूर्व वेला पर सेना के शौर्य का ताज सरकार अपने सिर रखने की हरसंभव कोशिश में लगी थी।

बदले में जनता से सिर्फ आशीर्वाद माँगा जा रहा था, सिर्फ एक बार, वह भी चुनाव के दिन; बाकी दिन शायद इसकी जरूरत ही नहीं थी। पाँच साल में सिर्फ आशीर्वाद, वह भी एक बार···बस एक बार। जब नागरिक 'भीड़' बन ही गया है तो 'भीड़' का आशीर्वाद प्राप्त कर लेना कौन सा मुश्किल काम है। जाहिर है, 'भीड़' अपना दायित्व निभाएगी, क्या नहीं निभाएगी? क्या नहीं निभाना चाहिए? ये सवाल आजीवक बाबू से बराबर दो-चार हो रहे थे।

गली-मुहल्ले का युद्ध चुनावमय जो हो चला था और चुनाव का माहौल पूरा युद्धमय। यह चुनाव और युद्ध का गठबंधन आजीवक बाबू का चैन उड़ाए था। इसलिए वे घर से बाहर नहीं जा पा रहे थे। आजीवक बाबू के लिए टी.वी. की दुनिया में प्रवेश इससे भी महँगा सौदा हो चला था। अभी-अभी रवींद्रनाथ टैगोर का उपन्यास 'गोरा' खत्म हुआ था। दिक्कत की बात यह थी कि आजीवक बाबू की मानसिक स्थिति नया कुछ पढ़ने-लिखने की अनुमति नहीं दे रही थी।

अचानक आजीवक बाबू को रवींद्रनाथ टैगोर के उपन्यास का नायक 'गोरा' और सत्ता पर काबिज मौजूदा नए किस्म के राष्ट्रवाद के महानायक, यानी वजीर-ए-आजम और उनकी टीम एक-दूसरे के पर्याय नजर आए। उधर गोरा 'कट्टर हिंदू' और 'भारतवर्ष' का कर्णधार बना था, इधर राष्ट्रवाद के महानायक ही 'कट्टर हिंदू' और 'भारतवर्ष' के कर्णधार बने हैं। वहाँ 'कट्टर हिंदू' और 'भारतवर्ष' गोरा में विलीन हो गए थे। ठीक ऐसे ही यहाँ 'कट्टर हिंदू' और 'भारतवर्ष', इस राष्ट्रवाद के महानायक और उनकी मुट्ठी भर लोगों की टीम में विलीन नजर आ रहे थे।

आजीवक बाबू की चिंता किसी का किसी में विलीन हो जाना नहीं था। उनकी चिंता का विषय था—फर्जीवाड़ा। गोरा न हिंदू था और न ही भारतवासी, वह एक फिरंगी था, वह एक अंग्रेज था। उसकी परवरिश एक ब्राह्मण दंपती कृष्णदयाल और आनंदमयी ने की थी। उपन्यास के अंत में यह फर्जीवाड़ा जगजाहिर हो जाता है और फिर न हिंदू कट्टरवाद बचता है और न ही उसके सपनों का भारतवर्ष। गोरा एकदम नई दुनिया का प्राणी नजर आता है। न उसमें

कोई कट्टरवाद था और न ही पागल कर देनेवाला किसी जातीय व धार्मिक श्रेष्ठता का कोई दंभ। वह समाज और देश का एक संभ्रांत व जिम्मेदार नागरिक जैसा नया रूप धारण करता नजर आता है। यह 'अंत भला सो भला' जैसा सुकून देता है।

ठीक ऐसा ही फर्जीवाड़ा आजीवक बाबू को मौजूदा राष्ट्रवाद के महानायक और उनकी टीम में दिखलाई पड़ता है। उन्हें इन महानायक में गोरा का अक्स दिखलाई पड़ता है, लेकिन यहाँ आजीवक बाबू को किसी प्रकार के परिवर्तन के कोई आसार नजर नहीं आ रहे थे। इसके विपरीत यहाँ हालात और भी खराब व भयावह होना तय थे। आजीवक बाबू चाहकर भी इससे मुक्त नहीं हो पा रहे थे। इसलिए वे अंदर से काफी डरे हुए थे। आजीवक बाबू सिर्फ अपने लिए नहीं डरे थे, वे अकेले भारत के लिए भी नहीं डरे थे। दअसल हकीकत यह थी कि वे भारत और पाकिस्तान, दोनों के लिए डरे थे।

वो डरे हुए थे कि कहीं कोई कर्नल, कोई फाइटर पायलट···कर्नल पॉल टिबेट्स न बन जाए। वे डरे हुए थे कि कहीं मीडिया और हुक्मरान हैरी ट्रूमैन, चर्चिल और चियांग काई शेक जैसे युद्ध के फतवेबाज न बन जाएँ। वे डरे हुए थे कि कहीं ये सावन के अंधे जारी न कर दें एटम बम गिराने का फतवा, कोई फरमान। वे डरे हुए थे—कहीं बनकर न रह जाएँ भारत या पाकिस्तान···जापानी शहर हिरोशिमा या नागासाकी। आजीवक बाबू ऐसे डरावने सवालों से जूझ ही रहे थे कि अचानक आजीवक बाबू का मोबाइल बज उठा। सामने डॉ. तरुण सिंह थे।

"घर पर हो या कहीं···?" इससे पहले कि डॉ. तरुण अपनी बात पूरी करते, आजीवक बाबू ने कह दिया—

"हाँ, घर पर ही हूँ, क्या हुआ?"

"मैं आ रहा हूँ, कुछ काम है।"

आजीवक बाबू का प्रश्न 'क्या हुआ?'···डॉ. तरुण ने जैसे कुछ सुना ही नहीं, बस फोन काट दिया।

इन चंद शब्दों ने आजीवक बाबू को अजीब उधेड़बुन में डाल दिया। न कोई हाय-हैलो, न कोई हालचाल, न आने की कोई वजह का जिक्र।···बस अजीब सा फरमान, अजीब सी जल्दबाजी, आजीवक बाबू को कुछ समझ नहीं आ रहा था।

उन्हें लगा, किसी अस्पताल-वस्पताल का चक्कर होगा और वे उन्हें अपने साथ मदद के लिए ले जाना चाह रहे होंगे, शायद ? वैसे भी कई दिनों से उनका स्वास्थ्य कुछ ठीक नहीं चल रहा था। आजीवक बाबू ने इसी खयाल के चलते तैयारी शुरू कर दी। गीजर ऑन किया, इसी बीच उन्होंने अलमारी से अपने अंडर गारमेंट्स व दूसरे पहनने के कपड़े निकालने शुरू कर दिए, ताकि समय बचाया जा सके। आधे घंटे में आजीवक बाबू 'रेडी टू मूव' थे, लेकिन अभी डॉ. तरुण का कोई अता-पता नहीं था। आजीवक बाबू की बेचैनी बढ़ती जा रही थी। आजीवक बाबू को किसी का इंतजार करना कोई दुश्मनी निकालने जैसा लगता है, लेकिन डॉ. तरुण इस मामले में अपवाद हैं और वे उनके बारे में ऐसा सोच भी नहीं सकते थे।

एक बार उनको फोन भी घुमाया, पर दो-चार बार घंटी बजने के बाद फोन बंद हो गया। अब उनके पास अन्य कोई विकल्प ही नहीं था सिवाय टी.वी. ऑन करने के। बे-मन से टी.वी. ऑन किया। ब्रेकिंग न्यूज देखते ही उनके पैरों तले से जैसे जमीन ही निकल गई, आँखें फटी-की-फटी रह गईं, फिर सर्जिकल स्ट्राइक ? यानी प्राइवेट चैनलों के बिकाऊ टी.वी. एंकरों और चुनावी योद्धाओं के मनसूबों की बंपर जीत। जिसका डर था आखिर वही"।

युद्ध की मुकम्मल तसवीर देखने के लिए आजीवक बाबू ने अलग-अलग चैनल बदलकर देखना शुरू किया। ऐसा लगा जैसे देश के टी.वी. एंकरों को कोई नया टॉनिक मिल गया हो। उनमें अजीब सा जोश था, अजीब सी होड़ थी, बढ़-चढ़कर मौत का आँकड़ा बनाने की और भीड़ बने दर्शकों को लुभाने की। यह होड़ थी आतंकवाद के आकाओं के रिश्तेदारों तक को मौत का आँकड़ा बनाने की और जाहिर है, मौत के आँकड़े को अधिक सैंसेशनल कर दिखाने की।

ये किराए के टट्टू की तरह पगलाए थे, भूल गए थे कि यह सर्जिकल स्ट्राइक कुछ सेकंडों की थी। कुछ मिनटों की थी, जल्दबाजी की थी, हबड़-दबड़ की थी, बारिश और रात के अँधेरे से जुड़ी थी और लाशों की गिनती नहीं हो सकती थी। अगर हो सकती थी तो सेना के स्तर पर, मीडिया या किसी अवसरवादी नेता के स्तर पर नहीं।

ये अक्ल के अंधे इतना भूल गए थे कि ये सर्जिकल स्ट्राइक अँधेरे में हुई थी, न कि दिन के उजाले में। आदमियों की पहचान नहीं हो सकती थी, लेकिन फिर भी मीडिया में पहचान भी हो रही थी और गिनती भी। कहावत है कि जिसका यार दारोगा, उसे डर काहे का। इसके चलते ही व्यापारी मीडिया अपनी डींगें हाँके जा रहा था, सिर्फ अपनी। उसे कोई परवाह ही नहीं थी कि उसकी नादानियों का देश और दुनिया पर क्या प्रभाव हो सकता है। अपने आकाओं के प्रति वफादारी दिखाने में शायद अपना आपा ही खो बैठा था।

'भीड़' तो भीड़ थी, जिसका भेजा तो मीडिया और सियात के ठेकेदार पहले ही फर्जी देशभक्ति ताबूत में दफन कर चुके थे। हैरत की बात तो ये है कि यह सर्जिकल स्ट्राइक सैटेलाइट के दायरे से बाहर कैसे रह गई? सैटेलाइट के जरिए एक भी फोटो तो सामने नहीं आया, शायद जारी ही नहीं किया गया था।

शुक्र है कि अचानक डोर-बेल बजी और आजीवक बाबू की खोपड़ी के चढ़ते पारे को थोड़ा विराम मिला। दरवाजा आजीवक बाबू ने ही खोला, घर में और कोई मौजूद ही नहीं था। डॉ. तरुण को सामने ठीक-ठाक देख आजीवक बाबू हैरान रह गए। गेट पर ही पूछ डाला, "खैरियत तो है मियाँ या··· ?"

"अंदर भी आने दोगे या बाहर से ही चलता कर देने का इरादा है, मियाँ?"

डॉ. तरुण ने 'मियाँ' शब्द पर ऐसे जोर दिया कि दुःख के माहौल में भी दोनों के चेहरों पर हलकी सी मुसकान तैर गई। यह पलभर की मुसकान संबोधन में 'मियाँ' शब्द के आगाज की थी। डॉ. तरुण ने अपना थैला सोफे पर रखा और आम दिनों की तरह ड्राइंगरूम के पलंग पर गोलवाला तकिया लगाया और पसर गए। डॉ. तरुण का पलंग पर विराजमान होने का संकेत था कि कहीं आने-जाने का कोई मामला नहीं है। ऐसा कोई प्रश्न पूछने का कोई अर्थ भी नहीं रह गया था। आजीवक बाबू समझ गए थे कि डॉ. तरुण फुरसत में हैं और आज कुछ लंबा रुकेंगे। जाहिर है, इन दोनों की दोस्ती की लंबी यात्रा ने इतना सिखा दिया था कि कुछ प्रश्नों के उत्तर पाने के लिए प्रश्न पूछना जरूरी नहीं रह गया था।

टी.वी. एंकर अभी मोर्चे पर तैनात थे और बराबर वही पुराना घिसा-पिटा भाषाई गोला-बारूद बरसा रहे थे। दरवाजा खोलने के चक्कर में आजीवक बाबू

ने टी.वी. बंद नहीं किया था। टी.वी. की ओर नजर डालते ही डॉ. तरुण की पहली प्रतिक्रिया थी—

"बंद करो इन कुत्तों को, बेवजह भौंक रहे हैं···साले! इन्हीं से तो भागकर आया हूँ, किंतु यहाँ भी सबकुछ वही पुराना···बस, एक नया तमाशा 'सर्जिकल स्ट्राइक' जुड़ गया है···पुराने तमाशे में।"

आजीवक बाबू 'साले' शब्द पर चौंके। उन्होंने 'साले' जैसे शब्दों का प्रयोग उनके मुँह से पहले कभी नहीं सुना था, लेकिन इसे अनदेखा कर टी.वी. का स्विच ऑफ करते हुए अपनी सफाई दी—

"आपके इंतजार के चक्कर में टी.वी. ऑन कर लिया था। वैसे भी टाइमपास करने के लिए इंतजार के मामले में दो ही तो विकल्प बचते हैं···या तो टी.वी.··· या फिर स्मार्ट मोबाइल फोन। आपके घर से निकलने और यहाँ तक पहुँचने के बीच के स्पेस को भी तो भरना था, चलो छोड़ो, पहले थोड़ा पानी पियो।" बात करते-करते आजीवक बाबू बगल की रसोई से पानी ले आए थे।

"आपको इस 'सर्जिकल स्ट्राइक' का पहले ही पता चल गया था? मैं तो आजकल टी.वी. खोलता ही नहीं, अखबार के भी बस शीर्षक ही देखता हूँ। अखबार में इस 'सर्जिकल स्ट्राइक' के बारे में कुछ था ही नहीं, अगर टी.वी. ऑन न करता तो अभी भी कुछ पता नहीं चलता, वैसे भी मैं आजकल एक उपन्यास पढ़ने के चक्कर में था।"

आजीवक बाबू की बात बीच में काटकर डॉ. तरुण ने बताया, "टी.वी. तो मैं भी नहीं देखता आजकल···रजत पासवान के इ-मेल से पता चला, क्योंकि वो युद्ध के विरोध में मुझसे आर्टिकल लिखने को कह रहे थे। इसलिए युद्ध के बारे में जानने के लिए टी.वी. खोल लिया। काफी देर पहले पता चल गया था। इसमें 'सर्जिकल स्ट्राइक' वाला मामला नया है। बाकी तमाशा वही पुराना है। कुछ नया जानने के चक्कर में घंटों टी.वी. एंकरों का आतंक झेला। कुछ नया मिला ही नहीं। सोचा, नया कुछ आपस में मिलकर ढूँढ़ते हैं। थोड़ा सुकून मिलेगा, बस इसी उम्मीद में चला आया।"

"फिर इतनी देर कहाँ लगा दी, कहीं ट्रैफिक का जाम-वाम लगा था क्या?"

"जाम-वाम क्या, बुढ़ापा अपने आप में परमानेंट जाम है। ये तो अब और बढ़ेगा ही, घटनेवाला नहीं है—यह कभी न खत्म होनेवाला जाम है।" यह सब कहते हुए डॉ. तरुण के चेहरे पर हलकी सी मुसकान तैर गई। आजीवक बाबू की मुसकराहट में भी इस हकीकत की स्वीकृति साफ झलक रही थी, लेकिन फिर भी मुँह से निकल ही गया, "आपको कब रोक पाएँ हैं ये ट्रैफिक जाम। चेहरे की रौनक तो आज भी जवानों को कॉम्पलैक्स देती है। बस ये सफेद बाल...।" इससे पहले कि बात पूरी होती, डॉ. साहब बोल उठे, "बस...बस, और झाड़ पर मत चढ़ाओ मियाँ, कहीं बुढ़ापे में हाथ-पाँव टूट गए तो फिर से जुड़नेवाले नहीं।" इस पर दोनों मुसकराकर रह गए। आजीवक बाबू डॉ. तरुण को अकसर सिंह साहब या डॉ. साहब कहकर पुकारते हैं। उम्र में आठ-दस साल बड़े जो हैं, लेकिन आज मियाँ शब्द पर जोर कुछ बढ़ गया था...दोनों के लिए संबोधन में नया जो था।

आजीवक बाबू ने सिंह साहब की ओर से फोन पर जारी हुए फरमान पर चुटकी लेने के अंदाज से अपनी बात शुरू की—

"क्या हुआ था? आज तो आपने भी सरकारी अंदाज में और वह भी फोन पर ही सर्जिकल स्ट्राइक कर डाली मुझ पर? मैं तो कुछ घबरा-सा गया था कि आपको अचानक कोई बड़ी दिक्कत तो नहीं हो गई। इसलिए नहा-धोकर तैयार बैठा हूँ कि कहीं चलना ही पड़ जाए तो...।"

"जब मौसम ही सर्जिकल स्ट्राइक का है तो हम क्यों पीछे रहें?" डॉ. साहब अपनी हाजिर जवाबी पर मुसकरा दिए।

"सिंह साहब, मौजूदा हालात को देखकर मुझे तो अजीब सा डर लग रहा है। अगर चुनाव लूटने के चक्कर में बात आगे बढ़ गई तो लेने के देने पड़ सकते हैं, देश और दुनिया...दोनों को। वैसे भी इन सिरफिरे लोगों में किसी प्रकार की कोई मर्यादा शेष नहीं रह गई है, न जुबान की, न झूठ की और न किसी दीन और ईमान की। अगर युद्ध छिड़ गया तो?"

"मैंने तो अपने एक आर्टिकल में महीनों पहले ही लिख दिया था कि ये सिरफिरे लोग चुनाव के दौरान कोई सांप्रदायिक दंगा करा सकते हैं, मंदिर-मसजिद पर कत्लेआम करा सकते हैं, कोई युद्ध जैसे हालात पैदा करा सकते

हैं। मेरी बात की तस्दीक अभी कुछ दिन पहले अमेरिका ने भी की है। उसे भी ऐसा अंदेशा जताने की जरूरत महसूस हुई न? देख लो! अब हम उसी दिशा में बढ़ रहे हैं, जैसी आशंका थी। वैसे भी लोग धीरे-धीरे दंगों की सियासत समझने लगे हैं। अब देखते हैं आगे-आगे होता है क्या?" डॉ. तरुण ने अपनी टिप्पणी से आजीवक बाबू की बात को निर्णायक स्थिति में पहुँचा दिया।

"इसका मतलब आप भी मानते हैं कि कुछ भी हो सकता है, जैसा कि पड़ोसी देश भी न्यूक्लियर बम की धमकी दे रहा है। यदि किसी भी परिस्थिति के चलते ऐसा हुआ तो बहुत बुरा होगा। सिंह साहब, मैंने जापान के हिरोशिमा और नागासाकी से जुड़ी विश्वयुद्ध की त्रासदी को पढ़ा है। इसके सीधे प्रभाव और उसके बाद के दुष्परिणाम बेहद भयानक रहे हैं। सेकंडों में हिरोशिमा का टेंपरेचर तीन-चार हजार डिग्री सेल्सियस हो जाना, न जाने क्या-क्या भाप बनकर ऊपर उड़ना और आसमान में मशरूम की शक्ल की आकृति बन जाना। कई किलोमीटर तक इमारतों के शीशे टूट जाना व पिघल जाना, अस्पताल और ऑफिस की इमारतों का बुरी तरह बरबाद हो जाना, पेड़ों का झुलस जाना, बिजली और संचार तंत्र का फेल हो जाना और न जाने और क्या-क्या बरबाद हुआ, इसका अंदाजा लगाना भी मुश्किल है।" आजीवक बाबू यह सब कहते-कहते अचानक रुक गए। एक साथ इससे अधिक कुछ कह पाना शायद उनके वश की बात नहीं रह गई थी।

सिंह साहब जैसे साँस रोके सुन रहे थे और उन्होंने कोई प्रतिक्रिया भी नहीं दी थी, शायद वे चाह रहे थे कि आजीवक बाबू अपनी बात पूरी करें। उनकी तरफ से कोई प्रतिक्रिया न देख आजीवक बाबू ने अपनी बात आगे बढ़ाते हुए बताया—

"इसकी चपेट में आए 70-80 हजार लोगों की जान चली गई थी। जो बचे, उनके बदन से चमड़ी झुलस गई, कहीं पर शरीर से चमड़ी नीचे लटक गई थी, आँखों के अंदर सबकुछ पिघलकर बह गया और आँखें खोली-खोल बनकर रह गई थीं। गर्भवती महिलाओं के गर्भपात हो गए और साँस लेने में भयंकर तकलीफ होने लग गई थी। उनमें जैसे सोचने-समझने की शक्ति खत्म हो गई थी और शरीर के अंगों ने काम करना बंद कर दिया था। पुराने जख्म पुनः हरे हो गए थे और

नए जख्म भरने का नाम नहीं ले रहे थे। और न जाने कैसी-कैसी अपंगता ने आ घेरा था और इतने दशकों बाद भी वहाँ सबकुछ सामान्य नहीं है।"

जापानी जनजीवन का दर्द अब सिंह साहब के चेहरे की स्वाभाविक भाव-भंगिमा को सँभाले नहीं रख सका। वे बीच में बोल उठे, "आज तो न्यूक्लियर बमों की क्षमता और भी घातक हो गई है, अगर···"

इस 'अगर' को उन्होंने पूरा करने के बजाय अपने दोनों कानों पर हाथ रख लिया और फिर आँखें बंद कर लीं। संभवतः इसकी भयावह से तौबा कर रहे हों।

दोनों के बीच चुप्पी आ पसरी। इस विषय पर आगे बोलने की हिम्मत दोनों में से किसी की नहीं हो रही थी। आजीवक बाबू ने उठते हुए कहा, "सिंह साहब, चलो आधा-आधा कप चाय हो जाए?"

"हाँ, लेकिन मैं तो फीकी लूँगा, शुगर बिल्कुल भी नहीं?"

"मतलब एकदम नहीं या थोड़ी··· ?"

"नहीं···बिल्कुल नहीं, जब परहेज है तो है, इसमें थोड़ी का कोई मतलब नहीं। आप अपनी चाय में चाहे जैसी डाल लेना।"

"अरे साहब! संकट की घड़ी में चाय का भी अलग-अलग क्या निकालना··· मैं भी आपके साथ फीकी ही ले लूँगा, वैसे भी सबका साथ, सबका विकास के लिए भी तो···कुछ-न-कुछ होना ही चाहिए न, क्या नहीं?" इसके जवाब में डॉ. तरुण सिंह हलके से मुसकरा दिए।

इस सर्जिकल स्ट्राइक और न्यूक्लियर बम के चक्कर में आजीवक बाबू चाय पूछना ही भूल गए थे, लेकिन भूल सुधार के लिए सीधे रसोई में पहुँचे और 'मिशन चाय' को अंजाम देने लगे। पत्नी की अनुपस्थिति में रसोई का कामकाज सँभालना और उसे ठीक से अंजाम देना भी आजीवक बाबू के लिए किसी मिशन से कम नहीं होता, लेकिन दिमाग में मौजूदा परिस्थितियों की भयावहता अभी भी बदस्तूर मौजूद थी। जाहिर है, परेशानी का सबब बनी थी।

फ्रांस में रह रहे भारतीय प्रवासी अमित मिश्रा द्वारा जारी वीडियो आजीवक बाबू के दिमाग में रह-रहकर दस्तक दिए जा रहा था। यह वीडियो कितना सच था, कितना झूठ, कुछ कहा नहीं जा सकता था, लेकिन यह वीडियो था बड़ा भयभीत करनेवाला। इसमें राजनीति के तीन दिग्गज युद्ध के लिए एक अनजान

व्यक्ति से आतंकी हमले की डील कर रहे हैं। बराबर कह रहे हैं, "चुनाव जीतने के लिए कोई आतंकी हमला कराना कोई गलत बात नहीं है। चुनाव में ऐसा होता रहता है, जैसे युद्ध और प्यार में सब जायज होता है, वैसे ही राजनीति में सब जायज होता है। चुनाव भी तो एक युद्ध ही होता है। युद्ध में भी सेना की कुरबानी देनी होती है और आतंकी हमले में भी सैनिकों की कुरबानी हो जाए तो एक ही बात है, फिर चुनावों को जीतने के लिए काम कुछ भी हो, सैनिकों का शहीद होना उनका पार्ट ऑफ ड्यूटी है, उनकी नियति है। वो सेना में भर्ती भी तो शहीद होने के लिए होते हैं।"

"लेकिन···?" एक महिला की आवाज आती है, लेकिन बीच में ही काट दी जाती है। एक भारी आवाज इसे दबाते हुए आती है, "लेकिन-वेकिन कुछ नहीं···वेवजह के आरग्यूमेंट छोड़ो···ठीक है?"

"आम खाने की बात करो, गुठलियों में क्या रखा है। तुम नहीं तो तुम्हारा भाई करेगा। ऐसा मौका रोज-रोज नहीं आता। बोलो क्या करना है, सौदा मंजूर या···?"

"ठीक है।" उधर से स्वीकृति में 'ठीक है' के अलावा कुछ नहीं कहा गया। जाहिर था कि सौदा पक्का हो गया था।

आजीवक बाबू को यकीन नहीं हो रहा था और होना भी नहीं चाहिए, लेकिन आजीवक बाबू ने फिल्मों में तस्करों और गैंगस्टरों द्वारा इनसानी जिंदगियों के सौदे बहुत देखे थे, लेकिन जीवन में राजनीति के लिए सैनिकों की जिंदगियों की सौदेबाजी पहली बार देखी थी, सच थी या झूठ, कुछ तय नहीं था···लेकिन यह सौदेबाजी थी बहुत डरावनी। भले ही यह फिल्म के परदे पर न सही, यूट्यूब पर थी, लेकिन थी दिल दहला देनेवाली। यह सैनिकों की जिंदगियों से सौदेबाजी हकीकत के कितनी करीब थी और कितनी दूर, कहना मुश्किल था। सिक्के के दूसरे पहलू के रूप में देखें तो यह सौदेबाजी साजिश से कितनी दूर थी और कितना करीब, आजीवक बाबू इसका फैसला नहीं कर पा रहे थे, लेकिन दोनों ही स्थितियाँ देश की साख और संप्रभुता के लिए बेहद चिंता की बात थी। आजीवक बाबू के विचारों के उबाल पर चाय का उबाल भारी पड़ गया और आजीवक बाबू पुनः 'मिशन चाय' पर लौट आए।

चाय की चुस्की के साथ डॉ. तरुण अपनी दुविधा साझा करते हुए बोले, "आजकल मुख्यधारा के मीडिया की तुलना में सोशल मीडिया कुछ ज्यादा विश्वसनीय व निष्पक्ष होता नजर आ रहा है। कुछ चीजें तो सोशल मीडिया को देखकर जितनी स्पष्ट होती हैं, उतनी अन्य किसी भी मीडिया से नहीं हो पातीं।" अभी-अभी एक पोस्ट ने मुझे हैरान कर दिया। यह संवाद दूधवाले भइया और दूध लेनेवाले, यानी मालिक के बीच था, लिखा था—

मालिक : भैया, आजकल दूध कुछ पतला आ रहा है।

भैया : क्या कहते हो साहब, आप तो गौ माता पर इल्जाम लगा रहे हो··· उसका मनोबल तोड़ रहे हो···गौ माता का अपमान करने से पाप लगेगा···ऐसा नहीं बोलो, बाबूजी!

दोनों की हँसी छूट गई। इसी बीच आजीवक बाबू बोल उठे, "सिंह साहब, इसे मैंने भी पढ़ा है। ऐसे ही मैसेज के साथ···मैंने एक और पोस्ट पढ़ी है, शायद आपने भी पढ़ी हो?"

"कौन सी?" सिंह साहब ने उत्सुकता दिखाई।

"यह एक नालायक बेटे और बाप के बीच में संवाद है।" यह कुछ इस प्रकार है—

बाप : बेटा, तेरा रिजल्ट आनेवाला था, कैसा रहा?

बेटा : आपको फख्र होना चाहिए, मैंने कॉलेज में टॉप किया है, पप्पा!

बाप : अच्छा, अरे वाह! तूने तो कमाल कर दिया, जरा मार्कशीट दिखाना।

बेटा : पप्पा, आप कॉलेज के पराक्रम पर सवाल कर रहे हैं। आप मेरी कड़ी मेहनत पर उँगली उठा रहे हैं। आप विश्वविद्यालय का मनोबल गिरा रहे हैं। आप शिक्षा जगत् की छवि नष्ट कर रहे हैं।

बाप : एक बार मार्कशीट तो दिखाओ?

बेटा : मार्कशीट तो चोरी हो गई, जो बोल रहा हूँ, उसी को सच मानो न?

"दोनों ही पोस्ट में जबरदस्त 'व्यंग्य' है। अब बताओ क्या कोई भी मुख्यधारा का मीडिया मौजूदा स्थिति को ऐसे शब्दों में बता सकता है?"

"सिंह साहब, बिल्कुल नहीं, लेकिन दोनों ही पोस्ट गौ माता और देशभक्ति की कलई खोलकर रख देती हैं। गौ माता और देशभक्ति के नाम पर जितना

आतंक देश में फैलाया जा रहा है, उसकी दूसरी मिसाल मेरी नजर में नहीं है।"

"मुझे लगता है कि देश-दुनिया में हमारी जो फजीहत हो रही है, इनसानी मूल्यों का जो पतन हो रहा है, उसका अंदाजा इन गौ-भक्तों और राष्ट्रभक्तों को नहीं है। इनके फलने-फूलने में सरकार का हाथ है, यह किसी से छिपा नहीं है। एक कहावत है—किसी घर में आग लगी हो तो चूहों को भी आँख हो जाती है, लेकिन आजकल हम कुछ अलग प्रकार के चूहों से जूझ रहे हैं, जो आग लगाने का काम करते हैं। इसलिए आग तो बराबर लगी है, लेकिन मासूम नागरिकों के घरों में और आग बुझानेवालों ने अपनी आँख पर पट्टी बाँधकर अपनी जिम्मेदारियों से इतिश्री कर ली है। इन्हें घरों की आग नहीं, सिर्फ-और-सिर्फ चूहों की पड़ी है, जिन्हें सत्ता पाल रही है। ये चूहों की भीड़ ही इनकी लाइफ-लाइन जो हो गई है, आजकल। इसलिए ही तो ये चूहे ही राष्ट्र और इनसानियत की कब्र खोद रहे हैं और इनको रोकनेवाला कोई नहीं। यकीनन यह आतंक का अंधा दौर कुछ और लंबा चला तो सबकुछ बरबाद हो जाएगा, कुछ नहीं बचेगा।"

"इतना निराशावादी होना ठीक नहीं है, आजीवक बाबू! देखिए, हल निकलेगा, कोई-न-कोई हल जरूर निकलेगा। मैं तो यही कहूँगा कि उम्मीद का दामन नहीं छोड़ना चाहिए।"

"अरे साहब, मैं भी चाहता हूँ···उम्मीद का दामन पकड़े रखना, लेकिन जब दामन पकड़नेवाले हाथों से उम्मीद ही रेत की तरह बराबर फिसलती रहे तो कोई करे भी तो क्या? आजकल अवसरवादी मीडिया हाउस ही सत्ताधारी पार्टियों के माउथपीस बनकर रह गए हैं और उम्मीद को हाथों में टिकने ही नहीं देते। सरकार की विचारधारा से इतर विचार रखनेवाले बुद्धिजीवियों, विरोधी दलों, विभिन्न जातियों और धर्मों के प्रतिनिधियों का मीडिया रोज ट्रायल करता है, अगर वंदे मातरम् न बोलो, गौ माता की जय न बोलो, किसी के भी कहने से न बोलो तो हो गए देशद्रोही···'भेज दो पाकिस्तान'। सिनेमा हॉल में राष्ट्रगान से देशभक्ति आ जाएगी क्या? देशभक्ति का जज्बा दिल में होता है, दिमाग में होता है, ये अवसरवादी क्या जानें···किसी छुटभइये, जाहिल-गँवार के कहने पर या जिद करने पर नारे लगाने से कोई देशभक्त बन सकता है क्या? अगर अजहर मसूद 'वंदे मातरम्', 'भारत माता की जय' या 'गौ माता की जय' बोल दे और वह

बराबर आतंकी गतिविधियों में लिप्त रहे तो क्या वह देशभक्त हो जाएगा ? हमारे देश में अधिकांश देश और देशभक्ति के ठेकेदार ऐसे ही लोग हो गए हैं, जिनमें देश और देशभक्ति की समझ सिरे से नदारद है।"

"आजीवक बाबू, जरा धैर्य से काम लो···इतने अधीर क्यों हुए जा रहे हो, मियाँ! मैंने कब कहा—देश और देशभक्ति किसी टी.वी. पर दिखाने या सिनेमाहॉल में दिखाने की चीज है। मैं मानता हूँ कि देशभक्ति के तमाशे देश की जनता को मूर्ख बनाने के हथकंडे हैं। देशभक्ति की आड़ में वोट सुनिश्चित करने और विचारधारा विशेष को देश के लोगों के दिमाग में इनसर्ट करने के षड्यंत्र हैं। मैं भी मानता हूँ कि किसी भी छोटी-से-छोटी बात के लिए किसी को भी देशद्रोही करार दे देना, एकदम शरारतपूर्ण है, साजिश का हिस्सा है, लेकिन फिर भी···।"

आजीवक बाबू डॉ. तरुण की बात पूरी होने के इंतजार का जैसे धैर्य ही खो बैठे थे, जैसे उनके सीने में दफन ज्वालामुखी अंदर हलचल मचाए था और लावे को एक झटके में बाहर उगल देना चाहता हो। इस लावे में मौजूद कमरे में बंद रहने का दर्द था, बाहर गली-नुक्कड़ पर फर्जी देशभक्ति के नारों का दर्द था, टी.वी. न चला पाने का दर्द था, मीडिया, सरकार और न जाने किस-किसके उलटे-सीधे कारनामों का दर्द था, जो सारे बंधन तोड़ चुका था और पुनः अनियंत्रित हो चला—

"सिंह साहब, मुझे तो ये नारे लगाना भी पाखंड का हिस्सा लगता है। जितनी ऊँची आवाज में नारे लगते हैं, समझ लो, उतने वेग से हमें यथार्थ से दूर रखने की कवायद हो रही है। यदि जमीन पर कुछ काम है तो उसे नारे के जरिए बताने की क्या जरूरत ? दरअसल नारे का मतलब है, जहाँ काम है ही नहीं, जहाँ यथार्थ नहीं है, उसे नारों से पैदा करो और उसके होने का स्वाँग करो। यह काम मुझे फर्जी देशभक्ति जैसा लगता है। ये जो गौ माता का झूठा महिमामंडन करते हैं, यह उसके दूध में पानी मिलाने के अपराध को कवर करने का हथकंडा नहीं तो क्या है ? जैसा व्यंग्य में जिक्र है, अपनी असफलता को यूनिवर्सिटी और शिक्षा के मनोबल गिरने की आड़ में कवर साजिश नहीं तो क्या है ? ये व्यंग्य से युक्त संवाद मौजूदा असली चरित्र का आईना है। इसी प्रकार सैनिकों के शौर्यपूर्ण नारों में ऊँची-ऊँची आवाजें, चीख-चिल्लाहट सियासत के निकम्मेपन व नंगई को

उजागर करनेवाली आवाजों को गूँगा-बहरा बना देना नहीं तो क्या है? मुझे यह जनता के दिलो-दिमाग में अँधेरा कायम रखने की साजिश के अलावा कुछ और नजर नहीं आता।"

उनके चेहरे पर अजीब गांभीर्य मौजूद था। डॉ. तरुण ने उन्हें टोका नहीं। कुछ बोलने की अपेक्षा उन्होंने टेबल पर रखे पानी के गिलास को उठा लिया और धीरे-धीरे सिप लेने लगे। आजीवक बाबू समझ गए थे कि वे अभी कुछ बोलने का मन नहीं बना पाए हैं। इसलिए आजीवक बाबू ने अपनी बात, जो सबसे चिंताजनक थी और बाहर आने को आतुर थी, को कुछ इस प्रकार आगे बढ़ाया—

"डॉ. साहब, सेना का इस्तेमाल करना कितना घातक हो सकता है, यह आम जनता को तो क्या शायद राजनीति के मदारियों की समझ से बाहर की गोटी है, वरना ये सेना का इस प्रकार दुरुपयोग कतई नहीं करते? मानता हूँ कि जनता में फर्जी देशभक्ति जगाकर सरकार से असहमति रखनेवाले दलों और बुद्धिजीवियों की बोलती बंद की जा सकती है, सत्ता हथियाई जा सकती है, लेकिन सेना का बार-बार इस्तेमाल कर निजी हित साधने के क्या परिणाम हो सकते हैं, इसका अंदाजा शायद इनको है ही नहीं? क्या होगा यदि भारत की सेना और सत्ता के संबंध ऐसे हो जाएँ, जैसे हमारे पड़ोसी देश पाकिस्तान की सत्ता और सेना के हैं? क्या भारत की लोकतांत्रिक सरकार का कोई स्वतंत्र अस्तित्व रह जाएगा? क्या हम अपनी सत्ता के कई-कई केंद्र को स्वीकार करने को तैयार हैं? क्या हम सैनिक शासन के लिए तैयार हैं? और क्या-क्या हो सकता है, यह तो भविष्य ही बताएगा। इसलिए उम्मीदों का दामन मेरे हाथ से छूटा जा रहा है। वैसे भी एक जिम्मेदार नागरिक के पास मौजूदा हालात से दो-दो हाथ करने के विकल्प बहुत ही सीमित बचे हैं, यह आप भी जानते हैं, लेकिन फिर भी…"

"अरे भाई आजीवक बाबू, मेरी असहमति कहाँ है आपसे, लेकिन लगता है कि आप तो ऐसे आपा खो रहे हैं, जैसे सत्ता के अंधभक्त अपना आपा हमेशा खोए रहते हैं। मुझे तो ऐसा लगा जैसे मैं ही ट्रोल का शिकार हो गया हूँ आज?"

इस पर दोनों की हँसी छूट गई। डॉ. तरुण ने अपने थैले से लंच बॉक्स निकाला और बोले, "तुम्हारे चक्कर में लगता है, मेरे लंच के साथ भी सर्जिकल

स्ट्राइक हो गई है।" आजीवक बाबू ने लंच लिया और गरम करके दोनों ने साझा किया। लंच के दौरान आजीवक बाबू ने कहा, "आप तो पूरी तैयारी के साथ आए हो, मुझे लगा था कि कहीं जल्दबाजी का मामला है···कहीं बाहर जाना है।"

"आजकल जब घर से निकलता हूँ तो अपना राशन-पानी साथ लेकर चलता हूँ, वैसे भी खाली पेट शुगर पंगा करती है। इसीलिए लेट हो गया।"

"फिर बेचारे बुढ़ापे को क्यों बलि का बकरा बना रहे थे, मियाँ? अभी तो मुझे भी आपसे अपने कई काम कराने हैं···बुढ़ापे की आड़ में बचके निकलने नहीं दूँगा।"

"मैं कब मना करता हूँ। जब तक हाथ-पैर चल रहे हैं, इस बूढ़े को जितना मर्जी जोत लो।"

"सिंह साहब, फिर वही बेकार की बात···बुढ़ापे को बीच में लाए बिना आपकी कोई बात पूरी नहीं हो सकती क्या? एकदम गलत बात।"

अब लंच खत्म हो गया था और घड़ी ने दो बजा दिए थे। पाँच-दस मिनट वैसे ही गपशप की और सिंह साहब ने अपना बैग उठा लिया। अन्य अवसरों की तरह, आजीवक बाबू भी उन्हें बस में बैठाने के लिए साथ निकल लिये।

चलते-चलते डॉ. तरुण ने बड़ी शांत मुद्रा में कहा, "आजीवक बाबू, आपकी चिंता जायज है, लेकिन मेरी चिंता बढ़ानेवाले आपसे अलग भी कुछ सवाल हैं। मसलन, इतनी अधिक मात्रा में विस्फोटक घटनास्थल तक पहुँचा तो कैसे? इतनी बड़ी सुरक्षा के इंतजाम के बावजूद आतंकवादी आत्मघाती हमला करने में सफल हुआ तो कैसे? क्या यह इंटेलिजेंस फेलियर है···या हमारी सेना का या उसके किसी अधिकारी या उसके किसी परिचित ने कोई गद्दारी की है? मेरी चिंता है कि इन सवालों पर बात क्यों नहीं हो रही? घर के किसी भेदी के बिना यह संभव नहीं है, क्या है? यह किसी एक का नहीं, समूह का काम भी हो सकता है, इससे इनकार नहीं किया जा सकता। मुझे लगता है, हमें पहले अपने घर को साफ करने की जरूरत है। यदि जरूरत पड़े तो बाद में बाहरी दुश्मन से दो-दो हाथ किए जाएँ। यदि बाहरवाले से उलझे रहकर जनता का ध्यान भटकाया जाता रहा तो समस्या कभी हल नहीं होनेवाली। यह हकीकत जनता को समझनी पड़ेगी। इसके लिए आगे आना पड़ेगा। तभी सत्ता को किसी समाधान के लिए

विवश किया जा सकता है और तभी अमन–चैन की संभावनाएँ प्रबल हो सकती हैं, वरना…।"

"इस साजिश के मामले में किसी सेना के किसी अधिकारी की लापरवाही या उसके साजिश में शामिल होने के एंगल से भी पूरी तरह इनकार नहीं किया जा सकता, मैं आपकी बात से पूरी तरह सहमत हूँ।" इससे पहले कि आजीवक बाबू की बात आगे बढ़ती, डॉ. तरुण की बस आ गई। वे बाय–बाय करते निकल गए, लेकिन आजीवक बाबू साजिश के भूत के साथ वापस लौट आए।

□

पाँच

आजीवक बाबू भ्रष्टाचार की वैचारिक उधेड़बुन में बुरी तरह फँसे थे। वे मानते हैं कि भ्रष्टाचार सिर्फ पैसे के लेन-देन तक सीमित नहीं होता। इसमें व्यक्ति के सभी प्रकार के छल-कपट और झूठ-थपान आते हैं। बेईमानी और शब्दों की शातिर पैंतरेबाजी वगैरह-वगैरह, सबकुछ शामिल होते हैं। ये सब भ्रष्टाचार के आँख, नाक, कान, हाथ, पाँव मिलकर भ्रष्टाचार का एक मुकम्मल ढाँचा बनाते हैं, शरीर बनाते हैं। इन्हीं की बदौलत भ्रष्टाचाररूपी एक चरित्र बनता है। इसी के आधार पर व्यक्ति के व्यक्तित्व का निर्माण होता है। उनकी मान्यता है, भ्रष्टाचार को रुपए-पैसे तक सीमित कर देना खुद भ्रष्टाचार के साथ एक प्रकार का भ्रष्टाचार है, नाइनसाफी है। देश की बरबादी के लिए ऐसा भ्रष्टाचार व नाइनसाफी आजीवक बाबू को नापसंद है ! इसलिए चारों ओर के माहौल से कुछ ज्यादा ही परेशान हैं।

आजीवक बाबू के दिमाग में भ्रष्टाचार की यह व्यापक तसवीर यूँ ही नहीं बनी है। रोजमर्रा के कटु अनुभवों ने उन्हें इस निष्कर्ष पर पहुँचाया है। वे अलग-अलग दफ्तरों में रिश्वत का आलम जानते हैं, पहचानते हैं। डॉक्टर और शिक्षक जैसे नोबल व्यवसायों को उन्होंने करप्शन के कोढ़ का शिकार देखा है। धार्मिक संस्थानों को भ्रष्टाचार की जननी बनते देखा है। सी.बी.आई. के करप्शन के मामलों की दस्तक अदालतों तक में सुनी है। अदालतों के भ्रष्टाचार के झूठे-सच्चे किस्से भी आजीवक बाबू ने अनेक बार सुने हैं और सर्वोच्च न्यायालय की कार्यप्रणाली पर सवाल खड़े करनेवाले कई जजों की मीडिया कॉन्फ्रेंस देखी हैं। वे अपने आसपास पुलिस की रिश्वतखोरी व दादागीरी के किस्से रोज देखते हैं, सुनते हैं। पॉलिटिकल भ्रष्टाचार की गूँज है कि कभी बंद ही नहीं होती और

निकट भविष्य में इसके बंद होने के आसार भी उन्हें नजर नहीं आते। उन्हें पुलिस और पॉलिटिकल करप्शन के बीच एक अजीब सी होड़ नजर आती है, जो सभी प्रकार के भ्रष्टाचार पर भारी है। यह भारत में भ्रष्टाचार के सार्वभौमीकरण व स्वीकार्यता पर मोहर लगाती नजर आती है। ऐसे में देश में बचा ही क्या है और आगे बचेगा भी क्या?

'फिर देश में बचा ही क्या है और आगे बचेगा भी क्या?' यह सवाल आजीवक बाबू को बेचैन किए था। उन्होंने सेना के सामान की खरीद-फरोख्त के मामलों में दलाली सुनी है। रिश्वतखोरी की कहानियाँ सुनी हैं, अखबारों में पढ़ी हैं, लेकिन इतनी बड़ी संख्या में सैनिकों की मौत के मामले में कोई भ्रष्टाचार का एंगल न कभी पहले सुना था और न कभी पढ़ा ही था। इसलिए ऐसा कोई षड्यंत्र उन्हें हजम नहीं हो रहा था। यदि ऐसा कुछ हुआ है तो 'फिर देश में बचा ही क्या है और आगे बचेगा भी क्या?' इसका जवाब अपने आप में बेहद डरावना था। यह जवाब सकारात्मकता और उम्मीदों की सारी किलेबंदी को धराशायी करनेवाला था।

सुबह से गई आजीवक बाबू की पत्नी शालिनी अभी मार्केट से नहीं लौटी थीं, इसलिए वे घर में अभी भी अकेले ही थे। अकेले क्या, यूँ कहें कि भ्रष्टाचार के भूत के साथ थे। उसी भ्रष्टाचार के भूत के साथ, जो डॉ. तरुण बस में बैठते वक्त पीछे छोड़ गए थे, शायद वापसी में आजीवक बाबू को कंपनी देने के लिए, वैसे घर में कंपनी देने के लिए आजीवक बाबू का डॉगी 'रॉबी' मौजूद था। वह आजीवक बाबू के पास ही था, लेकिन आजीवक बाबू रोज की तरह न उसकी ओर ध्यान दे रहे थे और न ही उसके सिर पर हाथ फेरकर उससे बतिया ही रहे थे, उसे दुम हिलाकर अपने प्यार का इजहार करने का कोई अवसर भी नहीं दे रहे थे। ऐसे में बेचारा रॉबी करता भी तो क्या। कुछ देर आजीवक बाबू को देखता और कोई तवज्जो न दिए जाने की स्थिति में वह अपना मुँह जमीन पर रख सोने का अभिनय करता।

सोने का अभिनय इसलिए कि परेशान वह भी था। किसी भ्रष्टाचार के कारण नहीं, बल्कि अपने मालिक की उपेक्षा के कारण। कुछ देर बाद वह फिर आजीवक बाबू की ओर देखता और फिर सोने का अभिनय करता। बस यही

सिलसिला बराबर जारी था। अपनी उपेक्षा से परेशान रॉबी कुछ कह नहीं सकता था, वैसे भी वह खाने के मामले में देरी या भूल-चूक के मामले में भी कभी कोई प्रतिरोध नहीं करता था। एक बार तो ऐसा हुआ कि मैं कुरसी पर बैठा था और रॉबी कुरसी के चार पायों के बीच में पता नहीं कब घुस बैठा। रॉबी की उपस्थिति से अनजान, अचानक मैंने कुरसी पीछे खिसकाई और उसपर बैठ गया, लेकिन रॉबी का पैर मेरी कुरसी के पाये के नीचे आ गया और वह सिर्फ कूँ-कूँ की आवाजों और अपने पैर को बचाने के अलावा कुछ नहीं कर रहा था। वह न विरोध में भौंक रहा था और न ही प्रतिशोधस्वरूप काटने का ही प्रयास कर रहा था। मुझे अपनी गलती का अहसास हुआ तो मैंने रॉबी को कष्टमुक्त किया और थोड़ा प्यार-दुलार किया, लेकिन रॉबी था कि पहले जैसा सहज-सरल ही बना रहा। ऐसा है हमारा रॉबी। प्यार और समर्पण की प्रतिमूर्ति। रॉबी बहुत ही संयमी और संतोषी जीव था। सभी प्रकार की इनसानी खुराफाती फितरत और भ्रष्टाचार से दूर होना कई मामलों में रॉबी को इनसानों जैसा बनाता है।

अब भी उन्हें डिस्टर्ब करनेवाला, यानी आजीवक बाबू का ध्यान डाइवर्ट करनेवाला घर में कोई नहीं था। इसलिए उनके दिमाग पर करप्शन के भूत का एकच्छत्र राज था। इसके चलते वे एक अजीब सी कशमकश से गुजर रहे थे। वे सवाल अपने आप से कर रहे थे, लेकिन एक नागरिक की तरह और जवाब भी खुद ही दिए जा रहे थे। ठीक देश के एक जिम्मेदार नागरिक की तरह ही, यानी आजीवक बाबू देश की मौजूदा भ्रष्ट परिस्थितियों के विरुद्ध देश के अधिवक्ता की तरह खुद से संवाद कर रहे थे। रॉबी इन दोनों के बीच कोई बाधा नहीं बन रहा था। यह मौजूदा भ्रष्ट परिस्थितियों और आजीवक बाबू के बीच 'खुद से संवाद' इतना भावोत्तेजक था कि वे रॉबी की उपस्थिति को जैसे भूल ही गए थे। यह संवाद आतंकवादी घटना में प्रयोग हुए विस्फोटक की उपलब्धता को लेकर था। उसके वजन को लेकर था। यह विस्फोटक बाजार में किसी तरकारी की तरह तो बिकता नहीं कि जब चाहे और कितनी भी मात्रा में खरीद लो।

आजीवक बाबू के दिमाग में कलाबाजी कर रहे सवाल खरीदने और बेचने तक सीमित नहीं थे। कुछ सवाल ऐसे भी थे, जो अलग-अलग शक्ल धारण कर

बार-बार आजीवक बाबू के जेहन में दस्तक देते और उनकी बेचैनी को बढ़ाने से बाज नहीं आ रहे थे, मसलन—

'कैसे किसी ने बेचा, कैसे किसी ने खरीदा, कैसे यह विस्फोटक घटनास्थल तक पहुँचा और कैसे आतंकी घटना को अंजाम तक पहुँचाया। आखिर कौन थे ये खरीद-फरोख्त करनेवाले और क्या थे उनके मनसूबे?'

आजीवक बाबू स्वयं से बतियाते हैं, 'यह काम किसी असाधारण व्यक्ति या किसी बड़ी पहुँचवाले व्यक्ति का हो सकता है। किसी संगठन का हो सकता है, लेकिन किसी साधारण व्यक्ति का कतई नहीं। यह खरीद-फरोख्त पैसे के किसी भारी लेन-देन के बिना संभव नहीं है, फिर भी सबकुछ हुआ, आखिर कैसे?' यह सवाल आजीवक बाबू के जेहन में निरंतर बड़े से बड़ा बनता जा रहा था।

आजीवक बाबू के लिए मामला चाहे पैसे के लेन-देन का हो, किसी व्यक्ति द्वारा अपनी पोजिशन के दुरुपयोग का हो या दोनों का। कुछ भी हो, लेकिन कुल मिलाकर है तो करप्शन का भयावह रूप। इस पर बात क्यों नहीं हो रही, 'यह कोई व्यक्ति है या संगठन, सफल हुआ तो कैसे? कैसे हुई यह इतनी बड़ी चूक? कैसे काम कर रहा है कोई बड़ा नैक्सस? कोई बड़ी साँठ-गाँठ तो है, जो देश की सुरक्षा को चुनौती दे रही है, लेकिन कैसे?'

आजीवक बाबू के दिमाग में घूम-घूमकर यही सवाल दस्तक दे रहे हैं कि जब चप्पे-चप्पे पर सेना मौजूद है तो कोई सिविलियन हो या कोई गैर-सिविलियन, सैकड़ों किलो विस्फोटक घटनास्थल पर लाया कैसे? अपने दम पर तो किसी आतंकी की औकात ही नहीं, जो इतना विस्फोटक इकट्ठा करके चला आए। किसी को कोई खबर न हो, कोई पकड़ा-धकड़ी न हो और वह आत्मघाती विस्फोट करने में सफल हो जाए। अगर ऐसा कुछ है तो निस्संदेह बेहद चिंता की बात है। यह देश की सुरक्षा के दावों और पूरी सुरक्षा प्रक्रिया पर बड़ा सवालिया निशान है। ऐसे में देश की सुरक्षा जैसा बचता ही क्या है? लेकिन देश की सुरक्षा जैसा कुछ नहीं होता तो ऐसे कारनामे रोज हो रहे होते और आतंकवादी कभी के अपने मनसूबों में कामयाब हो गए होते। नहीं-नहीं, ऐसा नहीं है, लेकिन फिर भी सवाल तो वहीं खड़ा है। ऐसे हुआ तो क्यों और कैसे?

आजीवक बाबू का विवेक इसे स्वीकार करने की इजाजत नहीं दे रहा था। देश की सुरक्षा व्यवस्था और खुफिया तंत्र इतने लचर कभी नहीं हो सकते, लेकिन फिर भी आतंकी हमला तो हुआ है और देश के 40-50 जवानों की जान भी बेवजह ही चली गई। न उन्हें इस आतंकवादी हमले में देश के लिए पराक्रम दिखाने का कोई अवसर मिला और न ही आत्मरक्षा का, लेकिन सवाल यह भी है कि बेगुनाह सैनिकों की निर्मम हत्या को शहीद...शहीद...शहीद की आवाज में दबाने की कोशिश हो रही है, आखिर क्यों?

'आखिर क्यों इस देशद्रोही घिनौनी साजिश से परदा उठाने की दिशा में कोई ठोस पहल का कोई जिक्र तक नहीं। घर में छिपे आतंकवादियों के सेवादार विभीषणों की कोई खोज-खबर नहीं? सेना के किसी भी शौर्यपूर्ण कारनामे के लिए सेना से पहले अपनी पीठ थपथपाना, इसे एक अजीब से उत्सव जैसा रंग देना क्या है? क्या सब भ्रष्टाचार का यह घिनौना मॉडल कोई नया मॉडल तो नहीं है?'

आजीवक बाबू इन 'क्या, क्यों, क्यों नहीं' जैसे सवालों से जूझ ही रहे थे कि अचानक डोर-बेल बजी। आजीवक बाबू से पहले रॉबी गेट पर था, नवआगंतुक के स्वागत के लिए। वह भौंक नहीं रहा था। जाहिर था कि कोई परिचित है। आजीवक बाबू प्रश्नों की कैद से मुक्त हुए और दरवाजे की ओर बढ़े। यदि रॉबी दरवाजा खोल सकता तो आजीवक बाबू को गेट तक नहीं पहुँचने देता और स्वयं ही दरवाजा खोल देता। अब आजीवक बाबू को रॉबी की उपस्थिति का अहसास हुआ और मुसकराते हुए रॉबी को रास्ते से पीछे हटने को कहा और दरवाजा खोल दिया।

शालिनी को सामान से लदे देख आजीवक बाबू ने तुरंत वजन हलका करने की गरज से उनके हाथों से सामान लिया, ड्राइंगरूम की टेबल पर रखा और पानी लाने रसोईघर की ओर बढ़ गए।

"क्यों जी, टेबल पर चाय के ये दो-दो कप किसलिए सजा रखे हैं? दो-दो चाय पी डाली अकेले या कोई...?" शालिनी भी बाकी का सामान वहीं रख टेबल पर रखे दोनों कप लिये रसोईघर में जा पहुँचीं।

"अरे, कहाँ दो-दो कप, एक ही कप पी है। तुम जानती तो हो, मुझे चाय कम ही पसंद है।"

"तो दूसरी किसने पी···कौन आया था?"

"सिंह साहब आए थे और कौन आएगा। मुल्ला की दौड़ मसजिद तक और क्या?"

"अच्छा, सिंह साहब आए थे और चाय तुमने बनाई?" पानी का गिलास लिये अब दोनों ड्राइंगरूम में आ गए।

"हाँ-हाँ! वही थे और चाय मैं नहीं बनाता तो कौन बनाता? इतना तो मैं कर ही लेता हूँ, बड़े आराम से। कभी-कभी तुम्हारे लिए भी चाय नहीं बनाता क्या, इसमें हैरानी की क्या बात है?" आजीवक बाबू ने मुसकराते हुए शालिनी की ओर देखा।

"वो तो है, लेकिन रोज थोड़े ही पिलाते हो। हाँ, इतना तो मानना ही पड़ेगा कि आप चाय तो अच्छी बना लेते हो।"

"वैसे तुम अब तक कर क्या रहे थे? यहीं छोड़ के गई थी और यहीं बैठे मिले। बस थोड़ा सज-धज के बैठे हो। ऐसा क्या हो गया था कि···।" इससे पहले कि शालिनी की बात पूरी होती, आजीवक बाबू ने बीच में ही टोक दिया।

"बताया ना, सिंह साहब आए थे। तुम्हें पता है, भारत ने पाकिस्तान पर सर्जिकल स्ट्राइक कर दी है?"

"क्या?···नहीं, मैंने तो नहीं सुना। अखबार में तो ऐसा कुछ नहीं था सुबह।"

"हाँ! यह घटना सुबह के तीन-चार बजे की है, यानी अखबार छपने से बाद की। मुझे भी नहीं पता था। टी.वी. नहीं चलाया था। मुझे भी तो सिंह साहब के आने से थोड़ा पहले ही पता चला था, जब मैंने टी.वी. खोला था।"

शायद शालिनी की शॉपिंग सर्जिकल स्ट्राइक पर भारी हो चली थी। इसलिए विषय परिवर्तन करते हुए शालिनी ने थैलों को खाली करना शुरू किया और एक सेल्स वूमेन की तरह लगी एक-एक सामान की खूबियाँ गिनाने। इतना ही नहीं, वह साथ-साथ अपनी शॉपिंग और सौदेबाजी के हुनर का परिचय करा रही थी, लेकिन आजीवक बाबू की सोच की सूई अभी भी भ्रष्टाचार पर अटकी थी। फर्क इतना था कि यह भ्रष्टाचार की सूई अब सर्जिकल स्ट्राइक से पलटकर घरेलू सामान की खरीद-फरोख्त की ओर घूम गई थी। उन्हें दुकानदारों के अनाप-शनाप दाम माँगने और फिर दाम कम करके सामान बेचने में करप्शन नजर आता है।

उन्हें पटरियों पर बिकनेवाले सामान और दुकान पर बिकनेवाले सामान के दाम को लेकर भी भ्रष्टाचार की बू आती है। उन्हें लगता है, यदि ईमानदारी होती तो दाम बढ़ाकर बताने की आवश्यकता नहीं होती और न ही किसी सौदेबाजी की और न ही कोई दाम घटाने की। आजीवक बाबू हमेशा ऐसी दुकान से सामान खरीदते हैं, जिसके रेट फिक्स हों, यानी वे किसी प्रकार की सौदेबाज़ी व चिक-चिक को पसंद नहीं करते, लेकिन शालिनी की शॉपिंग की दुनिया इसके एकदम विपरीत है। वह किसी भी दुकान से बिना सौदेबाजी के सामान नहीं खरीदती। इसके चलते आजीवक बाबू और शालिनी अकसर एक साथ शॉपिंग नहीं करते। आज भी आजीवक बाबू ने शालिनी की शॉपिंग और सौदेबाजी में कोई खास दिलचस्पी नहीं दिखाई, लेकिन इस शॉपिंग से आजीवक बाबू की सोच में भ्रष्टाचार का एक और नया आयाम जुड़ गया।

यद्यपि आजीवक बाबू समय से बिस्तर में पहुँच गए थे, लेकिन वहाँ भी उन्हें चैन नहीं था। रात के अँधेरे में चारों ओर भ्रष्टाचार की चहलकदमी मौजूद थी। न आजीवक बाबू की नींद का कोई अता-पता था और न ही इसका कोई छोर ही उनके हाथ लग रहा था। करप्शन का कोहरा इतना घना था कि सबकुछ समझ से बाहर हो चला था। वे करवट बदल-बदल इससे जूझते रहे और दो-दो हाथ करते रहे। कभी करप्शन का यह भूत आजीवक बाबू पर हावी हो जाता तो कभी आजीवक बाबू करप्शन के भूत पर, लेकिन आजीवक बाबू इसे नियति मानने को तैयार नहीं थे।

आखिर आजीवक बाबू न भ्रष्टचार के भूत को रोक पा रहे थे और न ही करवटों के सिलसिले को, लेकिन वे सोने की कोशिश बराबर किए जा रहे थे। उन्हें लगता है कि देर-सवेर नींद आ ही जाएगी। वे अपनी नींद का रुटीन भी बिगाड़ना नहीं चाह रहे थे, लेकिन करवटें बदलने और विचारों के आवागमन का सिलसिला आजीवक बाबू की पहुँच से बाहर हो चला था। बीच-बीच में वे अपने मोबाइल को बगल से उठाकर टाइम देख लेते और पुनः सोने की कोशिश करते, लेकिन परिणाम वही ढाक के तीन पात, यानी न विचारों का आवागमन रुक रहा था और न ही करवटों के बदले जाने का सिलसिला।

"क्या हुआ, तबीयत तो ठीक है? नींद नहीं आ रही क्या?" आजीवक

बाबू की बेचैनी ने शालिनी को अर्धनिद्रा में सवाल पूछने को विवश कर दिया।

"हाँ-हाँ, सब ठीक है, आप सो जाओ।" हम ऐसे झूठ को निरंतर बोलते रहते हैं, जैसे यह झूठ नहीं कोई सार्वभौमिक सत्य हो। ऐसे झूठ के समर्थन में अनेक तर्क हो सकते हैं और स्वीकार्य भी, लेकिन झूठ तो झूठ ही होता है। यह सवाल आजीवक बाबू को न जाने कब तक उद्वेलित करता रहा, कहना मुश्किल है, अंततः उन्हें इसी बात पर संतोष करना पड़ा कि चलो, उनके झूठ से कम-से-कम शालिनी की नींद तो डिस्टर्ब नहीं हुई।

शालिनी तो सो गई, लेकिन रॉबी अभी भी आजीवक बाबू की बेचैनी का चश्मदीद गवाह बना था। वह आजीवक बाबू के पलंग के बगल में फर्श पर डेरा डाले था। बीच-बीच में वह अपनी आँखें खोलकर आजीवक बाबू को देख लेता और अपने तरीके से आजीवक बाबू का साथ निभाए जाता। कई बार शालिनी के खर्राटे आजीवक बाबू को आँख खोलकर देखने और उन्हें थोड़ा हिला देने पर मजबूर कर देते, ताकि खर्राटे उन्हें जगाए रखने का सबब न बनें। जाहिर है, खर्राटे रुक जाते, मगर शालिनी की नींद बराबर बनी रहती। आजीवक बाबू जब भी करवट बदलते और रॉबी की तरफ देखते तो रॉबी एक सजग प्रहरी की तरह बगल में एलर्ट मिलता। रॉबी इस मामले में अपवाद था। पता नहीं यह मूक सैनिक आजीवक बाबू की बेचैनी की रक्षा कर रहा था, आजीवक बाबू की नींद की या खुद अपनी बेचैनी की। कुछ भी हो, आजीवक बाबू की परेशानी रॉबी की परेशानी बनी थी। क्षणभर के लिए आजीवक बाबू को रॉबी का यह मूक कन्सर्न शालिनी से बढ़कर लगा, लेकिन आजीवक बाबू इस प्रकार की तुलना के सिलसिले को आगे बढ़ाकर अपने लिए कोई समस्या पैदा नहीं करना चाहते थे। बस उन्होंने इतने पर ही इतिश्री कर ली कि रॉबी, रॉबी है और शालिनी, शालिनी। दोनों एक-दूसरे के न कभी सबस्टीट्यूट हो सकते हैं और न ही कभी होने चाहिए। ऐसी तुलना वैचारिक स्तर पर चाहे जैसी हो सकती है, लेकिन व्यावहारिक स्तर पर कैसी भी नहीं।

लेकिन रॉबी के कन्सर्न को देखकर आजीवक बाबू के दिमाग में अचानक खयाल कौंध गया कि रॉबी और इनकी बिरादरी के लिए शायद अपना कुछ नहीं

होता। इनका जो कुछ भी होता है या जो कुछ भी हो सकता है, वह सिर्फ-और-सिर्फ अपने स्वामी के लिए होता है। आजीवक बाबू रॉबी के लिए या इनकी बिरादरी के लिए 'डॉगी' शब्द तो प्रयोग कर लेते हैं, लेकिन इनके लिए प्रयोग होनेवाले हिंदी के प्रचलित शब्द को कभी इस्तेमाल नहीं करते। दूसरे लोगों द्वारा जब भी रॉबी की बिरादरी के लिए हिंदी का शब्द प्रयोग किया जाता तो उन्हें बहुत बुरा लगता है। एक गाली जैसा लगता है, आपत्तिजनक लगता है। इसलिए वे अपने इन वफादार सिपाहियों के लिए अन्य कोई शब्द प्रयोग करने के पक्षधर नहीं हैं।

रॉबी के अपने लिए कन्सर्न को देखकर अचानक आजीवक बाबू के दिमाग में एक दूसरी तुलना ने दस्तक दी। वह यह कि देश का प्रत्येक नागरिक यदि अपने आपको कन्सर्न की दृष्टि से रॉबी माने और अपने देश को स्वामी माने जैसे रॉबी आजीवक बाबू को मानता है तो भ्रष्टाचार नाम की कोई चिड़िया भी ढूँढ़े नहीं मिलेगी। भ्रष्टाचार की क्यों, देश की सारी समस्याएँ स्वत: ही समाप्त हो जाएँगी। न कोई झूठ-थपान की जरूरत रहेगी, न किसी हिंदू-मुसलमान के नाम पर दंगे-फसाद होंगे, न जातियों का कोई स्तरीकरण रहेगा और न ही कोई ऊँच-नीच के लिए जगह बचेगी। सभी की सारी ऊर्जा सिर्फ-और-सिर्फ देश के हित, देश के विकास और देश की खुशहाली, यानी सबकुछ देश के लिए होगा। जब देश में खुशहाली और आपसी भाईचारा व सौहार्द रहेगा तो देश, समाज और देशवासियों की बस बल्ले-ही-बल्ले रहेगी और बल्ले-बल्ले के अलावा कुछ नहीं।

यह खयाल आजीवक बाबू को सुकून दे रहा था। खयालों में ही सही, लेकिन आजीवक बाबू को देश की समस्याओं से निजात पाने का विचार राहत पहुँचाने वाला लगा। आजीवक बाबू को भ्रष्टाचार की पीड़ा और नींद के नदारद होने के माहौल में यह खयाल तपते रेगिस्तान में पानी की उपस्थिति जैसा लगा, सराब लगा यानी मरीचिका लगा। इस सुकून की अनुभूति के चलते आजीवक बाबू के होंठ ठीक से मुसकराने का थोड़ा आनंद भी न ले पाए थे कि अचानक एक दूसरे खयाल ने आजीवक बाबू के सपनों के महल को रेत के घरौंदे की तरह धराशायी कर दिया।

इस खयाली महल को रॉबी, यानी डॉगी की बिरादरी के आपसी रिश्तों ने नेस्तनाबूद करने का काम किया। ये मालिक के लिए तो सबकुछ होते हैं, लेकिन

अपनी बिरादरी के लिए कट्टर दुश्मन और दुश्मनी भी ऐसी कि जिसका न कोई आदि है, न अंत। बस दुश्मनी-ही-दुश्मनी और दुश्मनी के अतिरिक्त कुछ नहीं। शायद इसी के चलते हिंदी शब्द 'कुत्ता' भी इनकी जहालत के चलते छोटा पड़ता है, अंततः आजीवक बाबू में इनसान के इनसानों से और स्वान से स्वानों से रिश्तों में समानता का विचार कौंध गया। जहाँ तक डॉगी का सवाल है, इसमें संदेह की कोई गुंजाइश नहीं कि वह अपने मालिक का हमेशा सगा रहता है। उसके जान देकर भी वफादारी निभाने के उदाहरण हमारे सामने हैं।

लेकिन ऐसा दावा और इतने विश्वास के साथ इनसान के बारे में करना मुश्किल है। वह ठीक से न मालिक का सगा रह गया है और न माँ-बाप का। न ठीक से रिश्ते-नातों का रह गया है और न ही किसी मानवीयता का। मौजूदा सियासी दौर में जहाँ तक इनसान की देश के प्रति वफादारी का सवाल है, वह इनसान की प्राथमिकताओं में बहुत पीछे छूट गया है। दरअसल देश बहुत व्यापक दायरा है, इससे जो सुविधाएँ व अधिकार स्वतः मिलते हैं, इनसान उसे महसूस नहीं करता और न ही उनके मूल्यांकन की जरूरत ही समझता है।

आजीवक बाबू को माँ-बाप व औलाद के आपसी संबंध देश और नागरिक के संबंधों जैसे इकतरफा नजर आते हैं। यहाँ माँ-बाप अपनी औलाद की छोटी-से-छोटी और बड़ी-से-बड़ी सारी ख्वाहिशें पूरी करने के लिए अपना सबकुछ न्योछावर करने को तत्पर होते हैं। ये ख्वाहिशें पूरी करना हर माँ-बाप अपनी जिम्मेदारी समझते हैं, प्राथमिकता समझते हैं और प्रतिबद्धता भी, लेकिन औलाद इसे अपना नैच्यूरल, यानी औलाद होने के नाते स्वाभाविक अधिकार मानती है और इसका जमकर उपभोग करती है। औलाद को इसकी एवज में माँ-बाप के लिए न किसी प्रतिबद्धता की जरूरत है और ही उनके प्रति किसी जिम्मेदारी की। आजीवक बाबू को लगता है कि देश के नागरिक भी औलाद की तरह देश और उसके संसाधनों का जमकर दोहन कर रहे हैं। वे इसे एक विशेषाधिकार के रूप में देखने लगे हैं। इसके चलते नागरिकों में अपने देश के प्रति कोई प्राथमिकता व प्रतिबद्धता कम ही नजर आती है। इसलिए अपने निजी हितों की पूर्ति के लिए देश की अस्मिता को दाँव पर लगाना आम बात हो गई है। उनके दिमाग में प्रश्न उठता है—क्या 'भारत माता की जय' और 'वंदे

मातरम्' के नारे लगा देने मात्र से उसकी जिम्मेदारियाँ पूरी हो जाती हैं? मौजूदा सियासी दौर में नारेबाजी का देशभक्ति का पर्याय हो जाना आजीवक बाबू का चैन उड़ाए है और नींद भी।

मौजूदा सियासती तेवरों ने देश के प्रति अहसानफरामोशी को एक प्रकार से लेजिटिमाइज कर दिया है। इनसान द्वारा अपना हित साधना सर्वोपरि हो गया है। इसलिए आज इनसान इनसानियत का दुश्मन बनकर रह गया है। व्यक्ति के 'निजी हित' उसके स्वामी हो गए हैं···सर्वोपरि हो गए हैं और इनसान इस स्वामी, यानी 'निजी हित' के प्रति एक समर्पित पालतू स्वान बनकर रह गया है। इस स्वामी के प्रति वफादारी के लिए इनसान आज मुँह में राम और बगल में छुरी लिये घूम रहा है। इसी मानसिकता के चलते जातीय व धार्मिक उन्माद फैलता है, दंगे-फसाद होते हैं और आतंकी हमले होते हैं। इतना ही नहीं, इनका राजनीतिकरण होता है, समाज और देश कलंकित होता है और न जाने क्या-क्या होता है।

इनसान की अपने 'निजी हित' रूपी मास्टर, यानी स्वामी की गुलामगीरी के चलते इनसान स्वान संस्कृति का संवाहक बनकर रह गया है। आज यह 'निजी हित' अलग-अलग छोटे-बड़े समूहों का 'निजी हित' बन गया है। ये समूह एक-दूसरे के प्रतिद्वंद्वी हो गए हैं, दुश्मन हो गए हैं, हिंसक हो गए हैं और खुल्लम-खुल्ला भारत-पाकिस्तान हो गए हैं, यानी हम एक-दूसरे के कट्टर दुश्मन हो गए हैं। आजीवक बाबू को यह हिंसा और भारत-पाकिस्तान जैसी दुश्मनी हो जाना, एक गली के स्वान का दूसरी गली के स्वान के प्रति हिंसक हो जाना और भारत-पाकिस्तान हो जाने जैसा लगता है। आजीवक बाबू इस स्वान संस्कृति से आहत हैं। वे व्यक्ति व समूहों के आपस में दुश्मन राष्ट्र हो जाने, हिंसक हो जाने और व्यक्ति के निरे अवसरवादी हो जाने से आहत हैं। वे इनसान के स्वार्थी हो जाने और देश व समाज के दुश्मन हो जाने से आहत हैं।

आजीवक बाबू के इनसानी फितरत के स्वानी फितरत में तब्दील हो जाने के पीछे व्यक्ति की असुरक्षा की भावना नजर आती है, डर की भावना नजर आती है। उन्हें धर्म और राजनीति का सारा कारोबार भी इसी असुरक्षा और डर की गिरफ्त में नजर आता है। देश के हर मामले में पड़ोसी देश का बार-बार

जिक्र आना भी 'डर' का सार्वभौमीकरण लगता है। यह सियासी खेल सबको समझ आ रहा है। असुरक्षा और डर के चलते इनसान के स्वान हो जाने को आजीवक बाबू चारित्रिक पतन और चारित्रिक भ्रष्टाचार के रूप में देखते हैं। वे इसकी जड़ों की तलाश में बंद आँखों लेकिन खुले दिमाग से पुनः इतिहास की भूलभुलैया में भटकते हैं। नींद न आने की स्थिति में इससे बेहतर विकल्प और हो भी क्या सकता था?

□

छह

आजीवक बाबू के समक्ष अनिद्रा है, बेचैनी है और इनसान के स्वान हो जाने का दर्द है। यह इनसान के सह-अस्तित्व की अवधारणा के लिए बड़ी चुनौती है। यह पहला अवसर नहीं है, जब आजीवक बाबू इतिहास की भूल-भुलैया में जाते हैं। कभी वे अस्मिता की तलाश में जाते हैं तो कभी सामाजिक व धार्मिक कुरीतियों के कारणों की तलाश में। आज व्यक्ति के चारित्रिक पतन और भ्रष्टाचार की चुनौती उन्हें सैंधव सभ्यता की ओर ले जाती है। यहाँ इतिहासकारों के पूर्वग्रहों के दिए जख्म पुनः ताजा हो आते हैं। ये जख्म दलित, शोषित और आदिवासी समाज के प्रति बरती जा रही उपेक्षा के हैं, इतिहास में उनकी भूमिका के अवशेष तक मिटाने के हैं। ये जख्म साजिश के तहत हिंदू को सिंधु सभ्यता का वारिस बनाने के हैं। ये पारसी भाषा में 'स' के उच्चारण को 'ह' बताकर सिंधु सभ्यता को हिंदू सभ्यता बताने के हैं और न जाने क्या-क्या हैं, जो बार-बार इन जख्मों को ताजा करते हैं।

आजीवक बाबू को करवट बदलने से राहत नहीं मिल रही थी और वे अजीब सी घबराहट से जूझ रहे थे। इस घबराहट से राहत पाने के लिए वे रसोईघर में गए और घड़े से शीतल जल पीकर राहत की साँस ली। पुनः नींद की हसरत, लेकिन सब बेकार। बेचैनी अभी भी उनका पीछा नहीं छोड़ रही थी, शायद अपने दर्द का बाम अभी मिला ही नहीं था। जाहिर है, वे किसी निष्कर्ष पर नहीं पहुँचे थे।

उन्हें बार-बार पुरातत्त्व विभाग के पूर्व अध्यक्ष जॉन मार्शल याद आते हैं। वे उन्हें नमन करते हैं कि उन्हीं की बदौलत देश-दुनिया जान पाई कि इस सभ्यता में साधारण नागरिक भी सुख-सामग्री एवं विलासता की जिस मात्रा का प्रयोग करता

था, उसकी तुलना उस समय के सभ्य संसार के किसी अन्य भाग से नहीं की जा सकती। उन्हीं की बदौलत यह रहस्योद्‍घाटन हुआ कि यह सभ्यता नैतिकता से परिपूर्ण, शांतिमय और सुख-सुविधाओं से समृद्ध थी। और सबसे चौंकानेवाली बात यह थी कि इस सभ्यता में न कोई ढाल, कवच और न ही तीर-तलवार जैसी कोई युद्धोपयोगी सामग्री ही मिली। इसके चलते ही इतिहास की साजिश का पर्दाफाश हुआ और यह सभ्यता 'हिंदू सभ्यता' होने के अवैध कब्जे से मुक्त हुई। यह अपने असली वारिस यानी आज के दलित, शोषित और आदिवासी समाज की विरासत बनी। स्पष्ट हुआ कि अमन-चैन, सुख-शांति और समृद्धि से भरपूर इस सभ्यता में न किसी युद्ध की सामग्री की कोई जरूरत थी, न ही किसी युद्ध की और न ही युद्ध जैसी स्थिति पैदा करनेवाले किन्हीं अराजक तत्त्वों की।

अब आजीवक बाबू के जेहन में बस एक ही जद्दोजहद थी कि शांतिप्रिय सैंधव सभ्यता का टर्निंग पॉइंट कौन सा है ? कहाँ से अराजक तत्त्वों, अराजकता के माहौल और चारित्रिक भ्रष्टाचार की शुरुआत होती है, जो आज स्वान संस्कृति में रूपांतरित हो जाती है, लेकिन दीगर सवाल यह था—'कैसे ?'

इस 'कैसे' की तलाश में उनकी स्मृति के पन्ने बराबर पलटते हैं। इतिहास की इस यात्रा में वे डॉ. दीनानाथ, काश्यप और रामशरण शर्मा जैसे इतिहासकार से रू-ब-रू होते हैं। ये सैंधव सभ्यता के विनाश का आईना दिखाने के लिए मौजूद हैं। आजीवक बाबू पाते हैं कि चरवाहा संस्कृति के संवाहक आर्यों ने एक शत्रु की तरह इस समृद्ध संस्कृति में घुसपैठ की, अनैतिकता के सारे हथकंडे अपनाए, लूटपाट की, डकैती की और सैंधवों का विध्वंस किया। यहाँ तक कि शहरों को कई-कई बार जलाया। इनकी शिनाख्त इतिहासकार रामशरण शर्मा बराबर करते हैं। वे पुरातत्त्व विभाग द्वारा उत्खनन के दौरान पाई राख की परतों को शहरों के बार-बार जलाए जाने का परिणाम बताते हैं। ये इतिहासकार ही आर्यों के बढ़ते दबदबे के चलते सैंधवों के अनार्य बनने, दास और दस्यु बनने की गवाही देते हैं।

सैंधवों की गौरवमयी अस्मिता के अनार्य, दास, दस्यु के रूप में पतन की ओर अग्रसर तसवीर आजीवक बाबू के जख्मों में टीस पैदा करती है, बागी बनाती है और प्रतिशोध की ज्वाला उन्हें उत्तेजित करती है और वे चिल्ला उठते हैं—

"स्वान संस्कृति के संवाहको! देखो, हम दलित-शोषित नहीं हैं, सैंधव हैं, आजीवक हैं। तुम लुटेरे हो, घुसपैठिए हो, आतंकवादी हो। तुम्हीं ने हमारे दुर्गों और पुरों को जलाया, षड्यंत्रों से हमें गुलाम बनाया। देखो, तुम्हारे आतंक का साजो-सामान। देखो, हमने तुम्हारी कैद और गुलामी की जंजीरों को तोड़ा। देखो, हमारे आदिवासी होने के प्रमाण। देखो, हमारे जंगलों और पहाड़ों में पलायन की पगडंडियाँ और देखो, तुम्हारे घुसपैठिए और स्वान संस्कृति का डी.एन.ए.। देखो, हमारे मूलनिवास का डी.एन.ए.। सैंधव होने का डी.एन.ए.। सभ्य होने का डी.एन.ए. और तुम स्वान''स्वान''स्वान। और तुम्हारी स्वान संस्कृति और क्या और क्या''?"

आजीवक बाबू अपने पूरे वेग से चिल्ला रहे थे। भृकुटी तनी थी। पता नहीं इस सैंधव के हाथ में कहाँ से पिस्टल आई, कहाँ से गोलियाँ और कहाँ से ठाँय'' ठाँय''ठाँय गोलियाँ दागने का जज्बा? अचानक आजीवक बाबू उठ बैठे। चारों तरफ नजरें दौड़ाईं और अपने आप को पसीने में लथपथ पाया। शालिनी बगल में लेटी थी, एकदम शांत और गहरी नींद में खोई। आजीवक बाबू को समझने में देर नहीं लगी कि यह कोई भयावह सपना था, हकीकत नहीं और उनकी चीख भी एक सपना ही था, लेकिन वे एकदम घबरा गए कि वे भी तो स्वान होने चले थे, नींद में ही सही। इस अहसास से एक ओर शर्मिंदगी के शिकार थे, वहीं दूसरी ओर उन्हें थोड़ा सुकून भी था कि चलो, अच्छा ही हुआ कि दबे इमोशन चीख-चिल्लाहट में बाहर निकल रहे थे। जो फोड़ा न जाने कब से पक रहा था, शायद फूट गया था। सारा गंद बाहर निकल गया था, लेकिन आजीवक बाबू की नींद में प्रयोग शब्दावली, पिस्टल और गोलीबाजी हैरत में डालनेवाली थी, परेशानी पैदा करनेवाली थी, वैसे भी अब कुछ हो नहीं सकता था। आखिर सपने तो सपने होते हैं, क्या ये किसी के मोहताज हुए हैं कभी, जो आज आजीवक बाबू के होते! खैर, आजीवक बाबू ने पसीना पोंछा, साइड टेबल पर रखा हुआ पानी पीया और तनावमुक्ति के अहसास के साथ पुनः बिस्तर पर लेट गए, इस उम्मीद के साथ कि अब नींद आ ही जाएगी, शायद।

लेकिन ऐसा हो न सका और आजीवक बाबू पुनः फँस गए पुलवामा के आतंकी हमले और स्वान संस्कृति के भँवर में। बार-बार लौटकर आजीवक

बाबू के दिमाग पर आर्यों, यानी आज के वर्णवादी समाज की पशुता, नृशंसता, भ्रष्टाचार और आतंकी चरित्र बराबर दस्तक दिए जा रहे थे। यह दस्तक सैंधव सभ्यता से निकल वर्तमान की कड़ियों के आपस में जुड़ने की दस्तक थी। यह आर्यों के आतंकी कारनामों से शुरू होकर नैतिकता व शांति के संवाहक सैंधवों के कालांतर में अनार्य, अंत्यज, असुर, अस्पृश्य, राक्षस, चांडाल और आज के दलित-शोषित व आदिवासी हो जाने की दस्तक थी। यह दस्तक आर्यों की तरह शक, हूण, मंगोल, यवन, पठान, मुगल, अंग्रेज आदि की देश में घुसपैठ के कारण अवसरवाद, स्वार्थ, अलगाव और असुरक्षा के नकारात्मक मूल्यों की दस्तक थी। यह दस्तक द्वेष, दुश्मनी और अनैतिकता के झूले पर स्वान संस्कृति की पींगें बढ़ाने को लेकर थी, प्राकृतिक व इनसानी संसाधनों के दोहन और स्वान संस्कृति के अघोषित प्रचार-प्रसार की थी।

इस भँवर में गोते लगाते हुए आजीवक बाबू को देश के मौजूदा माहौल, समाज में स्तरीकरण और स्वान संस्कृति की तह तक पहुँचने के लिए इतिहासकार उषा चोपड़ा का स्मरण हो आता है। वे उनके निष्कर्षों से रू-ब-रू होते हैं कि समय-समय पर देश में घुसपैठ करनेवालों ने स्थानीय राजाओं को पराजित किया या राजवंशों से विवाह रचाकर उन्हें अपने में समाहित किया या खुद उनमें समाहित हो गए।···वर्ण व्यवस्था के सबसे निचले पायदान की कबिलाई जातियों ने अपने राज्य कायम किए, जिन्हें राजपूत के नाम से क्षत्रिय वर्ग मान लिया गया।···लगातार चलनेवाले युद्धों के चलते लूट के माल में पुरोहितों और राजाओं ने सबसे अधिक माल बनाया, इसलिए वे स्तरीकरण के मामले में ऊँचे होते चले गए और समाज में असमानता का श्रीगणेश हुआ।

भले ही रात का अँधियारा घना था, अनिद्रा की परेशानी थी, लेकिन फिर भी आजीवक बाबू इतिहास मंथन से उभरी स्वान संस्कृति के उदय की इस तसवीर को साफ देख पा रहे थे। इसके लिए उन्हें न आँख खोलने की जरूरत महसूस हो रही थी और न ही किसी उजाले की। स्वान संस्कृति के चारित्रिक पोस्टमार्टम की रिपोर्ट बताती है कि देश में स्वान संस्कृति के जनक आर्य रहे हैं और इन्हीं के पदचिह्नों पर बाद के सभी घुसपैठिए चले···स्वान संस्कृति का विकास हुआ··· देश बार-बार गुलाम हुआ और मौजूदा सभी प्रकार के अंदरूनी और बाहरी

हिंसक कारनामों के लिए भी यही स्वान संस्कृति जिम्मेदार है। 'बाहरी' से मतलब पाकिस्तान से है और उसके द्वारा फैलाए जा रहे आतंकवाद से है। पाकिस्तान भी स्वान संस्कृति भारत से विरासत के रूप में लेकर गया है, इसलिए भारत जैसे पड़ोसी का इससे प्रभावित होना आजीवक बाबू को अस्वाभाविक नहीं लगता, क्योंकि वह स्वान संस्कृति का बराबर का साझेदार रहा है।

ये सबूत आजीवक बाबू को यूँ ही नहीं मिल गए। ये उनकी बरसों की मेहनत का परिणाम है, जो उन्हें अपनी अस्मिता की तलाश के अध्ययन के दौरान मिले। इन्हीं पुख्ता सबूतों के दम पर आजीवक बाबू अपने आप को और अपने समाज को वर्णव्यवस्था के बाहर के व्यक्ति मानते हैं। आजीवक बाबू का मानना है कि जातियों जैसा शोषणकारी ऊँच-नीच, स्तरीकरण व भेदभाव दुनिया में कहीं नहीं है। भारत में मौजूद सिख, ईसाई और इसलाम में ऊँच-नीच का भेदभाव भी आर्यों की देन है, जो आजकल अपने आप को आर्य कहने से डरते हैं। आजीवक बाबू इन सबूतों को अपने संवादों और लेखन में भी बराबर प्रयोग करते रहे हैं।

उनका उद्देश्य किसी व्यक्ति या समूह विशेष का अपमान करना नहीं है, न किसी से प्रतिशोध लेना है, बल्कि जातियों और धर्म की पूर्वग्रही, धूर्ततापूर्ण व षड्यंत्रकारी बुनियाद का आईना दिखाना है, ताकि जातीय व धार्मिक कट्टरता और खोखली श्रेष्ठता के अहंकार में डूबा समाज अपनी हरकतों से बाज आए। सभी प्रकार की ऊँच-नीच व उत्पीड़न का उन्मूलन हो और स्वान प्रवृत्ति का विनाश हो। समाज में समता, समानता और बंधुता के आधार पर आपसी सौहार्द व भाईचारे का मार्ग प्रशस्त हो, लेकिन इस सबके बावजूद आज ये सब विभाजनकारी तत्त्व बराबर वर्चस्ववाद की बुनियाद का पत्थर बने हैं और स्वान संस्कृति खूब फल-फूल रही है। भारत में यह स्वान संस्कृति का प्रवाह सबसे बड़ा चारित्रिक भ्रष्टाचार है।

स्तरीकरण और जातिवाद के मामले में ओशो के विचार आजीवक बाबू को राहत पहुँचाते हैं। वे समाज को आगाह करते हैं—यदि शूद्रों का अपना पुराना इतिहास पता चल गया तो या तो वे बौद्ध बन जाएँगे या सिख बन जाएँगे, हिंदू धर्म शूद्रों की मूर्खता पर टिका हुआ है। ऐसे उद्देश्यों को लेकर ही आजीवक बाबू

अपने लेखन में शूद्रों को ही क्यों, कट्टरपंथी हिंदुओं को भी इतिहास से रू-ब-रू कराने का जोखिम उठाते हैं। वे मानते हैं कि यह धर्मांतरण बौद्धों और सिखों के रूप में ही नहीं हुआ है, बल्कि ईसाइयत व इसलाम में भी बखूबी हुआ है। यह हिंदू धर्म की शोषणकारी साजिशों और षड्यंत्रों, यानी सामाजिक, आर्थिक, बौद्धिक और राजनीतिक भ्रष्टाचार का ही परिणाम है और आर्यों के चारित्रिक भ्रष्टाचार के विरोध का प्रतीक यह धर्मांतरण आज भी बराबर जारी है।

आजीवक बाबू का नींद की उम्मीद में बिस्तर पर करवटें बदलते रहने का भ्रम अब टूट गया था, क्योंकि अब यह और अधिक परेशानी का सबब बनता जा रहा था। इसलिए करते भी क्या, यानी मुल्ला की दौड़ मसजिद तक। वे जा पहुँचे अपने स्टडी रूम में। यहाँ आजीवक बाबू ने अपनी जरूरत व रुचि की सामग्री पर्याप्त मात्रा में जुटा रखी हैं। चारित्रिक भ्रष्टाचार की इसी तलाश में आजीवक बाबू पुनः सैंधव सभ्यता से निकल बौद्धकालीन इतिहास में झाँकते हैं। वे आजीवक संस्कृति के अध्ययन के दौरान पहले भी इनसे रू-ब-रू हो चुके हैं। मौजूदा भ्रष्टाचार की जड़ों की तलाश में आजीवक बाबू को वे सब दस्तावेज मिल गए, जिन्हें वे नींद में नहीं, प्रत्यक्ष रूप में तलाश रहे थे। इनका मिलना आजीवक बाबू के लिए सुकून का सबब था।

आजीवक बाबू की नींद तो अब पूरी तरह नदारद थी, इसलिए मौजूदा चारित्रिक भ्रष्टाचार को इतिहास की रोशनी में तलाशने की ललक बराबर जारी थी। आजीवक बाबू को एक टी-ब्रेक की जरूरत महसूस हुई। इसलिए चाय बनाने की गरज से आजीवक बाबू ने रसोईघर में प्रवेश किया। सावधानी की सारी कोशिशों के बावजूद फ्राईपेन का ढक्कन नीचे गिर ही गया। इन बरतनों की उठा-पटक में शालिनी नींद से जाग गई। आजीवक बाबू को बिस्तर से गायब और स्टडी में लाइट ऑन देख वह भी चुपके से आजीवक बाबू के स्टडी कक्ष में एक जासूस की तरह दबे पाँव जा पहुँची। आजीवक बाबू रसोईघर में अपनी चाय बनाने की धुन में मस्त थे और इधर शालिनी ऐतिहासिक घटनाक्रम की फेहरिस्त पर अपनी नजरें दौड़ा ही रही थीं कि आजीवक बाबू चाय के साथ आ पहुँचे। शालिनी को स्टडी रूम में देख आजीवक बाबू थोड़ा चौंके जरूर, लेकिन सहज भाव से कह उठे—

"अरे मैडमजी, आपकी नींद भी खराब हो गई। मुझे तो लगा था कि ढक्कन की आवाज आप तक नहीं पहुँची होगी, लेकिन लगता है...।"

"मैं कौन सा सो रही थी...सोने की कोशिश कर रही थी, लेकिन आपकी रसोई की मौजूदगी कभी छिपी रह सकती है क्या? मुझे मालूम नहीं क्या, जब भी रसोई में जाओगे, कुछ-न-कुछ उलटा-सीधा जरूर करोगे?"

"यार, आपकी नींद डिस्टर्ब हुई, मेरे कारण हुई, ये दोनों बातें ठीक हैं, लेकिन रसोईघर को लेकर जो आरोप आप लगा रहे हैं, वो ठीक बात नहीं है। एक शरीफ आदमी के साथ ऐसा करना अच्छी बात नहीं।"

आजीवक बाबू ने अपनी शराफत का तकिया कलाम चस्पाँ करते हुए पूछा, "आप भी लेंगी थोड़ी चाय क्या? ग्रीन टी बनाई है...आधी-आधी कर लेते हैं?"

"जब दिन-रात ऐसी चीजों में उलझे रहोगे तो नींद कहाँ से आएगी? आपकी यह लिखा-पढ़ी देखकर तो मेरी नींद भी गायब हो गई। अब समझ आया कि मेरी शॉपिंग में आपने क्यों कोई दिलचस्पी नहीं दिखाई। आपके दिमाग में यही सब घूम रहा था न? आज क्या जरूरत पड़ गई ये गढ़े मुर्दे उखाड़ने की?"

शालिनी की प्रतिक्रिया में नाराजगी नहीं थी, कोई शिकायत भी नहीं थी, लेकिन एक अजीब सा कन्सर्न जरूर था। इस कन्सर्न को आजीवक बाबू अच्छी तरह समझ पा रहे थे और जान गए थे कि वो अब कुछ देर जरूर रुकेंगी। इसलिए अपनी प्रतिक्रिया देने से पहले आजीवक बाबू ने अपने चाय के मग से एक दूसरे कप में कुछ चाय डालकर अपनी बात आगे बढ़ाई—

"दरअसल मैं इस आतंकी हमले के चक्कर में भ्रष्टाचार की जड़ें तलाश रहा था। इसने मेरी नींद उड़ा रखी है...।"

आजीवक बाबू आगे कुछ और कहना चाह रहे थे कि शालिनी ने पूछ डाला, "आपने जैसा यहाँ इस पेपर पर लिख रखा है, क्या यह सब सच है?"

"मैडमजी, जो इतिहास के कारनामों की लिस्ट आपने हाथ में ले रखी है, उसमें मेरा अपना कुछ भी नहीं है। मैंने तो बस इसे अलग-अलग ग्रंथों व लोकप्रिय पुस्तकों से उद्धृत किया है। किसी भी धर्म के बारे में ऐसी-वैसी टिप्पणी करके कोई अपनी जान क्यों जोखिम में डालेगा। मुझे पागल कुत्ते ने काटा है क्या कि 'आ बैल मुझे मार' की तर्ज पर बेवजह आफत मोल लूँ।

वैसे भी, आजकल के मॉब-लिंचिंग के जमाने में किसे जरूरत पड़ी है बेवजह खतरों से खेलने की। अराजक तत्त्वों को तो बहाना चाहिए अपने करतब दिखाने का···। कई बार यह सोचकर डर लगता है कि जब सत्ता का ऐसा समर्थन हो तो एक शरीफ आदमी भी अपनी शराफत छोड़ इन अराजक तत्त्वों में शामिल हो सकता है। दिशाहीन लोगों से बचकर रहना तो आजकल बड़ा मुश्किल हो गया है।"

"क्या आप भी ऐसा कोई इरादा पाले बैठे हैं? वैसे भी आजकल दल-बदलुओं की बड़ी बाढ़-सी आई है, क्या कहते हो शरीफ आदमी साहब?" शालिनी ने थोड़े शरारत भरे अंदाज में मुसकराते हुए पूछा।

शायद उसे आजीवक बाबू के 'शरीफ आदमी' के तकिया कलाम पर फिरकी लेने की सूझी थी, इसलिए मार दिया नहले पे दहला।

"अगर मुझे मॉब-लिंचिंग का हिस्सा बनना होता तो मुझे ऐसे रात-रात भर उल्लू की तरह जागने की जरूरत ही क्या है? जब मैंने बीड़ा ही इन मॉब-लिंचिंग वालों के खिलाफ आवाज उठाने का उठाया है तो इनमें शामिल होने का प्रश्न ही कहाँ पैदा होता है।"

"अरे···अरे···साहबजी, जरा रुको···ब्रेक···ब्रेक, थोड़ा ब्रेक भी लगा लो। आप रोज-रोज अपने तकिया कलाम में अपनी शराफत का ढोल पीटते हो, आज मुझे भी लगा, क्यों न मैं भी आज इसका थोड़ा सा फायदा उठा लूँ। इसमें इतनी सफाई देने की जरूरत नहीं और कितनी भी सफाई देने की जरूरत नहीं, साहबजी! आपको मैं नहीं जानूँगी तो कौन जानेगा।" शालिनी ने मुसकराते हुए अपने दोनों हाथों से आजीवक बाबू के गालों को अपने हाथ में ले लिया। शालिनी का अपना प्यार जताने का यह अपना अंदाज था, वैसे प्यार में ही शालिनी उन्हें साहबजी कहती है, वरना आजीवक बाबू का संबोधन अब उसे भी रास आने लगा है।

यह हलकी-फुलकी मस्ती ज्यादा देर नहीं टिकी और अगले ही पल वह थोड़ी हैरान, थोड़ी कन्फ्यूज दिखी। अब दोबारा ऐतिहासिक घटनाक्रम की लिस्ट उसके हाथ में थी। वह उस पर नजर गड़ाए थी और थोड़ा रुक-रुककर चाय की सिप भी ले रही थी।

"अरे, कहाँ खो गईं, मैडमजी?" आजीवक बाबू ने शालिनी को खयालों की दुनिया से बाहर लाने के लिए उसकी नजरों के सामने चुटकी बजाई।

"मैंने राजाओं के जुआ खेलने और जंगल में शिकार के किस्से-कहानी पढ़े हैं, सुने हैं। टी.वी. पर युधिष्ठिर को जुए में द्रौपदी को दाँव पर लगाते देखा है, हारते भी देखा है। महाभारत में जुए और द्रौपदी को युद्ध का कारण भी बनते देखा है, लेकिन ब्रह्मा के बारे में ये··· ?"

इससे पहले कि शालिनी अपनी बात पूरी करती, आजीवक बाबू ने ब्रह्मा से जुड़ी पूरी बात दोहरा दी—"धर्मग्रंथों में बह्मा को सृष्टि का रचयिता बार-बार बताया गया है, लेकिन यह नहीं बताया जाता कि ब्रह्मा के तीन पुत्र और एक पुत्री थी···उसके एक पुत्र दक्ष ने अपनी बहन से विवाह किया···इस बहन-भाई के विवाह से जो पुत्रियाँ पैदा हुईं, उनमें से कुछ ने बह्मा के पुत्र मारीचि के पुत्र कश्यप से विवाह कर लिया और कुछ ने ब्रह्मा के तीसरे पुत्र धर्म से विवाह कर लिया। इतना ही नहीं, पिता अपनी पुत्री से विवाह कर सकता था···वसिष्ठ ने अपनी पुत्री शतरूपा के वयस्क हो जाने पर उससे विवाह किया था···मनु ने अपनी पुत्री इला से विवाह किया था। यह सब भी तथ्यों के रूप में मौजूद है।"

थोड़ा रुकते हुए आजीवक बाबू ने शालिनी के चेहरे के भाव पढ़ने की कोशिश की। शालिनी के चेहरे पर अजीब चिंता की रेखाएँ व बंजर जमीन सा रूखापन उभर आया था। वह कुछ प्रतिक्रिया देने की अपेक्षा आजीवक बाबू को अजीब से प्रश्न भरे अंदाज से देखे जा रही थी। आजीवक बाबू ने महिलाओं के प्रति इतिहास में मौजूद गंदगी को बाहर निकालने की गरज से अपनी बात आगे बढ़ाई—

"बात इतने तक सीमित नहीं है, आर्यों में बहुपति प्रथा रही है। एक ही परिवार के कई लोग एक ही औरत से सहवास करते थे। धहप्रचेतनी और उसके पुत्र सोम ने मरीशा, यानी सोम की पुत्री से सहवास किया था। दादा द्वारा अपनी पौत्री से तिनाह रचाने के उदाहरण कम नहीं हैं। दक्ष ने अपनी पुत्री पिता बह्मा के साथ ब्याह रचाने के लिए दे दी थी और इस ब्याह से प्रसिद्ध नारद का जन्म हुआ था। दौहित्र ने अपनी 27 पुत्रियों को अपने पिता सोम को सहवास और प्रजनन के लिए दे दिया था।···आर्यों में औरत के साथ खुलेआम लोगों की आँखों

के सामने सहवास करने में कोई आपत्ति नहीं थी। ऋषि पराशर ने सत्यवती के साथ इसी प्रकार सहवास किया था। सीता और द्रौपदी, दोनों अनियोजिता थीं… ऐसे ही जन्मी संतान थीं।"

शालिनी जैसे एक सदमे से उबर नहीं पाई थीं कि दूसरा झटका पहले से भी ज्यादा जोर से लगा था। इस दूसरे झटके में कोल्ड ड्रिंक जैसा कोई आश्वासन नहीं था कि जोर का झटका धीरे लगे। शालिनी के हाव-भाव से लगता था कि शायद वह इससे ज्यादा कुछ सुनने को इच्छुक नहीं है। इसलिए आजीवक बाबू ने शालिनी को कह दिया, "मैडमजी, बेहतर है कि आप सो जाओ, वरना तुम्हें भी मेरी जगह बैठना पड़ सकता है। महिलाओं द्वारा महिलाओं की पैरोकारी करना भी समय की प्रबल माँग है, अगर आप भी इस लड़ाई में कूद गईं तो घर की सारी दुनियादारी बिगड़ जाएगी, फिर यह लड़ाई दोनों के हाथ से ही निकल जाएगी।" शालिनी इस परामर्श से कितनी सहमत थी, कितनी नहीं, यह तो शालिनी ही जानती थी या उसकी मूकता, जो उनके साथ स्टडी से चली गई थी।

शालिनी तो चली गई, लेकिन एक प्रश्न आजीवक बाबू के दिमाग में बराबर हलचल मचाता रहा कि शालिनी को अगर यह भी पता चल जाता कि 'आर्यों में अपनी औरतों को कुछ अवधि के लिए भाड़े पर देने की प्रथा भी थी।…राजा ययाति ने अपने गुरु गालव को अपनी पुत्री माधवी भेंट की…गालव ने माधवी को तीन राजाओं को अलग-अलग अवधि के लिए भाड़े पर दिया था…फिर विवाह रचाने के लिए विश्वामित्र को दे दिया…उसके बाद गालव ने लड़की को वापस लेकर पुनः उसके पिता ययाति को लौटा दिया। वहाँ कौमार्य का कोई नियम नहीं था…कोई लड़की बिना विवाह किए किसी पुरुष के साथ संभोग कर सकती थी… संतान भी उत्पन्न कर सकती थी। कुंती और मत्स्यगंधा इसके उदाहरण हैं…कुंती ने पांडु से विवाह से पहले कई आदमियों के साथ संभोग किया…बच्चे भी पैदा किए। मत्स्यगंधा ने भीष्म के पिता शांतनु से विवाह रचाने से पहले ऋषि पराशर के साथ संभोग किया'…तो यह सब जानकर उसे बहुत मानसिक पीड़ा होती।

आजीवक बाबू के लिए सबसे बड़े सुकून की बात यह थी कि उन्होंने शालिनी को सोने के लिए भेजकर आर्यों का पशुओं के साथ यौनाचार…ऋषि किंदम द्वारा हिरणी के साथ मैथुन…सूर्य द्वारा घोड़ी के साथ मैथुन और…

अश्वमेध यज्ञ में स्त्री द्वारा घोड़े के साथ मैथुन जैसे कारनामों को सुनने से भी बचा लिया था। यह किसी भी स्त्री के लिए सदमे जैसा अनुभव हो सकता है।

ये कारनामे आजीवक बाबू के लिए भी किसी सदमे से कम नहीं थे। आजीवक बाबू स्वयं 600 ई.पू. की स्त्री के प्रति घिनौनी मानसिकता से पुनः गुजरते हुए सिहर उठे। पाँच-पाँच व्यक्तियों को द्रौपदी के पति के रूप में थोपे जाने···श्रीकृष्ण की रासलीलाओं और उनकी अय्याशी के महिमामंडन में आजीवक बाबू को वर्तमान नारी-शोषण और उसके बलात्कार के अंकुर साफ नजर आते हैं। 21वीं सदी में महिलाओं को नंगा घुमाने के कुकर्मों की मौजूदगी, निर्भया जैसे बलात्कारों व जनप्रतिनिधियों द्वारा बलात्कार में वृद्धि और तथाकथित संभ्रांत समाज द्वारा इनके बचाव के कारनामे आर्यों के वंशजों को वर्तमान से जोड़ते हैं। बिहार जैसे राज्यों में बहू-झुठाई प्रथा, आदिवासी महिलाओं की नग्न तसवीरें, पूजा-स्थल तक में बच्ची से बलात्कार जैसे घिनौने कारनामे भी आजीवक बाबू को आर्यों की खुराफातों की देन लगे···उनके बाद के घुसपैठियों की खुराफातों के परिणाम लगे। आजीवक बाबू को ये कारनामे आर्यों और बाद के घुसपैठियों द्वारा अतीत को वर्तमान में लेजिटिमेट करने जैसे लगे।

ये वही कारनामे हैं, जिन्हें आजीवक बाबू आज के समाज के चारित्रिक भ्रष्टाचार के रूप में देखते हैं···स्वान संस्कृति के पोषक के रूप में देखते हैं। आजीवक बाबू इस सबसे बुरी तरह आहत हैं। इस पीड़ा के बाम के लिए आजीवक बाबू अन्य सभी प्रकार के भ्रष्टाचार को अतीत में देखने के लिए प्रतिबद्ध हैं, ताकि वे वर्तमान के संवाद का हिस्सा बन सकें और···रचनात्मक संवाद की बदौलत भारत में अमन-चैन और सौहार्द का मार्ग प्रशस्त हो सके। सुबह के पाँच बज चुके हैं···अपनी चिंताओं को स्थगित कर आजीवक बाबू मॉर्निंग वॉक के लिए प्रस्थान कर जाते हैं।

□

सात

आजीवक बाबू अभी चारित्रिक भ्रष्टाचार के चलते अतीत में महिलाओं के उत्पीड़न के दर्द से उबरे भी नहीं थे कि के.सी. शुक्ला ने आग में घी डालने का काम किया। उन्होंने आजीवक बाबू को व्हाट्सएप पर एक वीडियो भेज दिया। ये वही के.सी. शुक्ला हैं, जिनको आजीवक बाबू ने काफी समय तक व्हाट्सएप पर ब्लॉक किया हुआ था। अभी कुछ समय पहले ही शुक्लाजी को अनब्लॉक किया था। इस वीडियो ने आजीवक बाबू की स्मृति में के.सी. शुक्ला नाम के शैतान को फिर से जिंदा कर दिया। आजीवक बाबू को पुनः के.सी. शुक्ला में ब्राह्मणवादी कीटाणु ''उनके जातिवादी एजेंडे में ऑक्सीजन की भूमिका अदा करते नजर आए। आमतौर पर के.सी. शुक्ला दलितों, शोषितों व आदिवासियों से जुड़े किसी भी मुद्दे पर अपने ब्राह्मणवादी फतवे जारी करने से नहीं चूकते। जातिवादी आग में इन्हें अपने फ्रसट्रेशन का स्प्रे करने में सुकून मिलता है, रूह को ठंडक मिलती है। ये दलित समाज के किसी भी व्यक्ति, कर्मचारी, अधिकारी, राजनीतिज्ञ की किसी भी कमजोरी पर गिद्ध दृष्टि रखते हैं। इनके किसी भी जख्म को ये तब तक कुरेदते हैं, जब तक कि यह एक नासूर न बन जाए, यानी सामनेवाला बुरी तरह आहत न हो जाए। कमोबेश ऐसी ही सोच इनकी मुसलमानों को लेकर है। किसी भी अच्छाई में गंदगी ढूँढ़ लेने में उन्हें महारत हासिल है। इतनी सारी कारगुजारियों को मिलाकर एक जीता-जागता व्यक्ति बनता है के.सी. शुक्ला, जिसकी उपस्थिति में गाली-गलौज, हाथापाई व मार-पिटाई तक की नौबत आ जाना सामान्य बात है।

यह अजीब संयोग ही था कि के.सी. शुक्ला की पोस्टिंग उनके कारनामों के अनुरूप एक सजा के तौर पर आजीवक बाबू के अंडर हुई थी। वे आजीवक बाबू

के साथ दो वर्ष से अधिक रहे, लेकिन यहाँ उन्हें अपनी खुराफातों को अंजाम देने का अवसर ही नहीं मिला या यूँ कहें कि आजीवक बाबू ने उन्हें उनके खून में मौजूद चारित्रिक खुराफाती कीटाणुओं को कलाबाजी करने का अवसर नहीं दिया। समय ठीक-ठाक गुजर गया। आजीवक बाबू को आज भी अच्छी तरह स्मरण है कि जब के.सी. शुक्ला ने आजीवक बाबू के अंडर जॉइन किया था तभी उनके ब्राह्मण भाइयों ने भी बढ़-चढ़कर आजीवक बाबू के प्रति जबरदस्त हमदर्दी जताई थी। के.सी. शुक्ला से बचकर और सतर्क रहने की अजीबोगरीब हिदायतें दी थीं। इसके साथ-साथ उन्होंने के.सी. शुक्ला के चारित्रिक फीडबैक के रूप में उनकी जो जन्मपत्री प्रस्तुत की थी, वह आज भी बेहद चौंकानेवाली है।

कुल मिलाकर कहा जा सकता है कि के.सी. शुक्ला में एक मँजे हुए सांप्रदायिक व जातिवादी विलेन के सारे गुण मौजूद हैं। इसलिए उनके पूर्वपरिचितों के पास उनके बारे में अच्छा कहने लायक शायद कुछ भी नहीं था। इसके बावजूद आजीवक बाबू अच्छी तरह जानते हैं कि कोई भी व्यक्ति अच्छाई या बुराई के मामले में शून्य नहीं हो सकता, यानी अच्छे-से-अच्छे व्यक्ति में कुछ बुराइयाँ हो सकती हैं और इसके विपरीत बुरे-से-बुरे व्यक्ति में कुछ-न-कुछ अच्छाई हो सकती है। फर्क होता है तो बस डिग्री का, किसमें कौन सी चीज अधिक है और कौन सी कम। यह आजीवक बाबू की स्थायी प्रवृत्ति है कि वे अच्छाईवाले पक्ष को ऊपर रखकर प्रत्येक व्यक्ति से व्यवहार करते हैं और उन्हें इसका लाभ अपने घर में ही नहीं, बल्कि जीवन के प्रत्येक क्षेत्र में मिलता है।

के.सी. शुक्ला के मामले में भी आजीवक बाबू ने यही रणनीति अपनाई और यह भी एक सुखद अनुभूति रही कि के.सी. शुक्ला ने आजीवक बाबू के साथ दो वर्ष से अधिक का समय बड़े ही सहज तरीके से गुजारा और वे अपने साथ बिना किसी नई खलनायकी कहानी के अपनी सजा पूरी कर स्थानांतरित हो गए, यद्यपि आजीवक बाबू के.सी. शुक्ला से किसी भी तरह के संबंध बनाने के मामले में उदासीन रहते हैं, बचते हैं, लेकिन फिर भी फेसबुक व व्हाट्सऐप के जरिए उनसे आज भी जुड़े हैं। उनका भेजा हुआ कुछ ठीक लगता है तो पूरा पढ़ लेते हैं या फिर बीच में छोड़ देते हैं। कभी-कभी हलकी-फुलकी टिप्पणी भी कर देते हैं। कई बार वे ऊपरी तौर पर देखकर ही उनके मैसेज को डिलीट भी करते

रहे हैं। वे उनके साथ नजदीकी संबंध व संपर्क से कुछ डरते हैं। आजीवक बाबू को आज जो वीडियो मिला, उसे वे ठीक से समझ नहीं पा रहे थे कि यह मैसेज के.सी. शुक्ला ने किसी जिम्मेदारी के तहत भेजा था, उनके प्रति किसी सम्मान की वजह से या फिर अपने किसी जातिवादी अहं को राहत देने के लिए।

आज आजीवक बाबू ने इस मामले में कोई खास मगजपच्ची किए बगैर उनके मैसेज को देख लिया, लेकिन एक संदेह बराबर बना रहा कि मौजूदा वीडियो पुनः जाति को लेकर हो सकता है और जाति के विरोध में भी, लेकिन आजीवक बाबू ने इसे पूरा देखा और सुना। के.सी. शुक्ला की भावना अच्छी रही हो या बुरी, लेकिन आजीवक बाबू को यह मौजूदा राजनीति और इसके चारित्रिक भ्रष्टाचार को समझने के लिए जरूरी लगा।

यह वीडियो श्रीमती मधुलिका पांडे का था। इस वीडियो में वह परशुराम सेवा संस्थान के मैदान में नेशनल सेक्युलर पार्टी (एन.एस.पी.) की एक सभा को संबोधित कर रही थी। वह बेशर्मी की सारी हदें पार करते हुए टिप्पणी करती है, "आज तुम्हारे सिर पर बैठकर संविधान के सहारे जो राज कर रहे हैं, याद करो, कभी वे तुम्हारे जूते साफ किया करते थे। आज तुम्हारे हुजूर हो गए हैं, क्योंकि हम बँट गए, हम विभाजित हो गए हैं। आप यहाँ बैठे हैं, यहाँ कुछ और लोग भी बैठे हैं, मैं उनसे क्षमा चाहती हूँ। मेरे छोटे भाई सतीश गौतम को शायद आज से चालीस वर्ष बाद का भारत दिख रहा है कि तुम्हारे बच्चे कहीं भीकूराम न हो जाएँ। कहीं हुजूर न कहने लगें, जिन्हें तुम अपने पास बैठाना भी पसंद नहीं करते। उठो, जागो और जब तक अपने अधिकार ले न लो तब तक प्रवीण गौतम की तर्ज पर युद्ध करते रहो, युद्ध करते रहो…।"

यह बेशर्मी इतने पर ही खत्म नहीं हुई। जब एक टी.वी. रिपोर्टर ने इन पांडे महिला से आपत्तिजनक टिप्पणी के विषय में सफाई माँगी तो इस महिला ने और भी अधिक बेशर्मी का परिचय दिया, "मैंने कुछ गलत नहीं कहा। मैं सर्वधर्म-समभाव की राजनीति करती हूँ। मेरी भावना किसी वर्ग विशेष व समुदाय को आहत करने की नहीं थी, अगर फिर भी किसी की भावना आहत हुई हो तो मैं क्षमाप्रार्थी हूँ। मेरा आशय इतना था कि संविधान में सबको बराबर अधिकार मिलना चाहिए। सबका साथ हो, सबका विकास हो। मेरी भावना वही है, जो

फायदा अंतिम पंक्ति में बैठे व्यक्ति को मिले, वही पहली पंक्ति में बैठे व्यक्ति को भी मिले।"

आजीवक बाबू को यह मैसेज लोकतंत्र के साथ खिलवाड़ लगा, देश के संविधान को चुनौती लगा और चुनाव आयोग के कोड ऑफ कंडक्ट को ठेंगा दिखानेवाला लगा। आजीवक बाबू ने यह वीडियो डॉ. तरुण को भेज दिया बिना इस बात पर विचार किए कि यह वीडियो किसने भेजा है और क्यों? आजीवक बाबू को सीने में एक अजीब तरह की टीस महसूस हुई। उन्हें याद हो आया कि एन.एस.पी. का गेरुए वस्त्र धारण किए एक साधु राजनीतिक बयानबाजी में धार्मिक उन्माद फैलाने के फतवे जारी करता है। ज्यादा-से-ज्यादा बच्चे पैदा करने की बात करता है। कोई महिला साध्वी अपनी विचारधारा से मेल खानेवालों को राम की औलाद बताती है और अपने से इतर विचार रखनेवालों को 'हरामजादे' तक कहकर संबोधित करती है। कोई राज्य व राष्ट्रीय स्तर का जनप्रतिनिधि अपनी जनसभाओं में जूते-चप्पल व थप्पड़ चलाने में अपनी शान समझते हैं और यह श्रीमती पांडे जातीय अहंकार का पहाड़ा ही नहीं पढ़ा रही है, आपस में लड़ाने का खुल्लम-खुल्ला इंतजाम कर रही है। जातिवादियों को लड़ाई का विस्फोटक सामान थमा रही है, लेकिन शब्दों के सहारे अपनी मंशा को घुमा-फिरा रही है और खुद अपनी बात पर बेशर्मी से डटी है।

आजीवक बाबू को जनप्रतिनिधियों की सोच को देख अजीब छटपटाहट होती है। अनेक सवाल उनसे रू-ब-रू होते रहे हैं, मसलन—क्या हमारे जनप्रतिनिधियों के पास ऐसी ही रुग्ण सोच रह गई है? क्या हमारे जनप्रतिनिधियों के पास यही स्वार्थपूर्ण और केवल विभाजनकारी विजन ही रह गया है? जब हमारे जनप्रतिनिधि ऐसी सोचवाले होंगे तो कैसे देश और समाज का निर्माण होगा, यह समझना आज मुश्किल काम नहीं रह गया है। जब ये मूर्खताओं से भरी टिप्पणियाँ टी.वी. की रोजमर्रा की बहसों का हिस्सा बनती हैं तो पूरी दुनिया में हमारी मूर्खताओं का प्रचार बेवजह नहीं हो रहा है क्या? ऐसी मूर्खताओं के चलते क्या हमारे भारत की देश-दुनिया में कोई अच्छी तसवीर बन सकती है? यही स्वान संस्कृति के पोषक दिन-रात विश्वगुरु होने की डफली क्या अपने इसी पाखंड के दम पर बजाते हैं?

आजीवक बाबू को जनता की मूर्खता और अज्ञानता पर गुस्सा आता है। उन्हें अहसास होता है कि आज के शासकों से तो अंग्रेज ही ठीक थे, वे कहते थे कि भारत को तब तक ब्रिटिश शासन की जरूरत है, जब तक कि ये सभ्य नहीं हो जाते। क्या देश के आजाद होने के सत्तर वर्ष बाद भी देश के वोटर और जनप्रतिनिधि सभ्य हो गए हैं, जिम्मेदार हो गए हैं? जाहिर है—नहीं, बिल्कुल नहीं। अगर हम सभ्य व जिम्मेदार हो गए होते तो क्या वोटर देश के ऐसे जनप्रतिनिधियों को चुनते? क्या हमारे जनप्रतिनिधि इतने गैर-जिम्मेदार व मानसिक दिवालिया होते? जब लोकतंत्र के सिपाही, यानी चुननेवाले और चुने जानेवाले दोनों मानसिक रूप से इतने अपाहिज होंगे तो देश और इसकी अस्मिता और संप्रभुता कैसे सुरक्षित रह सकते हैं? ये जाति और धर्म की तलवार भाँजनेवाले देश को फिर से गुलामी की ओर नहीं ले जा रहे हैं, तो क्या है यह सब?

आजीवक बाबू इन प्रश्नों के झंझावात में उलझे थे कि इसी बीच मोबाइल बज उठा। आजीवक बाबू की प्रश्न शृंखला टूट गई।

"हैलो सर, नमस्कार!" मोबाइल स्क्रीन पर डॉ. तरुण का नंबर फ्लैश हो रहा था।

"हैलो बंधुवर, कैसे हैं? सब ठीक-ठाक चल रहा है न?" डॉ. तरुण ने रस्म अदायगी की।

"ठीक-ठाक तो क्या डॉ. साहब...पर हाँ, इतना तो कहा ही जा सकता है कि बस चल ही रहा है...जैसे-तैसे।"

"ऐसी निराशावादी बात क्यों करते हो भाई! इतने परेशान रहोगे, निराशावादी बने रहोगे तो बेवजह डिप्रेशन में फँसोगे और न जाने कैसी-कैसी आफतों में फँसोगे और बराबर फँसे ही रहोगे।"

"फँसेंगे क्या डॉ. साहब, मुझे तो कई बार लगता है कि हम तो पहले से ही फँसे हुए हैं। ऐसा लगता कि जैसे हम इस समाज में मिस-फिट हैं। बाकी लोग मस्त हैं और हम हैं कि अपने आप में कुछ विक्षिप्त-से होकर रह गए हैं।" आजीवक बाबू ने अपने मन का दर्द बयाँ कर दिया, वैसे भी आजीवक बाबू के पास डॉ. तरुण जैसा दूसरा कोई विश्वसनीय नहीं बचा है, जिनसे मन की बात साझा की जा सके।

"क्या बताएँ आजीवक बाबू, नेशनल सेक्यूलर पार्टी ने तो गुंडागर्दी की सारी हदें ही पार कर दीं। जब इस पार्टी के बड़े सरदार ही कुछ क्रिमिनल सरगनाओं के साथ खड़े नजर आते हैं तो इनके सारे वक्ता और प्रवक्ता ऐसे नहीं होंगे तो कैसे होंगे? इनसे किसी सामान्य व जिम्मेदार नागरिक जैसी कोई उम्मीद तो की नहीं जा सकती। विकल्प ही क्या बचा है इन्हें झेलते रहने के अलावा···झेलो, जैसे भी हो···जब तक झेल सको।" डॉ. तरुण की टिप्पणी में संकेत था कि उन्होंने आजीवक बाबू का भेजा वीडियो देख लिया है।

"डॉ. साहब, कितना जरूरी है कि 21वीं सदी का चाणक्य भी वैसे ही हथकंडे अपनाए जैसे कि इतिहास के चाणक्य ने अपनाए थे। तब तो राजशाही थी, लोकतंत्र तो था नहीं···आज की तरह। फिर इस तुलना के मायने ही क्या रह जाते हैं, सिवाय राजनीतिक षड्यंत्र के प्रचार-प्रसार के?"

"मैं आपका आशय समझ नहीं पा रहा हूँ, आखिर आप चाणक्य को लेकर कहना क्या चाह रहे हैं?"

आजीवक बाबू थोड़ा भूमिका बनाते हुए कुछ खोलकर बताने की कोशिश करते हैं, "किसी भी राज्य में सरकारें बनानी हों या बिगाड़नी, विधायकों की खरीद-फरोख्त का मामला हो या अदालतों तक को धमकी देने का सवाल, कुछ भगवाधारी पुरुष व महिलाएँ इस कार्य में पारंगत हैं या फिर इन सबके बदले एक ही आदमी काफी है, नेशनल सेक्युलर पार्टी (एन.एस.पी.) के सर्वेसर्वा महोदय। आप जानते हैं कि इसी काबिलीयत की बदौलत जनाब मीडिया जगत् में चाणक्य के खिताब से नवाजे जाते हैं। बार-बार इन महाशय के हर अच्छे-बुरे कारनामे को चाणक्य नीति से नाम से महिमामंडित किया जाता है। आप खुद इन महाशय की खबर अपने आलेखों में बराबर लेते रहे हो; और क्या है, जो बताने की जरूरत है?"

"यह तो ठीक है, लेकिन 21वीं सदी, चाणक्य, इतिहास के चाणक्य और वर्तमान के चाणक्य का क्या मामला है, यह अभी भी मेरी समझ से बाहर है। इस बारे में क्या कहना··· ?"

डॉ. तरुण की इस जिज्ञासा के सवाल पर आजीवक बाबू थोड़ा मुसकरा दिए और बोले, "अच्छा, अच्छा, आपकी सोच की सूई यहाँ अटकी है, वैसे आपके मोबाइल की कॉल तो अन-लिमिटेड है या··· ?"

आजीवक बाबू की इस स्वीकारोक्ति और मोबाइल कॉल के अन-लिमिटेड होने पर डॉ. तरुण की मुसकराहट तो सुनाई पड़ गई थी मोबाइल पर, लेकिन उनकी आँखों में उत्तर की प्रतीक्षा भी इसी तेवर के साथ थी या किसी और तेवर में, कहा नहीं जा सकता, क्योंकि यह वीडियो कॉल नहीं थी, अगर होती तो बेहतर होता।

कॉल के अन-लिमिटेड होने पर आजीवक बाबू ने अपनी बात आगे बढ़ाई—"यह अजीब इत्तेफाक है, सोची-समझी साजिश है, रणनीति है, हमारी अज्ञानता है या फिर मानसिक गुलामी की विरासत। हम अतीत का बराबर महिमामंडन करते रहते हैं। वर्तमान से तर्क जुटाकर अतीत को जबरन जस्टीफाई करते हैं, प्रचारित करते हैं और सच के आवरण से ढक देने की जद्दोजहद करते हैं। यही बात रामायण-महाभारत और उसके पात्रों और कथानक पर लागू होती है। रामायण का हर वर्ष मंचन, राजनीतिक व धार्मिक स्तर पर इसका गुणगान व प्रोत्साहन...जबरन अतीत को वर्तमान पर थोपने की कोशिश होती है या यूँ कहें कि इसे वर्तमान का सच व अनुकरणीय बनाने की साजिश होती है। इसका समाज, देश या वर्तमान पीढ़ी पर क्या प्रभाव पड़ता है, अच्छा या बुरा, उसका कोई हिसाब-किताब कहीं नजर नहीं आता। यही कारण है कि हम विज्ञान या अनुसंधान के क्षेत्र में कितनी भी बड़ी डिग्री क्यों न ले लें, अंततः हम धार्मिक परंपराओं और धार्मिक संस्थाओं की आस्था की गुलामी से कभी मुक्त नहीं हो पाते। यहाँ मैं अपवाद की बात नहीं कर रहा हूँ।"

आजीवक बाबू 'कॉल अन-लिमिटेड है' के जुमले को पुनः ह्यूमर की तरह प्रयोग करते हुए असली मुद्दे पर आते हैं, "डॉ. साहब, मैंने विष्णुगुप्त उर्फ चाणक्य उर्फ कौटिल्य के बारे में कुछ पढ़ा है। मैं आपको इसे पढ़कर सुनाता हूँ, फिर चाणक्य को लेकर वर्तमान और अतीत की पहेली सुलझाने में निस्संदेह मदद मिलेगी।"

- जहाँ ईर्ष्या, घृणा और आंतरिक संघर्ष तथा मतभेद हों, उन्हें और बढ़ाया जाए। आचार्य के वेश में जननायकों के बीच में छोटी-छोटी बातों पर झगड़े पैदा कराए जाएँ।

- ज्योतिषी बनकर संघ के अंदर ही राजकुमार के राजयोग को प्रचारित करो और संघ नायकों को राजकुमार की अधीनता स्वीकार करने के लिए प्रेरित करो और पशुधन, अनुचर व अन्य वस्तुएँ भेंट करने के लिए प्रेरित करो।
- संघ नायकों की कामवासना को उत्तेजित करने के लिए वेश्याओं, अभिनेत्रियों और नर्तकियों का प्रयोग करें। संघ नायकों के बीच में झगड़ा कराएँ, एक-दूसरे को हत्या के लिए प्रेरित करें तथा एक नायक को धोखा देकर दूसरे नायक के पास जाएँ।
- गुप्तचर रात में किसी संन्यासी के वेश में ऐसे व्यक्तियों के पास पहुँचें, जो कामोत्तेजित हो रहा हो। स्त्री को वश में करने के लिए कामोत्तेजित करनेवाले मरहम के लिए प्रेरित करें और बदले में विष घुला मरहम दें और चलते बनें।
- विधवाओं और संन्यासिनियों का रूप धारण कर आपस में झगड़ा करें और संघ नायकों को उत्तेजित करें। वेश्याएँ या नर्तकियाँ या गणिकाएँ प्रेमी को किसी स्थान पर मिलने बुलाएँ और उसकी हत्या कर दें या बेड़ियाँ डालकर उसे उठा ले जाएँ।
- संघ नायक को किसी गरीब किसान की पत्नी की सुंदरता का बखान कर उसे रानी बनाने के लिए उकसाएँ। जब वह उसे रानी बनाने के लिए उठा ले जाएँ तो संन्यासी के रूप में संघसभा में उसे अपमानित ही नहीं कराएँ, बल्कि दंड, यातनाएँ दिलाकर कारावास तक पहुँचाएँ।
- वेश बदलकर नायकों पर आरोप लगाएँ कि इस व्यक्ति ने ब्राह्मण की हत्या की है और एक ब्राह्मण स्त्री के साथ बलात्कार किया है।
- वे ज्योतिषी का वेश धारण कर किसी विवाहित युवती के संबंध में भविष्यवाणी करें—इस व्यक्ति की पुत्री रानी बनेगी और इसका पुत्र राजा बनेगा, इसलिए इसे किसी भी प्रकार हासिल कर लो। यदि संघ नायक सफल होता है तो विरोधी नायक को भड़काएँ।

"सिंह साहब, इसे भी चाणक्य उर्फ कौटिल्य नीति का हिस्सा कहा जाता है। इसमें ऐसा क्या है, जिसका श्रेय सार्वजनिक मंच पर आज के किसी चाणक्य

को दिया जा सकता है या किसी अतीत के चाणक्य को?" इन शब्दों के साथ आजीवक बाबू ने निर्णायक गेंद डॉ. तरुण के पाले में डाल दी और उनकी प्रतिक्रिया की प्रतीक्षा करने लगे।

"इस षड्यंत्र की पराकाष्ठा पर मैं क्या प्रतिक्रिया दूँ? जो आपने मुझे पढ़ कर सुनाया है, उसमें नैतिकता और एथिक्स जैसा नाम लेने के लिए कुछ बचा है क्या? मौजूदा सियासी माहौल इसका आधुनिक संस्करण है या यूँ कहें कि आज के चाणक्यों ने इसे इतिहास के चाणक्य से भी अधिक घिनौना बना दिया है। इससे सत्ता हथियाने का घिनौनापन और बढ़ेगा, घटेगा नहीं। इसमें हर जगह 'वाद' मौजूद है, 'विवाद' मौजूद है, लेकिन सबसे बड़ी चिंता की बात यही है कि 'सकारात्मक संवाद' कहीं मौजूद नहीं है। अगर कोई 'संवाद' की बात करता है तो वह ट्रोल का शिकार हो जाता है। देशद्रोही हो जाता है। गद्दार हो जाता है और उसे एक झटके में पाकिस्तान भेजने की बात होती है। उसके घर-परिवार को तरह-तरह की धमकियों का सामना करना पड़ता है।...और क्या कहूँ मौजूदा हालात पर। मुझे तो ऐसा लगता है, यह आज के बुद्धिजीवियों और देश से प्यार करनेवालों पर यह सबसे बड़ी सर्जिकल स्ट्राइक है। पाकिस्तान पर सर्जिकल स्ट्राइक का कितना असर पड़ रहा है और कितना नहीं, यह बराबर विवाद का प्रश्न बना है, लेकिन देश के अंदर होनेवाली सर्जिकल स्ट्राइक का घिनौना सच पूरी तरह निर्विवादित है। इन्होंने देश के जिम्मेदार नागरिकों और ईमानदार बुद्धिजीवियों को मूक-बधिर बनाकर रख छोड़ने में कोई कोर-कसर बाकी नहीं छोड़ी है।"

उधर से आवाज आनी थोड़ी बंद हुई तो आजीवक बाबू को लगा कि डॉ. तरुण ने अपनी बात खत्म कर दी है और वे इस मुद्दे पर और अधिक कुछ नहीं कहना चाह रहे हैं। इसलिए आजीवक बाबू ने पुनः मोर्चा सँभालते हुए अपनी बात रखी—

"अब आप ही बताओ सिंह साहब कि हमारे पास सिवाय दुःखी होने के बचा ही क्या है? इस पर आप कहते हो कि अगर ऐसे निराशावादी रहोगे तो फँसोगे मुसीबतों में।" आजीवक बाबू पुनः घूम-फिरकर मूल प्रश्न पर लौट आए।

डॉ. तरुण ने अपनी बात खत्म करते हुए कहा, "कहने के लिए तो यही कहा जाता है कि पॉजिटिव रहो और क्या? ऐसा तो कहा नहीं जा सकता कि निगेटिव हो तो निगेटिव ही बने रहो, क्यूँ? इसलिए जितना संभव हो, संतुलन बनाए रखो, बस।" यही आज की दुनियादारी है, इसे समझो। चलो ठीक है, फिर मिलते हैं," कहकर डॉ. तरुण ने फोन काट दिया।

आजीवक बाबू पुनः के.सी. शुक्ला द्वारा भेजे गए वीडियो की गिरफ्त में आ गए, जहाँ मधुलिका पांडे राजनीतिक मंच से खुलेआम ईर्ष्या और घृणा की विषैली रेवड़ियाँ बाँट रही थी। संविधान को सरेआम विलेन बता रही थी... अपराधी के कठघरे में खड़ा कर संविधान के खिलाफ मनचाहे जातिवादी फतवे जारी किए जा रही थी। इसे सबका साथ, सबका विकास का फॉर्मूला बता रही थी। अंतिम पंक्तिवाले को जो मिल रहा है, पहली पंक्तिवाले को देने की वकालत कर रही थी। आजीवक बाबू यह नहीं समझ पा रहे थे कि कोई ऐसी बेशर्मी से क्या संवाद कर सकता है, कितना संवाद संभव है और इस बेशर्मी से क्या कोई समाधान निकाल सकता है? यहाँ संवाद के सारे रास्ते बंद नजर आते हैं। नेशनल सेक्यूलर पार्टी (एन.एस.पी.) के ऐसे ही कारनामे आजीवक बाबू की छटपटाहट के कारण बने हैं।

वे मानते हैं कि अगर ये कुछ सिरफिरे व्यक्तियों तक सीमित रहे होते तो कोई बात नहीं थी, लेकिन नेशनल सेक्यूलर पार्टी (एन.एस.पी.) तो इसे प्रमुख एजेंडे के तहत बड़ी बेशर्मी से डिफेंड करती है। नेशनल पॉपुलर कैलेंडर को लेकर धार्मिक उन्माद फैलाना, निरंतर टी.वी. पर हिंदू-मुसलमान डिबेट प्रायोजित करना, मॉब-लिंचिंग का पैटर्न सेट करना, अराजक एलिमेंट्स को संरक्षण देना, यह इतिहास की चाणक्य नीति का घटिया और चारित्रिक पतन का घिनौना विस्तार नहीं है तो क्या है?

इस वीडियो ने आजीवक बाबू को यह सोचने पर विवश कर दिया कि चुनाव प्रचार के दौरान जो झूठ बोला जा रहा है, राजनीतिक पार्टियों द्वारा सामनेवाली विरोधी पार्टियों के बारे में जो कीचड़ उछाला जा रहा है, यह सब खुराफाती चाणक्य नीति का परिणाम नहीं तो क्या है? राजनीति में और विशेष रूप से चुनाव जीतने के लिए साम-दाम-दंड-भेद, जिसके अंतर्गत सेना का

उपयोग, मंदिर-मसजिद का उपयोग, वोट पाने के लिए अपनी उपलब्धि बताने के बजाय अपने प्रतिद्वंद्वी पर आरोप-प्रत्यारोप की साजिश, अपने किए वादों पर साइलेंट मोड, तथाकथित साधु-संतों की बेशर्मी लोकतंत्र में चाणक्य नीति का वर्तमान नहीं तो क्या है?

आजीवक बाबू को वर्तमान सियासी फितरत के चलते संविधान और लगभग सभी संवैधानिक संस्थाओं को ठेंगा दिखाना और इनका निजी हित साधने के लिए उपयोग के आरोपों का बाजार गरम होना परेशान करता है। उन्हें किसी के सत्ता में आने या न आने की इतनी चिंता नहीं है। उन्हें चिंता इस बात की है कि नैतिक मूल्यों और एथिक्स के अभाव में कैसे समाज और कैसे इसके नागरिकों का निर्माण हो रहा है? अंततः ये सब मिलकर कैसे देश का निर्माण कर रहे हैं?

आजीवक बाबू अपनी औकात जानते हैं। वे यह भी जानते हैं कि जब जनता भीड़ बन जाती है तो विवेकहीनता का बाजार गरम होता है। आजीवक बाबू जैसे सैकड़ों ही क्यों हजारों-लाखों ही क्यों न मिल जाएँ, हालात बदलनेवाले नहीं हैं, लेकिन वे आदत से मजबूर हैं, फिर भी हवाओं के रुख के विपरीत कदम बढ़ाने से बाज नहीं आते। उन्हें निराशा के माहौल में अकसर एक चिड़िया की कहानी प्रेरणा देती है, हौसला बढ़ाती है। कहानी कुछ इस प्रकार है—एक जंगल में आग लगी थी और एक छोटी सी चिड़िया अपनी चोंच में पानी भरकर लाती और आग पर डालती। शायद वह पानी आग तक पहुँचता ही नहीं। वह आग की ऊष्मा के कारण ऊपर-ही-ऊपर वाष्पित हो जाता, लेकिन चिड़िया थी कि पूरे दमखम के साथ अपनी जिम्मेदारी निभाने में हलकान हुई जा रही थी। यह नजारा दूर बैठा एक कौआ भी देख रहा था। उसने चिड़िया को समझाने के नजरिए से कहा, "तेरे पानी डालने से आग नहीं बुझनेवाली। बावली मत बन। आ, मेरे पास बैठ, विश्राम कर!"

चिड़िया ने कौए को जो जवाब दिया, वह काबिल-ए-गौर है—"भाई, यह तो मैं भी जानती हूँ कि मेरे पानी डालने से यह आग बुझनेवाली नहीं, लेकिन इसका मतलब यह नहीं कि अपनी जिम्मेदारी से मुँह मोड़ लूँ।"

चिड़िया इतने पर ही नहीं रुकी और अपनी बात को आगे धार देती हुई बोली, "मैं अपनी जिम्मेदारी इसलिए भी निभा रही हूँ कि कल जब इतिहास

लिखा जाएगा या जब इस आग की चर्चा होगी तो मेरा नाम दूर बैठकर तमाशा देखनेवाले निठल्लों में नहीं, आग बुझाने की जिम्मेदारी निभानेवालों में आएगा, कर्तव्यपरायणों की श्रेणी में आएगा।"

आजीवक बाबू को दूर बैठे सलाह देनेवाले कौवे और उनके भाई भी बहुत मिलते हैं, जो इन्हें मूर्ख समझते हैं, पागल समझते हैं, दुनियादारी न समझने के आरोप लगाते हैं और अपनी बुद्धिमत्ता के परामर्श भी देते हैं। इतना ही नहीं, आजीवक बाबू को कौवों की मॉब-लिंचिंग के खतरे भी कम नहीं हैं। वे डरते भी हैं। इनमें किसी भी मॉब-लिंचिंग का पूरा वीडियो देखने तक का साहस नहीं है, लेकिन फिर भी यह छोटी सी चिड़िया की सीख आजीवक बाबू की कोशिशों को अपनी चोंच के पानी से सींचती है और अपनी वाणी से भी बराबर ऊर्जा देती है। परिणामस्वरूप, आजीवक बाबू के हौसलों की फसल यूँ ही हरी-भरी रहती है या यूँ कहें, फलती-फूलती रहती है। अगर आजीवक बाबू के आसपास इस मासूम चिड़िया और रॉबी जैसे अनुकरणीय जीव न होते, प्रकृति का निश्छल प्रेम व ऊर्जा के स्रोत न होते और मुट्ठीभर इनसानों व पुस्तकों के साये न होते तो हो सकता है कि आजीवक बाबू भी भेड़ बने होते। किसी के नारे लगानेवाली पालतू भीड़ का हिस्सा या¨ ।

आजीवक बाबू के पक्ष में भले ही आज इतना सबकुछ है, संभवत: इसीलिए वे न भेड़ बने और न ही भीड़, लेकिन बचपन का एक डर ऐसा भी है, जब याद आता है तो आजीवक बाबू की ही क्यों, पूरे परिवार की रातों की नींद उड़ा देता है। यह आज की सारी मॉब-लिंचिंग पर भारी पड़ता है। इस डर और परिवार की नींद उड़ाने के पीछे भी राजनीति है, राजनीति की फूहड़ता है, षड्यंत्रों की भरमार है, गाँव की दबंग जातियों की गुंडई है और निम्न जातियों का भरपूर दोहन भी। इसके चलते आजीवक बाबू का न घर-बार बचा रह सका और न ही गाँव। बरसों शरणार्थी जीवन और न जाने क्या-क्या आज भी आजीवक बाबू के समृति पटल पर जिंदा है। यह सब समय-समय पर अपनी उपस्थिति दर्ज कराता है और जाहिर है, बराबर डराता है।

□

आठ

जिस 'डर' की बात आजीवक बाबू कर रहे हैं, उस 'डर' की पैदाइश हमीरपुर गाँव की है। यह गाँव आज चालीस साल बाद भी यूपी बॉर्डर पर मौजूद है। भले ही उस समय न आज जैसा नेशनल सेक्युलर पार्टी (एन. एस.पी.) द्वारा प्रायोजित सांप्रदायिक माहौल था और न ही गुंडागर्दी को आज जैसा सियासी संरक्षण ही प्राप्त था। दरअसल उस समय तक शायद एन.एस. पी. जैसी पार्टी का जन्म ही नहीं हुआ था। इसलिए संरक्षण का सवाल भी नहीं था, लेकिन गौरतलब है कि उस जमाने में भी गाँव के स्तर पर जातीय गुंडागर्दी सिर चढ़कर बोलती थी। इनकी गुंडागर्दी का पैटर्न अद्‌भुत था। बंदूक और निशाने पर नियंत्रण तो हमेशा दबंगों का ही रहता था, लेकिन वे कंधा हमेशा अपने किसी बँधुआ, यानी जातीय स्तरीकरण के निचले पायदान के व्यक्ति का इस्तेमाल करते थे। साफ है कि उस समय एक तीर से दो शिकार करने का जबरदस्त पैटर्न मौजूद था।

चुनाव का माहौल था। आजीवक बाबू के पिता नरेंद्र चंद्रा के एक वकील दोस्त अमन सिंह अहलावत चुनाव मैदान में उतरे थे। उनके चुनाव की प्लानिंग और व्यवस्था में नरेंद्र चंद्रा की बड़ी भूमिका थी। इसके विपरीत इसी गाँव, यानी हमीरपुर गाँव के प्रधान के दामाद हरिसिंह, जो पेशे से वकील ही थे, वे भी इसी विधानसभा क्षेत्र से चुनाव मैदान में थे। चुनाव तो ये दोनों ही हार गए और एक तीसरा उम्मीदवार यहाँ से विधायक निर्वाचित हो गया। प्रधान के दामाद की हार का ठीकरा किसी-न-किसी के सिर तो फूटना ही था। उस समय के माहौल में नरेंद्र चंद्रा के सिर के अलावा और दूसरा कोई सुलभ सिर नहीं हो सकता था। इसलिए फोड़ दिया गया ठीकरा नरेंद्र चंद्रा के सिर। चुनाव तो खत्म हो गया,

लेकिन चुनाव के उत्तरवर्ती प्रभाव (आफ्टर मैथ्स) की चपेट में नरेंद्र चंद्रा का आना तय था। कालांतर में ये उत्तरवर्ती प्रभाव नरेंद्र चंद्रा के परिवार के लिए जापान के शहर हिरोशिमा व नागासाकी, जिनपर एटम बम गिराए गए थे, से कम भयावह नहीं थे।

यह पहला मौका भी नहीं था, जब नरेंद्र चंद्रा दबंग जातियों की आँख की किरकिरी बने थे। दरअसल, नरेंद्र चंद्रा पढ़े-लिखे थे और यूपी सरकार में एक अध्यापक पद से सेवानिवृत्त थे। वे समाज के कमजोर वर्गों द्वारा दबंगों से कर्जे लेने के चक्रव्यूह और इसके शोषण तंत्र को अच्छी तरह जानते थे। ऋण पर मोटे ब्याज के साथ-साथ दबंगों के घरों में पशुओं की देखभाल और खेतों में बेगारी एक अलग प्रकार का अतिरिक्त सूद था, जिसका कोई हिसाब-किताब नहीं होता था। यह अतिरिक्त सूद चुकाना अघोषित शर्त थी, आम बात थी। नरेंद्र चंद्रा ने बेगारी की शिकार जातियों को इकट्ठा किया और एक को-ऑपरेटिव सोसाइटी का गठन किया। दस रुपए प्रति व्यक्ति प्रतिमाह चंदा इकट्ठा करना तय हुआ। उस समय दस रुपए का बड़ा महत्त्व था। इस प्रकार इकट्ठी राशि को आवेदक को ऋण के रूप में देने का फैसला सभी सदस्यों द्वारा लिया जाता था और आवेदक की जरूरत के अनुरूप लिया जाता था। यह राशि आवेदक की शादी जैसी जरूरतों को पूरा करने या मकान आदि बनाने के लिए पर्याप्त होती थी।

इसके चलते कुछ ही महीनों में दबंगों के ऋणों का भुगतान हो गया। अब किसी भी शादी-विवाह व अन्य जरूरतों की पूर्ति इसी सोसाइटी से होने लगी। जमींदार के पशुओं की चाकरी और खेतों में बेगारी स्वरूप अघोषित सूद अदा करने से लोगों को मुक्ति मिल गई, यानी अब ये लोग बँधुआगीरी से लगभग आजाद थे। यह आजादी जमींदार की एकच्छत्र सत्ता को चुनौती थी या यूँ कहें कि यह बेगारी से मुक्ति दबंगों के गले की हड्डी आज भी बनी थी, उनसे न निगले बन रहा था, न उगले। नरेंद्र चंद्रा की विधानसभा चुनाव में भूमिका और ग्राम प्रधान के दामाद की हार ने आग में घी का काम किया और प्रतिशोध की आग और बढ़ गई थी।

दबंगों की बंदूक पहले से तैयार थी और निशाना भी एकदम फिक्स था—नरेंद्र चंद्रा, लेकिन उन्हें अभी कोई बँधुआ कंधा नहीं मिल रहा था। अचानक

नरेंद्र चंद्रा के पड़ोस में माखन लाल का बारह-तेरह बरस का लड़का गायब हो गया। चूँकि ग्राम प्रधान माखन लाल के परिवार के पुश्तैनी जमींदार थे, उन्होंने हमदर्दी का दाना डाला और दुःखी माखन लाल वह दाना चुग गया···दुम हिलाने लगा जमींदार के दरवाजे पर। उसे जमींदार अपना माईबाप, यानी सबकुछ नजर आने लगा। उसे मालूम था कि उनकी पुलिस और अदालत में भी काफी चलती-पिलती है। उसमें उम्मीद जगी थी कि उनके बेटे के मामले में वो जो मदद कर सकते हैं, वह अन्य कोई नहीं कर सकता, नरेंद्र चंद्रा भी नहीं। इसलिए उसने जमींदार की बैठक के चक्कर लगाने शुरू कर दिए और उसकी चौखट के पास अपने बैठने के लिए एक दो वर्ग फीट जमीन का पट्टा भी सुनिश्चित कर लिया। माखन लाल के बैठने के इस जमीन के टुकड़े और जमींदार के मूढ़े में वही संबंध था, जो एक जज की कुरसी और विटनेस बॉक्स के बीच हो सकता है।

चुनाव में हार से पीड़ित जमींदार का दामाद हरिसिंह किसी जख्मी नाग से कम खूँखार नहीं था। वह तैयार बैठा था पलटवार के लिए, आ गया वह भी मैदान में माखन लाल की तथाकथित मदद करने। हालात ने खतरनाक करवट ली और दो दिन बाद माखन लाल के बेटे के वापस जिंदा लौट आने के बदले, बॉर्डर के पार दिल्ली के नूरपुर गाँव से उसकी लाश बरामद हो गई। माखन लाल के परिवार पर ही क्यों, पूरे मोहल्ले पर जैसे कहर बरपा हो गया। दुःख की इस घड़ी में नरेंद्र चंद्रा और उसका परिवार माखन लाल के परिवार को हर प्रकार की मदद व सांत्वना के लिए सबसे आगे थे।

गाँव में पुलिस आ गई। उसने नरेंद्र चंद्रा और उनके दो बेटे राजेंद्र और सत्येंद्र के साथ-साथ गाँव के तीन और लोगों को अपने साथ पूछताछ के लिए पुलिस चौकी ले जाने की बात की। सभी आदमी हक्के-बक्के रह गए, लेकिन कोई कुछ नहीं कर सकता था और न किसी में यह पूछने का साहस ही था कि गिरफ्तारी का वारंट दिखाओ या यह पूछना कि क्यों गिरफ्तार कर रहे हो? यह बड़े खतरे का सबब हो सकता था। दरअसल उस समय आज की तरह न अधिकारों के प्रति जागरूकता थी और न ही आज जैसे संचार के साधन। वैसे भी गरीब के लिए पुलिस कल भी निरंकुश थी और आज भी कमोबेश निरंकुश ही है। गरीब के लिए कुछ खास बदला ही नहीं है, फिर भी नरेंद्र चंद्रा ने एक बार

माखन लाल की ओर देखा, इस उम्मीद से कि वह उनके पक्ष में कुछ बोलेगा। वह पुलिस को उन्हें गिरफ्तार करने से रोकने के लिए कुछ करेगा, लेकिन ऐसा कुछ हुआ नहीं। माखन लाल ने पुलिस को रोकने या कोई विनती करने के बजाय नरेंद्र चंद्रा से आँख चुराने की कोशिश की।

नरेंद्र चंद्रा को समझते देर नहीं लगी कि मामला कुछ गड़बड़ है। पुलिस सभी छह लोगों को पुलिस चौकी ले गई, यह कहकर कि पूछताछ के बाद कल तक इन्हें छोड़ देंगे। आज के आजीवक बाबू, जो अपने छात्र-जीवन के दौरान दीपक कुमार हुआ करते थे, पुलिस पर विश्वास कर घर बैठे रह गए। दूसरा कोई विकल्प नहीं था, इसलिए पूरा मुहल्ला ही विवश था। माँ के चेहरे की हवाइयाँ उड़ी थीं, बोलीं, "बेटा, इन्होंने हमारे परिवार को ही क्यों गिरफ्तार किया? तुम्हारे बाबूजी के लिए माखन लाल कुछ क्यों नहीं बोला? हमने माखन लाल और उसके परिवार के लिए क्या नहीं किया?"

"कुछ नहीं माँ, पुलिस कह तो रही थी कि हम पूछताछ के बाद कल इन्हें छोड़ देंगे। आप चिंता क्यों कर रही हैं?" ऐसी ही सांत्वना कुछ देर पहले तक दीपक के अलावा लगभग सभी पड़ोसियों ने भी दी थी, लेकिन माँ के अंदर जो चिंता लगी थी, वह तो उम्मीदों की चिता बनी जा रही थी। माँ फिर अपनी चिंता को लेकर मुखर हो चली, "तुम्हें पता नहीं है, पुलिसवाले बहुत कमीने होते हैं, फिर वे हमारे घर से तुम्हारे बाबूजी के साथ-साथ तुम्हारे भाई राजू और सत्तू को क्यों ले गए हैं। नवीं-दसवीं में पढ़नेवाले मेरे बच्चे और सारी उम्र बच्चों को पढ़ानेवाले तुम्हारे बाबूजी किसी का किडनैप कर सकते हैं क्या? उस भोले-भाले से कपिल को कुएँ में डाल सकते हैं क्या?" माँ के सवालों से दीपक और अधिक परेशान हो गया। न माँ को नींद आ रही थी और न ही दीपक को। माँ को पूरी रात ढाढ़स बँधाता रहा, लेकिन वो खुद कितना डरा था, बता नहीं रहा था। आखिर माँ-बेटे की रात इस उम्मीद में गुजरी कि आनेवाला कल कुछ राहत देगा, लेकिन संदेह इस उम्मीद का बराबर पीछा कर रहा था।

अगला दिन आया तो लेकिन राहत नहीं, बल्कि नई मुसीबतों के साथ। पुलिस ने मुहल्ले के तीनों आदमियों को तो छोड़ दिया, लेकिन नरेंद्र चंद्रा व उनके दोनों बेटों को वहीं पुलिस चौकी में कैद रखा।

जब भँवरी को उन तीनों के घर वापसी की सूचना मिली तो वह दीपक के साथ उनके घर पहुँची और पूछा, "दीपक के बाबूजी और राजू और सत्तू को क्यों नहीं छोड़ा?"

तीनों के यहाँ से जैसे रटा-रटाया एक ही जवाब मिला कि हमने तो पाँच-पाँच सो रुपए दिए हैं पुलिसवालों को। उनके पैसे अभी तो जमींदार ने भरे हैं। बात इतने पर समाप्त हो गई।

"जमींदार वहाँ क्या कर रहा था?"

"जमींदार और उनका दामाद वकील बाबू वहाँ आए थे गाड़ी में। हमें तो उन्होंने ही छुड़वाया है।"

"उन्होंने दीपक के बाबूजी को छुड़ाने की बात नहीं की क्या?"

"इस बारे में हमें कुछ नहीं पता। वे तो हमसे पहले ही चले गए थे।"

भँवरी के पैरों तले जैसे जमीन ही खिसक गई। उसने पड़ोस के दो-तीन आदमियों से नूरपुर पुलिस चौकी चलने की गुहार लगाई, लेकिन कोई साथ जाने को तैयार नहीं हुआ। पुलिस का डर ही इतना था कि कोई साहस नहीं जुटा पा रहा था। वैसे भी गली-मुहल्ले में सबको यह अहसास हो गया था कि यह सब माखन लाल और उसकी पत्नी बिरमो का किया-धरा है। एक हकीकत यह भी थी कि बिरमो से सारा गली-मुहल्ला डरता था, जब वह अपनी पर आ जाती तो माखन लाल की मजाल ही क्या कि वह उसके रास्ते में आए।

माखन लाल की कमजोरी यह थी कि वह कुछ कमाकर नहीं लाता था। वह या तो घर पर भैंसों की देखरेख करता था या फिर सारा दिन ताश खेलता था। इसके विपरीत उसकी पत्नी बिरमो खेत का काम भी करती थी। घर आकर चूल्हा-चौका और घर के पुरुषोंवाले बहुत सारे काम-धंधे भी उसी के जिम्मे थे। इसलिए माखन लाल अपनी पत्नी से थोड़ा दबता था, लेकिन जब दारू पी लेता था तो पूरा शेर हो जाता था और कभी-कभी तो वह पत्नी की धुनाई भी कर देता था। नरेंद्र चंद्रा की गिरफ्तारी के पीछे भी शायद बिरमो का हाथ था, इससे इनकार नहीं किया जा सकता था। हालात ऐसे हो चले थे कि बिरमो का डर नरेंद्र चंद्रा की समाजसेवा पर भारी पड़ रहा था।

किसी रिश्तेदार के पास मदद के लिए आने-जाने का न समय था और न ही कोई आने-जानेवाला। वैसे भी रिश्तेदार भी तो सभी ऐसे ही गए-बीते थे। इनमें नरेंद्र चंद्रा ही पढ़े-लिखे थे और थोड़ा ठीक-ठाक थे। अब भँवरी और दीपक के पास अकेले चौकी जाने के अलावा कोई विकल्प ही नहीं बचा था। दीपक थाने-तहसील की दुनियादारी में नादान और भँवरी बाहरी दुनिया से बेखबर एक औरत, वह भी अशिक्षित। दोनों मिलकर भी ठीक से एक पूरा आदमी भी नहीं बन सकते थे, लेकिन मरता क्या न करता, डरते-डरते दोनों जा पहुँचे पुलिस चौकी।

पुलिस को देखते ही भँवरी रोते-पीटते हुए विलाप करने लगी, "दारोगाजी, मेरा आदमी बेकसूर है और मेरे बच्चे भी, इनकी सारी जिंदगी तो बालक पढ़ाने में गुजरी है। ये ऐसा बुरा काम नहीं कर सकते, आप खुद ही सोचो, दारोगाजी!" भँवरी को ठीक से यह पता भी नहीं था कि कौन दारोगा, कौन हवलदार और कौन सिपाही। जानती भी कैसे, परिवार का इससे पहले पुलिस से ऐसा कोई वास्ता ही नहीं पड़ा था। हाँ, दूर का एक रिश्तेदार जरूर पुलिस में सब-इंस्पेक्टर था, शायद भँवरी की नजर में पुलिस का मतलब ही दारोगा हो। इस बारे में ठीक से कुछ कहा नहीं जा सकता, लेकिन भँवरी बार-बार 'दारोगाजी' कहकर संबोधित कर रही थी। दीपक उस समय यह भी नहीं कह सकता था कि वह दारोगा नहीं, हवलदार है, लेकिन वह चुप था। चुप इसलिए भी था कि उसे भरोसा था कि उसकी तुलना में माँ का दर्द पुलिस के रवैये को नरम करने में ज्यादा मदद कर सकता है। आखिर हुआ भी ऐसा ही जैसा दीपक ने अनुमान लगाया था।

"माई, चुप हो जा, यहाँ हल्ला मत मचा। हमें भी पता है कि तुम्हारा आदमी बेकसूर है, लेकिन इसे पता है कि यह काम किसका है। यह कांड किसने किया है। हमें पक्की सूचना है कि तुम्हारे आदमी को कातिल का पता है। जब तक वह नहीं बताएगा, हम छोड़नेवाले नहीं हैं। तुम्हारे बच्चे भी तभी छूटेंगे, जब तक तुम्हारा आदमी हमें कातिल का नाम नहीं बता देता।" हवलदार ने एक झटके में ही अपना निर्णय सुना दिया, लेकिन भँवरी इतने पर कहाँ माननेवाली थी, फिर बोल उठी, "दारोगाजी, किसी ने चुगली लगाई है, झूठ बोला है, मेरे आदमी को पता होता तो जरूर बता देता।"

"अब फालतू बात नहीं।" हवलदार ने झिड़कनेवाले अंदाज में कहा।

भँवरी ने पैसे आगे बढ़ाते हुए कहा, "'हमसे भी पैसे ले लो और छोड़ दो मेरे आदमी और बच्चों को।"

हवलदार ने पाँच सौ रुपए झटक लिये। उस समय यह रकम छोटी नहीं थी। यह आज के दस-बीस हजार पर भी भारी है, लेकिन इस संकट की घड़ी में पाँच सौ रुपए चले जाने का दर्द भँवरी के लिए भी कोई मायने नहीं रखता था। भले ही यह नरेंद्र चंद्रा के परिवार के लिए महीनों का राशन-पानी था। ये पैसे नरेंद्र चंद्रा के परिवार ने पाई-पाई जोड़कर कैसे इकट्ठा किए थे, इससे हवलदार को कोई लेना-देना नहीं था। उसे तो बस बूढ़ा मरे या जवान, हत्या से काम था। इसलिए जेब गरम कर थोड़ी नरमी से बोला, "ठीक है माई, एक-दो दिन में छोड़ देंगे··· जाँच पूरी करके।"

"लेकिन दारोगा···"

भँवरी की बात सुने बगैर हवलदार ने धमकानेवाले अंदाज में कहा, "कह दिया न, एक-दो दिन में छोड़ देंगे।···ज्यादा चूँ-चपड़ करी तो तुम दोनों को अंदर कर दूँगा।···जाओ यहाँ से।"

दोनों के पास और कोई रास्ता नहीं था। पैसे भी चले गए थे और कुछ हासिल भी नहीं हुआ था। दोनों परेशान थे। दीपक पैसे चले जाने और कुछ हासिल न होने के साथ-साथ इस बात से परेशान था कि वह एक शब्द भी नहीं बोल सका, अगर माँ न होती तो क्या होता? वह हवलदार को पैसे भी देने की हिम्मत कर पाता क्या? अगर इन पुलिसवालों ने पैसे भी हजम कर लिये और बाबूजी को नहीं छोड़ा तो क्या होगा? उसे खयाल आया कि उनके दूर के रिश्ते में कर्मसिंह सब-इंस्पेक्टर है, उसके पास जाने से कुछ हो सकता है क्या? वह हमारी मदद करेगा या नहीं? दीपक इन्हीं बातों में उलझा था, वह भूल ही गया था कि माँ भी साथ है। कुछ ऐसी ही हालत माँ की भी थी। दोनों साथ थे, लेकिन अपनी-अपनी दुनिया में। माँ अपने खयालों की दुनिया में गूँगी-बहरी बनी थी, लेकिन उसकी आँखों से आँसू बराबर बह रहे थे। दीपक ने माँ के आँसू पोंछते हुए कहा, "कल मैं कर्मसिंह के पास जाऊँगा। देखते हैं वो हमारी कुछ मदद करेगा कि नहीं।" भँवरी ने इसका कोई जवाब नहीं दिया। वह जानती थी कि वह किसी काम का नहीं है। वह अपने इंस्पेक्टर होने के घमंड में इतना चूर था कि अपनी सगी बहन के भी अपने

घर आने-जाने से बचता था। दूसरी ओर उसकी आर्थिक हालत कमजोर होने के कारण उसकी शक्ल-सूरत भी काफी बिगड़ गई थी। दूसरों की नमस्ते लेने से भी वह बचता था, शायद इस डर से कि कहीं उससे कोई मदद न माँग बैठे, खैर…। जैसे उससे मिलने की बात आई, ठीक वैसे ही रफा-दफा हो गई।

इधर पुलिस के मुँह जैसे खून लग गया था। इन दो-तीन दिनों में पुलिस दो-दो, तीन-तीन बार गाँव आई और बिरमो के इशारे पर कई और लोगों को साथ लेकर चली गई। बिरमो के रवैये से ऐसा लग रहा था, जैसे गिरफ्तारियाँ उसके बेटे की मौत के दर्द में बाम का काम कर रही थीं। वह गाँववालों के लिए बिना किसी स्टार के दारोगा हो गई थी। सब उससे डरने लगे थे। उसकी जी-हुजूरी करने लगे थे। इसलिए गिरफ्तारियाँ धड़ाधड़ हो रही थीं और पाँच सौ रुपए की रिश्वत जैसे पेटेंट हो गई थी।

मुहल्ले में चार-पाँच परिवारों को छोड़कर सभी को पुलिस की सेवा करनी पड़ी। नरेंद्र चंद्रा के घर के आसपास से भी कोई नहीं गुजरता था, इस डर से कि माखन की पत्नी बिरमो ने देख लिया तो उन्हें भी पुलिस में पकड़वा देगी। नरेंद्र चंद्रा के परिवार के प्रति उसके सिर अजीब-सी दुश्मनी सवार हो गई थी, लेकिन क्यों? यह सवाल सभी के लिए एक पहेली बना था। ऐसा लगता था, जैसे नरेंद्र चंद्रा का परिवार ही सारे फसाद की जड़ हो। जो कुछ भी वह कर रही थी, वैसा करने से उसके बेटे की मौत की क्षतिपूर्ति हो जाएगी? इस मामले में वह किसी सैडिस्ट से कम घातक नहीं रह गई थी।

भँवरी की दो बेटियाँ और दीपक अपने घर में कैद होकर रह गए थे। कभी मिलकर रो लेते, कभी एक-दूसरे के आँसू पोंछ देते तो कभी सभी गुमसुम हो जाते। खाने-पीने जैसा ठीक से कुछ रह नहीं गया था। दूसरी ओर नरेंद्र चंद्रा और उनके दो बेटे थे। वे सब पुलिस की हिरासत में थे। इस कैद में ये तीनों कैसे थे, क्या हो रहा था, कुछ पता नहीं था। वे कुछ खा-पी रहे थे या नहीं, यह जानना दूर की गोटी थी। उनकी पुलिस चौकी की कैद और पास-पड़ोस सबसे कट जाने से घर में बचे सदस्यों की कैद उन पंछियों जैसी हो चली थी, जिनकी उड़ान के पंख जड़ से काट दिए गए थे। बस बेबसी की छटपटाहट बची थी और इस छटपटाहट व कैद के अलावा कुछ भी नहीं। घर

में कैद ये दिन कैसे गुजर रहे थे, आजीवक बाबू उनकी याद करने का साहस आज भी नहीं जुटा पा रहे थे।

आखिर पाँचवें दिन नरेंद्र चंद्रा अपने दोनों बेटे राजू और सत्तू के साथ घर आए, लेकिन सिर पर बँधी पट्टी के साथ। नरेंद्र चंद्रा के सिर पर बँधी पट्टी ने उनके पुलिस की कैद से घर लौटने की, जो थोड़ी-बहुत खुशी बची थी, उसे भी लील लिया। नरेंद्र चंद्रा ने खुद मोर्चा सँभाला और सबको शांत किया, लेकिन भँवरी थी कि उन्हें सँभालना मुश्किल था। दरअसल, नरेंद्र चंद्रा और भँवरी, दोनों की दूसरी शादी थी। वे अकेलेपन का दंश पहले झेल चुके थे। इसलिए वे एक-दूसरे को टूटकर चाहते थे, प्यार करते थे। उनकी चाहत उनके बच्चों से भी नहीं छिपी थी। भँवरी अपने पति के सारे दर्द खुद पर लेने से पीछे नहीं हटती थी। यही हाल नरेंद्र चंद्रा का था। संभवत: इसीलिए वह कुछ ज्यादा ही अधीर हुई जा रही थी। वह बराबर पूछ रही थी, "यह सिर में चोट कैसे लगी? पहले बताओ, ये चोट कैसे लगी?" परिवार के सभी लोग नीम के पेड़ के नीचे बिछी चारपाइयों पर बैठे थे। मुहल्ले-पड़ोस से उनसे मिलने कोई नहीं आया था, शायद डरते थे। दोनों बेटियों ने पानी के गिलास सभी को थमाए। पानी का गिलास ठीक से खाली भी नहीं हुआ था कि भँवरी ने 'यह चोट कैसे लगी' का अपना राग फिर से अलापा—

"यह चोट कैसे लगी?" आँसू अब भी भँवरी की आँखों में बराबर तैर रहे थे।

"यह चोट किसी ने नहीं मारी, मैंने ही अपना सिर दीवार पर टकरा दिया था। चोट लग गई थी, फिर पुलिसवालों ने डिस्पेंसरी ले जाकर पट्टी बँधवा दी थी।" नरेंद्र चंद्रा इससे आगे कुछ कह नहीं पाए या कहना नहीं चाह रहे थे, लेकिन दोनों ही स्थितियाँ अस्पष्ट थीं, क्योंकि भँवरी से कुछ भी छिपाना मुश्किल था। बच्चों के चेहरे एकदम सपाट थे और वे सिर्फ अपने बाबूजी और माँ को देखे जा रहे थे। सत्तू और राजू का दर्द पिता के दर्द के सामने जैसे पीछे छूट गया था। बड़े दर्द के सामने छोटे दर्द का अनदेखा हो जाना, वैसे भी स्वाभाविक ही था।

"क्यों टकराया अपना सिर? कुछ तो बात होगी? कितना फटा था? टाँके भी लगे होंगे?"

अगर नरेंद्र चंद्रा भँवरी को नहीं रोकते तो उसके प्रश्नों की बौछार शायद कुछ और आगे बढ़ती। संभवत: इतने प्रश्नों का एक साथ जवाब देना नरेंद्र चंद्रा

के लिए भी सहज नहीं होता, लेकिन अपने आप को परिवार के बीच में पाकर नरेंद्र चंद्रा अब पहले से सहज महसूस कर रहे थे। गली-मुहल्ले का कोई भी आदमी अभी भी उनसे मिलने नहीं आया था, शायद माखन लाल की पत्नी बिरमो का आतंक अभी भी मुहल्ले-पड़ोस के लोगों को भयभीत किए था। शायद यह अशिक्षा के कारण था कि लोग अन्याय के खिलाफ लड़ने के लिए आगे नहीं आ पा रहे थे। गाँव में अशिक्षा के साथ आर्थिक विपन्नता का आलम कुछ ज्यादा ही कष्टदायी होता है, खैर···।

आखिर नरेंद्र चंद्रा ने अपनी बात कुछ इस प्रकार शुरू की, "पुलिसवाले ने मेरे साथ मार-पिटाई की, वो तो किसी तरह मैं सहन कर गया, लेकिन जब मेरे साथवाली कोठरी में मेरे अपने बच्चों की पिटाई शुरू हुई और मुझे रोने की आवाज सुनाई दी तो मैं सहन न कर सका। मुझे अपना जीवन व्यर्थ लगने लगा। विवशता इतनी कि मेरे वश में कुछ भी नहीं रह गया था। आखिर अपने बच्चों की यातना से मुक्ति के लिए मैंने अपना सिर दीवार से टकरा-टकराकर अपनी जान देने की कोशिश की, फिर मुझे नहीं मालूम क्या हुआ। मुझे जब होश आया तो मैं डिस्पेंसरी में था और दो-तीन पुलिसवाले मुझे चारों तरफ से घेरे थे।"

फिर कुछ स्मरण करते हुए नरेंद्र चंद्रा ने बताया कि एक पुलिसवाले ने मुझे संबोधित करते हुए कहा, "बाबूजी, हम समझ गए हैं, आप निर्दोष हैं। अब हम न आपको और न ही आपके बच्चों को किसी तरह की तकलीफ देंगे। साहब यानी एस.एच.ओ. तो आपको अभी छोड़ देते, लेकिन अभी आपको चोट लगी है···ऐसे में आपका बाहर जाना ठीक नहीं है। इसके थोड़ा ठीक होते ही हम आपको छोड़ देंगे।"

एक दूसरे पुलिसवाले ने भी उसके सुर-में-सुर मिलाते हुए कहा था, "आप हमें दो-तीन दिन का समय दे दो···सब ठीक हो जाएगा।" नरेंद्र चंद्रा ने भँवरी को ये सांत्वनावाली बात सुनाकर आश्वस्त करने की कोशिश की।

"और आप मान गए?" भँवरी ने त्योरी बदलते हुए कहा।

"और मैं कर भी क्या सकता था? आखिर गलती भी इनसान से ही होती है। पुलिस तो जानवर का दूसरा रूप है। जब पुलिसवालों ने अपनी गलती मान ली तो मैं उन्हें माफ नहीं करता तो क्या करता?" वह चाहकर भी यह नहीं कह

पाए कि इसके अलावा वो कुछ कर ही नहीं सकते थे। अगर कुछ कर सकते तो सबसे पहले अपनी अवैध गिरफ्तारी का विरोध करते और आगे की सारी मुसीबतों पर फुलस्टॉप लगाते।

अपने इस माफ करनेवाले अंतिम वाक्य पर नरेंद्र चंद्रा के चेहरे पर विजय और पीड़ा के मिले-जुले भाव मौजूद थे। स्थिति को सामान्य करने के लिए बच्चों को प्यार-दुलार किया और पत्नी को खाना बनाने के लिए कहा। खाना खाने के बाद भी परिवार में एक-दूसरे को कहने-सुनने के लिए कुछ खास नहीं था या दु:खों की चर्चा करके वे अपने दु:खों को और नहीं बढ़ाना चाहते थे। इसलिए सोने के समय से पहले सभी अपने-अपने बिस्तर में चले गए।

नरेंद्र चंद्रा बच्चों और पत्नी के सामने तो नायक की तरह पेश आए, लेकिन अपने आप से वह कुछ नहीं छिपा सकते थे, जिससे वे बेहद आहत थे और पुलिस चौकी में खुदकुशी तक के लिए अपने होश-हवास खो बैठे थे। उनकी नजरों के सामने घंटों वह सब चलचित्र की तरह चलता रहा, जो उन्होंने गाँव-बस्तीवालों को जमींदार के कर्ज और बेगार से बचाने के लिए किया था। वे गाँव के बुजदिल लोगों के पार्टी बदल लेने से बेहद आहत थे। वे मानते रहे हैं कि घोड़े को जबरन नदी किनारे तो ले जाया जा सकता है, लेकिन जबरन पानी नहीं पिलाया जा सकता। वे गाँववालों को नदी पर ले गए थे, लेकिन उन्हें स्वाभिमान से जीने के लिए गलत बात से समझौता न करने के लिए बाध्य नहीं कर सकते थे। इसी का परिणाम था कि नरेंद्र चंद्रा की निस्स्वार्थ सेवाओं के बावजूद उन्हें पुलिस और जिल्लत का सामना करना पड़ा था। उनकी नजर में आज भी बदी की जीत हुई थी और नेकी की हार। इस दर्द से टूट जाने की घड़ी में नरेंद्र चंद्रा यह नहीं सोच पा रहे कि गाँववाले इतने दोषी नहीं थे, जितना वे उन्हें ठहराए जा रहे थे। वे ऐसा नकारात्मक शायद इसलिए सोचे जा रहे थे कि वे उनकी विवशताओं को समझने की स्थिति में नहीं रह गए थे। यह व्यक्ति की सबसे बड़ी कमजोरी होती है, शायद यह वह स्थिति होती है जब वह सही निष्कर्ष पर नहीं पहुँच पाता ?

सिक्के का एक दूसरा पहलू भी था। वह यह कि गाँव के दबंग, यानी जमींदार निरंकुश शासक हो गए थे। पुलिस उनकी निजी, उनकी जाति की और एक तरह से उनके हुक्म की ताबेदार। उनकी हसरत-पूर्ति का साधन, यानी

नरेंद्र चंद्रा को उनके विरोध का सबक सिखाने की सफलता। उन्हें अपने जातीय अहंकार को पुन: कायम करने का अवसर मिल गया था। यही उनके न्याय की अवधारणा थी और सुकून की भी। वैसे इससे हटकर सोचने की उनकी फितरत ही नहीं थी। दीपक के परिवार में न किसी न्याय की रोशनी बची थी और न किसी लोकतंत्र की। इनकी अपनी न किसी इच्छा और न किसी चाहत का कोई वजूद ही बचा था। इनसान और इनसानियत के स्तर पर सबकुछ शून्य हो चला था।

नरेंद्र चंद्रा को लगा—'क्या लोकतंत्र के चुनावी पर्व में अपनी इच्छा के उम्मीदवार के साथ खड़ा होना, लोकतंत्र के साथ खड़ा होना नहीं है। लोकतंत्र के लिए खड़ा होना इतना बड़ा अपराध है कि लोकतंत्र को जिंदा रखने के लिए एक परिवार को जिंदा लाश तक बनकर रहना पड़ेगा। उसे अपना मान-सम्मान व सुख-चैन सभी कुछ की कुरबानी देनी पड़ेगी? ऐसे में क्या मायने रह जाते हैं लोकतंत्र और किसी न्याय प्रक्रिया के? नरेंद्र चंद्रा के विचारों का काफिला कहाँ तक गया, कहाँ तक नहीं, वे ही जानें, लेकिन आजीवक बाबू को इतना याद है कि नरेंद्र चंद्रा ने तीन महीने के अंदर ही इस गाँव से अपना सबकुछ बेचकर कभी वापस न लौटने के लिए अपने गाँव, अपनी बस्ती और अपने मोहल्ले से हमेशा के लिए पलायन कर लिया था। इसे लोकतंत्र के इस सिपाही की हार कहा जाना चाहिए या दबंगई की जीत, दोनों ही स्थितियाँ आज भी कम कष्टदायक नहीं हैं।

आजीवक बाबू आज अपने आप को उसी चौराहे पर खड़ा पाते हैं, जहाँ 40 साल पहले उनके बाबूजी नरेंद्र चंद्रा खड़े थे। उन्हें आज भी लोकतंत्र नाम की चिड़िया कुछ सिरफिरे लोगों के पिंजरे में कैद नजर आ रही है। यहाँ लगभग सभी संवैधानिक संस्थाएँ अपाहिज हो चली हैं। इनके वजूद पर बड़ा खतरा मँडरा रहा है। सर्वोच्च न्यायालय की मर्यादाएँ खुद संदेह के घेरे में नजर आ रही हैं। नैतिकता और इनसानी मूल्य लगभग विलुप्त होने के कगार पर हैं। चारों ओर सांप्रदायिकता का जहर अपना रंग दिखा रहा है। आपसी भाईचारा और सौहार्द की भावना छटपटा रही है, दम तोड़ती नजर आ रही है। सबसे बड़ी बात यह कि लोकतंत्र के प्रहरी संविधान का अस्तित्व खतरे से परे नहीं रह गया है।

इतिहास अपने आप को दोहरा रहा है। मौजूदा अफरातफरी और अराजकता के दौर में पलायन कोई सम्मानजनक विकल्प नहीं हो सकता। पलायन हो भी तो

कौन सी दुनिया के लिए? पूरे देश का हाल तो कमोबेश एक जैसा हो चला है। आजीवक बाबू यह भी जानते हैं कि कोई भी बुराई, अपराध, अराजकता वगैरह-वगैरह तब तक फैलती रहती है, जब तक कोई इसके विरोध में आकर खड़ा नहीं हो जाता। वे यह भी जानते हैं, इस अराजकता के विरोध के चलते कितने पत्रकार व देश से प्रेम करनेवाले किस प्रकार ट्रोल झेलने को विवश हैं। कैसे-कैसे उनकी माँ-बहन सार्वजनिक गालियों के मंच में तब्दील कर दी जाती हैं, अनेक प्रकार की धमकियाँ झेलना दिनचर्या का आम हिस्सा हो जाता है और कुछ मामलों में इन देश व इनसाफ प्रेमियों को अपनी जान गँवानी पड़ती है।

भगतसिंह भी ऐसे ही देश के लिए शहादत देनेवालों में सर्वोपरि थे। उनकी शहादत के साथ न्याय होना चाहिए, उनका सम्मान होना चाहिए। यदि उनके प्रति सम्मान है तो हम उन्हें पड़ोसी के घर पैदा होने की कामना क्यों करते हैं? अपने घर में क्यों नहीं पैदा होने देते कोई भगतसिंह? क्यों न हर घर-आँगन को भगतसिंह के लालन-पालन और परवरिश का गौरव हासिल हो? घर में ही क्यों, हर इनसान में, हर इनसानी जिस्म में भगतसिंह क्यों न निवास करे?

अगर भगतसिंह जैसा जज्बा चंद लोग भी उठाने का साहस करें तो देश की तसवीर ही बदल जाए। जुल्म करनेवाला और जुल्म का साथ देनेवाला ज्यादा देर मैदान में नहीं टिक सकता, फिर किसी भी भगतसिंह को फाँसी का तख्ता चूमने की जरूरत ही नहीं रह जाएगी, शायद। दरअसल, जुल्म करनेवाला और उसका साथ देनेवाला, दोनों बड़े कायर होते हैं, लेकिन दूसरों की कायरता का फायदा उठाना खूब जानते हैं। इसलिए शेर दिखते हैं, वरना…।

एक और हकीकत यह भी है कि आज की अवसरवादी संस्कृति में न बिकनेवालों की कमी रह गई है और न ही खरीदनेवालों की। भगतसिंह होने के लिए इनसान और इनसानियत की सौदेबाजी के लिए न कोई जगह है और न ही होनी चाहिए। संभवत: यही वर्तमान की समसामयिक पुकार है और देशहित में इसे पूरा होना चाहिए। क्या होना चाहिए, क्या नहीं? यह प्रश्नों का सिलसिला आजीवक बाबू के जीवन का एक अनिवार्य पहलू बनकर रह गया है। ऐसा लगता है कि इनके बगैर जैसे आजीवक बाबू का अपना कोई वजूद ही नहीं रह गया है। □

नौ

सियासी लफ्फाजी के गर्दो–गुबार से आसमान अँटा पड़ा था। यह दमघोंटू माहौल साँसों के लिए स्पीड ब्रेकर का काम कर रहा था। यह जनजीवन और अमन–चैन के लिए बड़ी चुनौती था। उम्मीद की विजिबिलटी इतनी खराब थी कि वर्तमान अपाहिज बना छटपटा रहा था और भविष्य का कोई अता–पता नहीं था। भविष्य की रोशनी की किरण तक सिरे से नदारद थी। लोकतंत्र की ओजोन परतों पर सियासी सर्जिकल स्ट्राइक से तापमान एकदम निरंकुश हो चला था। ऐसे प्रदूषित माहौल से निजात पाने के लिए आजीवक बाबू सुबह की सैर को निकले। पार्क में सभी पेड़–पौधे वैसे ही लुभावने थे, यौवन पर थे, जैसे रोज हुआ करते हैं। हवा के सुरीले सुर में कोई कमी न थी। ये बराबर सुहावने बने थे। इनकी शीतलता बराबर बरकरार थी। पैदल चलनेवाला फुटपाथ जैसे पहले से स्वागत में बाँहें फैलाए अपनी जगह पर मौजूद था, रोज की तरह। पक्षी इस गर्दो–गुबार से बेखबर अपनी दुनिया में चहचहा रहे थे। यह सब प्राकृतिक माहौल देखकर आजीवक बाबू को अंदर तक सुकून मिला। लंबी गहरी साँस के साथ अचानक उनके मुँह से निकल गया, "शुक्र है, प्रकृति तो इस सियासी गर्दो–गुबार से अछूती है। जाहिर है, यह सियासी हुक्मरानों की जद से बाहर है। अगर प्रकृति सियासी हुकूमत की जद में होती तो… ?"

'तो… ?' का जवाब जानने की अपेक्षा अचानक आजीवक बाबू के कदम इस दिशा में बढ़ने से पहले खुद–ब–खुद ऐसे रुक गए, जैसे कोई घोड़ा सामने किसी खतरे के आभास से ठिठककर रुक जाता है। न जाने क्यों आजीवक बाबू के कदम 'तो' को पुनः याद कर मुसकराते हुए फुटपाथ पर आगे बढ़ गए। आजीवक बाबू थोड़ा ही आगे बढ़े थे कि अचानक एक हवा के मधुर झोंके के

साथ शहीद-ए-आजम भगतसिंह उनकी स्मृति में जिंदा हो उठे। जिंदा हो उठा भगतसिंह का 'जिंदगी जीने का कंधों से जुड़ा' एक फलसफा—'जिंदगी तो सिर्फ अपने कंधों पर जी जाती है, दूसरों के कंधों पर तो जनाजे उठाए जाते हैं।'

भगतसिंह का यह फलसफा आजीवक बाबू को सियासी लफ्फाजी और इसके कारण देश के बिगड़ते हालातों के गर्दो-गुबार में पुनः लौटा लाया। लौटा लाया देश के नागरिकों के भीड़ और भेड़ में तब्दील हो जानेवाली दुनिया में। इनसानों के स्वान हो जाने की दुनिया में, यानी आजीवक बाबू इनसानों के इनसानों से स्वान हो जाने और एक-दूसरे के कट्टर दुश्मन हो जाने की दुनिया में वापस लौट आए। आजकल लोकतंत्र का पर्व, यानी आम चुनाव का प्रचार-प्रसार पूरे यौवन पर है, इसलिए चारों ओर लफ्फाजी-ही-लफ्फाजी और लफ्फाजी के अलावा कुछ नहीं है। वे अपने आप में बड़बड़ाते हैं, "चुनाव का मतलब लफ्फाजी, यानी लफ्फाजी का भयंकर कंपिटिशन होकर रह गया है। इसके अलावा और क्या?" इस प्रश्न का उत्तर आजीवक बाबू की समझ से परे नहीं है। जो जितनी बड़ी लफ्फाजी करेगा, उतना ज्यादा चर्चा के केंद्र में होगा। जो जितना चर्चा के केंद्र में होगा और जितने ज्यादा समय चर्चा के केंद्र में रहेगा, वह उतने ही बड़े नेता के रूप में स्थापित होता जाएगा। इस लफ्फाजी के साथ-साथ जो नेता जितनी ज्यादा मदारीगीरी करेगा, मिमिक्री करेगा और जनता को गुमराह करने का जितना बढ़िया स्वाँग करेगा, वह लोकतंत्र के बड़े-से-बड़े तख्तोताज का हकदार होता जाएगा। उसकी लोकप्रियता का पैमाना भी उतना ही आकर्षक होता चला जाएगा और कामयाबी निस्संदेह उसके कदम चूमेगी। इतना ही क्यों, आज के ट्रेंड ने तो सारी हदें पार कर दी हैं। जो नेता अपने बुरे-से-बुरे और भयावह कुकर्मों को अपने प्रतिद्वंद्वी के सच्चे-झूठे कुकर्मों से जितनी सफाई से ढाँप देगा, वह उतना ही काबिल, उतना ही अधिक सफल नेता हो जाएगा। आजकल ऐसे ही नेताओं के सितारे बुलंद हैं। बाकी राजनीति की दौड़ में ऐसे पिछड़ते जा रहे हैं कि उनका राजनीतिक भविष्य ही खतरे में नजर आने लगा है।"

आजीवक बाबू लफ्फाजी के ग्राफ को आज के नेताओं के कद से नापते हुए आगे बढ़ते हैं। जो नेता दूसरों की माँ-बहन व खानदान को लेकर जितने अधिक जुमले ईजाद कर रहा है, चुनावी मंचों से जितने अधिक प्रभावी अभिनय

के साथ जुमलों की डिलिवरी कर रहा है, जितना अधिक चीखने-चिल्लाने का प्रपंच कर रहा है, वह उतना ही जीत के करीब होता जा रहा है। आजकल ऐसे महान् (?) व्यक्तित्व ही हमारे लोकतंत्र का आईना हुए जा रहे हैं। ऐसा व्यक्तित्व ही लोकप्रियता का प्रत्यक्ष व परोक्ष हुआ जा रहा है। यही सियासी व गैर-सियासी मसलों का मानदंड हुआ जा रहा है। यही सियासी सफलता का प्रमाण हुआ जा रहा है। विचारों की यात्रा के मौजूदा पड़ाव पर आजीवक बाबू के दिमाग में एक प्रश्न ने दस्तक दी—'क्या इस प्रकार की राजनीति से मुक्ति का कोई मार्ग ही नहीं बचा है?'

आजीवक बाबू के पैर तो जमीन पर गतिमान थे और बराबर पार्क में परिक्रमा कर रहे थे, लेकिन उनके विचारों की उड़ान बड़ी ऊँची थी। उनके प्रश्नों की बेचैनी और उपयुक्त उत्तर की तलाश गहरी होती जा रही थी, लेकिन आजीवक बाबू को इन दोनों का न कोई आदि ही समझ आ रहा था और न ही कोई अंत। संभवत: दो-दो यात्राएँ एक साथ आजीवक बाबू से और अधिक हो नहीं पा रही थीं। वैसे भी सुबह की सैर का कोटा लगभग पूरा हो गया था। इसलिए वे पार्क में एक बेंच पर बैठ गए। माथे से पसीना पोंछते हुए कुछ राहत की साँस ली। कुछ साँसें लंबी और गहरी भी लेने की कोशिश की। जाहिर है, बेंच पर बैठने से पैदल यात्रा पर तो विराम लग गया था, लेकिन विचारों की यात्रा और प्रश्नों की बेचैनी अभी भी जारी थी। यह वैचारिक यात्रा अधिक थका देनेवाली थी और अभी भी बदस्तूर जारी थी।

संभवत: आजीवक बाबू का इन मानसिक यात्राओं पर जैसे कोई नियंत्रण नहीं रह गया था। यह ठीक वैसे ही था जैसे चुनावी उत्सव के बहाने लोकतंत्र के साथ हो रहे सामूहिक बलात्कार पर किसी का कोई नियंत्रण नहीं रह गया था। सामूहिक बलात्कार में लिप्त योद्धाओं का खुद पर भी नियंत्रण नहीं रह गया था, शायद। इस बलात्कार की शिकार जनता लहूलुहान थी और बुरी तरह कराह रही थी, लेकिन जनता के रहनुमाओं को इस निरीह जनता के न लहूलुहान होने के दर्द का अहसास था और न ही इसके दर्द को जानने की फुरसत। उन्हें तो बस अपनी सियासी हवस पूरी करने के अलावा कुछ सूझ ही नहीं रहा था।

आजीवक बाबू भी इनके बलात्कार से पीड़ित थे। अपने जख्मों को सहलाने के लिए बेंच पर बैठे थे, दिखने में कुछ शांत और निष्क्रिय। आजीवक बाबू को

अकेले बैठे देख डी.सी. गुप्ता ने उनके पास आकर बैठते हुए चुटकी ली, "आज ईद का चाँद पार्क में कैसे निकल आया···बिना ईद के?"

"दीपकजी, लगता है, आप तो रिटायरमेंट के बाद कुछ ज्यादा ही बिजी हो गए हैं। न पार्क में दिखाई देते हैं और न ही कहीं गली-नुक्कड़ पर ही आपसे कोई मुलाकात हो पाती है।" गुप्ताजी शायद अपनी बात में कुछ और जोड़ना चाह रहे थे, लेकिन इससे पहले कि वे कुछ और कहते, आजीवक बाबू ने अपनी प्रतिक्रिया कुछ ऐसे दे डाली, "अरे गुप्ताजी, हम तो इसी पार्क में पाँच बजे से लेकर छह बजे तक रोज रहते हैं। आप ठहरे बड़े पार्क में भ्रमण करनेवाले, आपको हम जैसे सीनियर सिटीजन की परवाह ही कहाँ है? हाँ, यह बात सही है कि तीसरी मंजिल से बार-बार नीचे उतरने से सभी बचते हैं, मैं बाकी सबसे अलग थोड़े ही हूँ। हाँ, कोई जरूरत होती है तो चाहे कितनी भी बार ऊपर-नीचे उतरना-चढ़ना पड़े, सोचने की जरूरत नहीं होती।"

दीपक कुमार ने मुसकराते हुए अपनी प्रतिक्रिया दी। गुप्ताजी दीपक कुमार के आजीवक बाबू हो जाने के बारे में नहीं जानते थे, क्योंकि उनका लेखन की दुनिया से कोई वास्ता नहीं है। कॉलोनी में अन्य लोग भी दीपक कुमार को आजीवक बाबू नहीं, दीपक कुमार कहकर ही संबोधित करते हैं। यदि फोन पर कोई आजीवक बाबू कहता तो सीधा सा अर्थ होता है कि वह व्यक्ति लेखन की दुनिया का है। दीपक कुमार को उनके असली नाम से संबोधित करनेवाला व्यक्ति लेखन की दुनिया से बाहर होता है, या तो वह कोई रिश्तेदार होता है या फिर लेखन के अलावा किसी अन्य तरीके से परिचित।

"फिर भी, करते क्या हो दिन भर घर में पड़े-पड़े, मेरा मतलब इतना बड़ा दिन कैसे गुजारते हो?" गुप्ताजी ने अपनी बात मुसकराते हुए दोहराई।

दीपक कुमार ने भी मुसकराते हुए कह दिया, "भाईजी, पड़ा नहीं रहता। पुस्तकों से कुछ-न-कुछ मगजपच्ची करता रहता हूँ और कंप्यूटर पर कुछ लिखने-पढ़ने बैठ गए तो फिर न समय का कोई खयाल ही रहता, न किसी दिन और रात का। आपको तो मालूम है ना···।"

गुप्ताजी ने बीच में ही रोकते हुए कहा, "ठीक-ठीक, हाँ, वो तो मैं जानता हूँ। यह तो आपका बड़ा ही प्लस पॉइंट है टाइमपास करने का, लेकिन इस बेंच

पर अकेले गुमसुम बैठे क्या कर रहे थे? न कोई प्राणायाम, न कोई व्यायाम वगैरह-वगैरह?"

"मेरा घूमने का कोटा पूरा हो गया है। यहाँ पर बैठे-बैठे भी मैं वही काम कर रहा हूँ, जो घर पर करता हूँ। कुछ विचारों में उलझा था कि आप आ गए और अब आपसे बतिया रहा हूँ।"

"राजनीति के विचारों में?" गुप्ताजी ने मुसकराते हुए दीपक कुमार की आँखों में आँखें डालते हुए पूछा।

दरअसल यह माहौल ही ऐसा था कि हर कोई राजनीति के जाल में उलझा था। ऐसे सवाल पूछने के लिए किसी खास गणित या रॉकेट साइंस की जरूरत नहीं थी। जिधर देखो, चारों ओर ऐसे ही सवालों की बहार थी। यह अलग बात है, सबके अपने-अपने निहितार्थ थे। लोगों का यही हाल क्रिकेट के बारे में होता है। खैर...

"गुप्ताजी, दूसरा मुद्दा बचा ही कहाँ है आज की राजनीतिक अराजकता के अलावा सोचने-विचारने के लिए।" आजीवक बाबू ने उनकी हाँ-में-हाँ मिलाते हुए अपनी प्रतिक्रिया दी।

"कुछ हमें भी बता दो क्या चल रहा था आपके दिमाग में, आज की राजनीति को लेकर। किसको जिता रहे हो? किसकी सरकार बनवा रहे हो?" गुप्ताजी ने हलके-फुलके अंदाज में यूँ ही पूछ लिया।

"गुप्ताजी, किसकी सरकार बनेगी, किसकी नहीं, इसमें मुझे कोई दिलचस्पी नहीं। मेरी सोच का विषय राजनीति के घटते स्तर को लेकर है। ऐसा लगता है, जैसे कोई स्तर ही नहीं रह गया है। मुझे लगता है कि जब कोई नेता मंच पर पड़ोसी देश पर अपनी दादागीरी के झूठे-सच्चे किस्से सुनाता है तो भीड़ ताली बजाती है...हू...हू...हू...हू...हू...हू...की आवाजें निकालती है। मुँह से सीटी बजाकर अपनी खुशी का इजहार करती है। वक्ता के समर्थन में नारे लगाती है। जब वक्ता अपने प्रतिद्वंद्वी की मजाक उड़ाता है, स्तरहीन बातें करता है, बिना सिर-पैर की बातें करता है, जनता तब भी ताली बजाती है...हू...हू...हू...हू.. हू...हू...करती है। जब वह अपनी उपलब्धियों के बजाय अपने प्रतिद्वंद्वी, यानी पूर्ववर्ती सरकारों पर अश्लीलता से भरे जुमले उछालता है तो जनता फिर भी ताली

पीटती है, खुशी में चीख-पुकार करती है, नारेबाजी करती है और हू''' हू''' हू''' हू''' हू''' हू''' करती है'''।

"'''मुझे यह जनता, यानी यह लोगों की भीड़ किसी भेड़-बकरियों के झुंड के अलावा कुछ नजर नहीं आती। न इनकी कोई सोच-समझ है और तर्क-विवेक तो बहुत दूर की कौड़ी है। यह निठल्ले लोगों की भीड़ किसी भी नेता से न उसके अधूरे वादों के बारे में सवाल करती है, न उनकी उपलब्धियों के दावों का मूल्यांकन करती है। यह भीड़ न ही नए-नए लोक-लुभावन वादों के साकार होने, न होने के बारे में सोचती है और न ही उनके पूरे होने के तौर-तरीके के बारे में ही कोई बात करती है, शायद इनकी डिक्शनरी में कब, क्या, क्यों, कैसे जैसे प्रश्नवाचक शब्द सिरे से नदारद हैं, फिर इन शब्दों से जुड़े प्रश्नों के अस्तित्व में आने का तो कोई प्रश्न ही नहीं उठता।"

आजीवक बाबू तो सुबह से भरे बैठे थे। इसलिए बिना गुप्ताजी की प्रतिक्रिया का इंतजार किए अपनी बात को आगे बढ़ा दिया, "गुप्ताजी, एक सवाल मीडिया और विशेष रूप से सोशल मीडिया पर बराबर गूँजता रहता है कि नेता भीड़ जुटाने के लिए पैसे देते हैं। ऐसे में ये सुननेवाली किराए की भीड़ न तो वोटर रह जाती है और न देश के जिम्मेदार नागरिक। इनका मात्र एक ही उद्देश्य रह जाता है, वह है—पैसा कमाना। ये बिके हुए लोग क्या किसी से कोई सवाल पूछ सकते हैं! इनके सारे सवाल उस पैसे के नीचे दम तोड़ देते हैं, जो इन्हें भीड़ बनने के लिए दिए जाते हैं। ऐसे में इस भीड़ का काम ताली बजाने, नारे लगाने और हल्ला-गुल्ला करने तक ही सीमित रहेगा कि नहीं? अब आप ही बताओ गुप्ताजी, क्या रह गया है इनके पास अपने आकाओं के पक्ष में ताली बजाने और हल्ला-गुल्ला करने के सिवाय?"

दीपक कुमार जानते हैं कि इतनी 'हैवी डोज' गुप्ताजी जैसे पैसे बनानेवाली मशीन के लिए ठीक नहीं है। गुप्ताजी का चेहरा एकदम सपाट था, शायद उनके पास इसे काउंटर करने के लिए तर्क नहीं थे। रस्म अदायगी के तौर पर बस इतना ही कह पाए, "दीपकजी, आप ठीक कह रहे हैं। हालात तो कुछ ऐसे ही नजर आते हैं मुझे भी, लेकिन किया भी क्या जा सकता है? चलो छोड़ो, ये राजकाज के काम तो ऐसे ही चलते रहते हैं। मैं भी अपने हिस्से का घूमने का कोटा पूरा

कर लूँ, फिर फुरसत में बात करते हैं राजनीति के मुद्दों पर।" इतना कहकर गुप्ताजी निकल लिये अपनी सैर के लिए और दीपक कुमार फिर से उलझे रह गए अपनी उधेड़बुन की दुनिया में।

आजीवक बाबू को गुप्ताजी से इससे अधिक कोई अपेक्षा नहीं थी। दरअसल, ये बातें गुप्ताजी के स्तर की नहीं थीं, क्योंकि उनके वोट देने के मानदंड अलग थे, जिनका ऐसी उधेड़बुन से कोई दूर का भी वास्ता नहीं था। आजीवक बाबू गुप्ताजी के व्यक्तित्व को सुकरात की कसौटी पर परखते हैं। इसकी खास वजह यह है कि वे स्वयं सुकरात से बहुत प्रभावित हैं। इसलिए मन-ही-मन गुप्ताजी को सुकरात की कसौटी पर परखते हुए अपने आप से कहते हैं कि गुप्ताजी तो कमजोर दिमागवालों, यानी तीसरी श्रेणी में आते हैं...मतलब जो सिर्फ 'व्यक्तियों' पर चर्चा करते हैं या कर सकते हैं। वैसे भी गुप्ताजी की प्राथमिकता पैसा कमाना है। वह प्राइवेट ट्यूशन के चक्कर में भी देर रात तक भटकते हैं। इसलिए उनकी मजबूरी है कि वे पैसे की दुनिया से बाहर नहीं सोच सकते। वे अपना वोट भी अपने आर्थिक और जातीय हितों को सुनिश्चित करनेवालों को समर्पित करते हैं।

गुप्ताजी, दूसरी श्रेणी में भी नहीं हो सकते, क्योंकि उन्होंने गुप्ताजी को कभी 'घटनाओं' पर चर्चा करते नहीं देखा है और न ही सुना है, वैसे भी ऐसे पैसा कमानेवाले सुकरात की एवरेज किस्म के दिमागवाले लोगों की दूसरी श्रेणी में भी अपनी जगह नहीं बना सकते। आजीवक बाबू चूँकि अपने को प्रथम श्रेणी के लोगों में मानते हैं, इसलिए वे हमेशा 'विचार' पर बात करते हैं। जाहिर है, दिन-रात विचारों की उधेड़बुन में लगे रहते हैं। विचारों के जंजाल से मुक्त नहीं हो पाते। विचारों की अलग दुनिया के चलते आजीवक बाबू गुप्ताजी जैसे लोगों की दुनिया से स्वत: ही अलग-थलग हो जाते हैं, मिसफिट हो जाते हैं। इस मिसफिट हो जाने के कारण आजकल पुस्तकों और कंप्यूटर की दुनिया ही आजीवक बाबू का कंफर्ट जोन होकर रह गई है, वैसे भी यह नई दुनिया आजकल आजीवक बाबू के लिए उनके मुकम्मल संसार जैसी हो गई है। संभवत: इससे बाहर झाँकने की उन्हें जैसे जरूरत ही महसूस नहीं रहती।

आजीवक बाबू सैर से मानसिक सुकून की अपेक्षा राजनेताओं के बेहूदे भाषणों की बेहूदगी के साथ वापस घर लौटते हैं। वे घर अकेले नहीं पहुँचते

हैं, उनके साथ होती है ताली बजाने और हो-हल्ला करनेवाली फूहड़ अंधभक्त भीड़ की स्मृति। उन्हें भगतसिंह जैसे शहीदों की कुरबानी जाया होती नजर आती है। वे इन नेताओं और उनकी प्रायोजित भीड़ को शहीद भगतसिंह की रोशनी में देखते हैं। उन्हें लगता है कि जनता अपनी जिंदगी, यानी जिम्मेदारियों का बोझ नेताओं के कंधों पर डाल रही है और नेता अपनी जिंदगी, यानी जिम्मेदारियों का बोझ जनता पर डाल रहे हैं, जबकि भगतसिंह जीवन को अपने कंधों पर जिए जाने को जिंदगी कहते हैं। दूसरे के कंधों पर जीवन को जीवन नहीं, जनाजा मानते हैं, लेकिन मौजूदा सियासी दौर में यह बोझ न तो जनता उठाना चाहती है और न ही नेता, इसलिए इन दोनों की जिंदगियों और जिम्मेदारियों का जनाजा लोकतंत्र को उठाना पड़ रहा है। लोकतंत्र के कंधों पर इनसानियत का जनाजा है, इनसानी मूल्यों का जनाजा है। आजीवक बाबू को डर है कि यदि लोकतंत्र ऐसे ही नेताओं और जनता का जनाजा ढोने की सवारी बना रहा तो वह दिन दूर नहीं जब लोकतंत्र खुद अपना जनाजा बनकर न रह जाएगा।

'यदि लोकतंत्र का जनाजा निकला तो इल्जाम किसके कंधे पर आएगा?' यह सवाल आजीवक बाबू के दिमाग में आना स्वाभाविक है। परिस्थितियाँ कितनी भी प्रतिकूल क्यों न हों, आजीवक बाबू अपनी जिम्मेदारियों को अपने कंधों पर जीने के पक्षधर हैं। वे अपनी जिम्मेदारियों को दूसरे के कंधों पर डालना नहीं चाहते। आजीवक बाबू को विश्वास है कि 'यदि उनकी जिम्मेदारी दूसरे उठाएँगे तो यह आजीवक बाबू का जनाजा होगा, जिसमें कोई जीवन नहीं, कोई जिंदगी नहीं, यानी इसे जीवन नहीं कहा जा सकता। किसी भी स्वस्थ लोकतंत्र के लिए जिंदगियों का जनाजा हो जाना बड़े खतरे का आगाज है। इसके संभावित विकल्प क्या हो सकते हैं और क्या होने चाहिए?'

इस सवाल का जवाब भी आजीवक बाबू स्वयं ही खोजते हैं और पाते हैं कि लोकतंत्र के जनाजे का मतलब संविधान का फेलियोर। इनसान और इनसानियत का फेलियोर है। अपने आप से बातें करते हुए आजीवक बाबू कहते हैं, "संविधान के फेलियोर के लिए, संविधान नहीं, संविधान को लागू करनेवालों का फेलियोर कहा जाना चाहिए।" आजीवक बाबू के दिमाग में संविधान की सफलता या विफलता को लेकर डॉ. आंबेडकर की टिप्पणी एक हवा के झोंके

की तरह आती है। बताती है कि संविधान की सफलता या विफलता इसे लागू करनेवालों की इच्छाशक्ति पर निर्भर करती है। कितना भी अच्छा संविधान 'कमजोर इच्छाशक्ति' के चलते विफल हो सकता है और कितना भी कमजोर संविधान 'प्रबल इच्छाशक्ति' के चलते सफल हो सकता है।

लेकिन आजीवक बाबू जब मौजूदा सियासी माहौल में 'इच्छाशक्ति' को टटोलने की कोशिश करते हैं, उन्हें यही समझ नहीं आता कि आजकल 'इच्छाशक्ति' संविधान बचाने में लगी है या संविधान मिटाने में! अगर सियासी इच्छाशक्ति संविधान बचाने में लगी होती तो कुछ सिरफिरे लोग संविधान जलाने का दुस्साहस कैसे कर सकते थे? हैरत की बात है कि यह दुस्साहस हुआ और भारतीय संविधान की प्रतियाँ जलाने के राष्ट्र विरोधी षड्यंत्र को सरेआम अंजाम दिया गया। दलित जनता और बुद्धिजीवी वर्ग में इसके विरोध में बावेला कुछ अधिक मचा, लेकिन संविधान बचाने के जिम्मेदार सत्ताधारी लोग उदासीन नजर आए, आखिर क्यों? यह 'क्यों' आजीवक बाबू की नजर में सत्तासीन सरकार की संविधान बचाने की नीयत को संदिग्ध बनाता है। चुनाव प्रचार के दौरान 'संविधान बचाओ' चुनावी मुद्दा हो जाना, संविधान पर मँडराते बड़े खतरे का आगाज नहीं तो क्या है? जब संविधान का अस्तित्व ही खतरे में हो चला है तो किसी लोकतंत्र के मायने ही क्या रह जाते हैं? संविधान की अनुपस्थिति में लोकतंत्र किस खेत की मूली रह जाएगा? इस वैचारिक द्वंद्व से गुजरते हुए आजीवक बाबू के दिमाग में एक गंभीर प्रश्न ने करवट ली। यदि ऐसा हुआ तो बचेगा क्या? कुछ निरंकुश सियासतदाँ और उनकी पालतू भीड़, यानी भेड़, कुछ अराजक तत्त्व और कौन?

'और कौन?' का जवाब आजीवक बाबू के लिए डरावना है। उनकी नजर में देश की एक-चौथाई से भी कम जागरूक आबादी है, जो सियासत और इस भीड़ की आँख की किरकिरी बनी है। ये सरकार से असहमति रखनेवाले लोग देशद्रोही की श्रेणी में पहले से ही सूचीबद्ध कर दिए गए हैं। क्या ये पाकिस्तान भेजे जाएँगे या जर्मनी से हिटलरी नुस्खे मँगाकर इनका अपने देश में ही इलाज किया जाएगा। किन्हीं गैस चैंबरों का इंतजाम किया जाएगा या सन् 1984 या सन् 2002 जैसे नरसंहारों की तर्ज पर इनका सफाया कराया जाएगा?

यह इकतरफा नकारात्मकता की सूई पुनः आजीवक बाबू को सकारात्मक

विकल्प की ओर ले जाती है। 'क्या ऐसी कोई सूरत हो सकती है कि सियासी लोग संविधान, यानी कानून की धज्जियाँ उड़ाने से बाज आएँ और इसका सम्मान करने लगें? चुनाव प्रक्रिया मनी-माफियाओं और मसल-माफियाओं की गिरफ्त से मुक्त हो जाए और कोई भी जिम्मेदार व्यक्ति चुनाव लड़ने का सपना साकार कर सके? देश की संवैधानिक संस्थाएँ मजबूत रीढ़ के साथ संविधान को सशक्त करती नजर आएँ? क्या ऐसी कोई सूरत हो सकती है, जिससे कानून की पवित्रता बनी रहे? रूढ़िवादी व संकीर्ण मान्यताओं के विरुद्ध लागों में जन-जागृति का प्रबल संचार हो और राष्ट्रहित सर्वोपरि हो जाए? प्रत्येक व्यक्ति अपनी जिम्मेदारियों को समझे, उनका ईमानदारी से निर्वाह करे और किसी के कंधों का जनाजा न बने, चाहे वो कोई राजनीतिज्ञ हो, कोई मसलमैन हो या वह कोई सर्वशक्तिमान खुदा ही क्यों न हो।

□

दस

एक तरफ मौसम का पारा दिन-ब-दिन चढ़ रहा था तो दूसरी ओर चुनाव प्रचार अपने पुराने रिकॉर्ड ही नहीं तोड़ रहा था, बल्कि बेशर्मी के नित नए रिकॉर्ड बना रहा था। ये नए रिकॉर्ड भी ऐसे कि एक-एक रिकॉर्ड पुराने कई-कई रिकॉर्ड पर भारी पड़ रहा था। चुनाव के स्टार प्रचारकों की भाषा और नौटंकी किसी भी मँजे हुए सड़कछाप टपोरी से भी आगे निकल गई थी। आजीवक बाबू टी.वी. समाचार देखने का साहस पहले ही हार चुके थे। अखबार के शीर्षक पर नजर डालने का मोह भी अब आजीवक बाबू को लगभग अलविदा कह चुका था। आजीवक बाबू इस राजनीतिक और इनसानी पतन के दर्द से अंदर-ही-अंदर घुले जा रहे थे। मुहल्ले-पड़ोस में ऐसे विषयों पर चर्चा करना अर्थहीन हो चला था। प्रत्येक व्यक्ति या तो किसी-न-किसी पार्टी का भक्त बना था या फिर किसी व्यक्ति का। हिंदू-मुसलमान और जातियों के मुद्दे इतने बड़े हो गए थे कि देश और इसके हित-अहित का कोई अर्थ ही नहीं रह गया था। इनसानी मूल्यों के अकाल ने मौसम की फिजा ही बिगाड़कर रख दी थी।

माहौल की बेरुखी के मौसम में डॉ. तरुण का फोन हवा के किसी सुहावने झोंके से कम राहत पहुँचानेवाला नहीं था। आजीवक बाबू को फोन के मैसेज का एक-एक शब्द इस राहत में चार चाँद लगानेवाला महसूस हुआ।

"रातीश गौतम मुझसे मिलने आ रहे हैं, अगर समय निकाल सको तो आप दोनों आपस में समय फिक्स कर लो और दोनों साथ आ जाओ।"

नीरसता के माहौल में आजीवक बाबू को ऐसी किसी मुलाकात की सख्त जरूरत थी। इसलिए अपनी अनकंडीशनल स्वीकृति देने के साथ-साथ डॉ. तरुण

को आश्वस्त करते हुए कहा, "मैं अभी गौतम से टाईअप करके आपको सूचित करता हूँ।" आजीवक बाबू ने डॉ. तरुण को मिलने का पुनः आश्वासन दिया और फोन काट दिया। गौतम का फोन निरंतर व्यस्त आने के कारण आजीवक बाबू को कई बार फोन मिलाना पड़ा, अंततः सफलता मिल ही गई।

यद्यपि मिलने का समय दो बजे का था, लेकिन गौतम आदत से मजबूर 15 मिनट लेट आए। जाहिर है, आजीवक बाबू के पास बस स्टैंड पर 15 मिनट गरमी की लू के थपेड़ों को झेलने के अलावा कोई विकल्प नहीं था। वैसे भी ऐसी चुनौतियों का सामना करने के लिए वे अकसर मानसिक रूप से पहले से ही तैयार रहते हैं। करप्शन की तरह रोजमर्रा के जीवन में लेट-लतीफी का आम हो जाना आजीवक बाबू के लिए ऐसा है, जैसे इन दोनों ही फितरतों को भारतीय संस्कृति का अभिन्न अंग हो जाना। इन दोनों कारनामों पर सवाल उठाना नदी के बहते निर्मल पानी में छोटा नहीं, एक बड़ा सा कंकड़ फेंकने जैसा है। भारतीय संस्कृति की इस मजबूरी को आजीवक बाबू अच्छी तरह समझ चुके हैं, इसलिए ऐसे मुद्दों पर सवाल उठाने से बचते हैं। उन्हें लेट-लतीफी के दो ही कारण समझ आते हैं। एक—लोगों में टाइम-मैनेजमैंट की समझ की कमी और दूसरा—समय की कीमत आँकने की स्किल का अभाव। उन्हें ऐसा लगता है, जैसे करप्शन व लेट-लतीफी से मुक्ति वर्तमान पीढ़ी की प्राथमिकताओं में है ही नहीं।

आजीवक बाबू अपनी समय की पाबंदी के चलते इन दोनों ही स्थितियों से समझौता करने का हुनर कभी सीख ही नहीं पाए। इसलिए दूसरों की लेट-लतीफी का खामियाजा भुगतना उनकी नियति बन गया है। शादी-विवाह से जुड़ी लेट-लतीफी के चलते भी अकसर आजीवक बाबू को बिना खाना खाए ही घर लौटना पड़ता है। इसलिए गौतम की लेट-लतीफी की गुस्ताखी के लिए भी उन्होंने कोई प्रतिक्रिया नहीं दी। वे जानते थे कि ऐसी कोई भी प्रतिक्रिया इस तिगड़ी की मुलाकात पर कोई प्रतिकूल प्रभाव डाल सकती है, मुलाकात का मजा खराब कर सकती है और आजीवक बाबू इसे किसी भी कीमत पर अफोर्ड नहीं कर सकते थे। इसलिए गौतम का खुले हृदय से स्वागत किया। गौतम ने डॉ. तरुण के घर के पास रास्ते से तीन कोल्ड ड्रिंक के कंटेनर लिये और पहुँच गए डॉ. तरुण के एकांतवास पर।

तीनों बोतलें एक साथ खोली गईं। दारू की महफिल की तर्ज पर चीयर्स हुआ और तीनों ने इसका आनंद भी किसी कॉकटेल पार्टी की तरह ही उठाया। गौतम को मस्ती सूझी और डॉ. तरुण को संबोधित करते हुए बोले, "देखो कितना मजा आ रहा है कोल्ड ड्रिंक की पार्टी में। पता नहीं लोग दारू क्यों पीते हैं? इसमें स्वाद जैसी तो कोई बात ही नहीं, उलटा अजीब तरह की कड़वी लगती है।"

"यह तो अपने-अपने शौक की बात है। लोग करेले नहीं खाते क्या? करेले भी तो कड़वे होते हैं। दारू तो एक-दो पैग तक ही कड़वी लगती है, बाद में तो मीठी हो जाती है, जैसे-जैसे सुरूर आने लगता है तो फिर स्वाद का पता ही नहीं चलता कि मीठी है, कड़वी है या कुछ और।"

डॉ. तरुण चूँकि ऐसे किसी भी व्यसन से दूर हैं, लेकिन जब बात तर्क की आती है तो तर्क के लिए कहीं भी भिड़ जाते हैं। आज भी स्वाद के तर्क के चक्कर में डॉ. तरुण ने गौतम के सारे तर्क खारिज कर दिए और अपनी बात का समापन करते हुए कहा, "लेकिन इसका मतलब यह कतई नहीं कि मैं दारू पीने का समर्थन करता हूँ। मैं सिर्फ आपकी बात का जवाब दे रहा हूँ।"

गौतम इतने पर कहाँ सरेंडर करनेवाले थे। उन्होंने भी मस्ती में अपने तुरुप का एक और पत्ता चल दिया—"करेले कौन सा कोई रोज खाता है। कभी-कभी कड़वा खाने में बुराई ही क्या है। करेला कड़वा हुआ तो क्या, बाकी तो इसके फायदे-ही-फायदे हैं।"

"यही बात दारू पर भी तो लागू होती है। दारू कौन सा रोज-रोज पी जाती है और जो रोज पीते हैं, वे नॉर्मल इनसान हैं या कोई बीमार, यह अलग से विचारणीय मुद्दा है। दरअसल, यह मामला अपनी-अपनी चॉइस का है। किसी को मीठा पसंद है तो किसी को कड़वा। इससे क्या फर्क पड़ता है।" डॉ. तरुण भी तर्क और मस्ती की पाठशाला में थोड़ा और आगे बढ़ गए।

गौतम ने 'न' में अपनी गरदन हिलाई और बोले, "मैं इस तर्क को नहीं मानता। ये भी कोई बात हुई?...नहीं, मैं नहीं मानता। ये सब फिजूल की बातें हैं।"

तर्क के इस मोड़ पर आजीवक बाबू कहाँ पीछे रहनेवाले थे। उन्होंने भी अपनी उपस्थिति दर्ज कराने और डॉ. तरुण का पलड़ा भारी करने की गरज से

कह दिया, "मिर्च तो चरपरी होती है, तीखी होती है, फिर लोग उसे रोज क्यों खाते हैं? एक बार ही क्यों, लोग इसे दिन में कई-कई बार खाते हैं?"

अब गौतम के पास तर्क नहीं था, लेकिन उसने फिर ठहाका लगाते हुए पुराना दाँव चला, "मैं तुम्हारी दोनों की बात नहीं मानता। तुम दोनों तो दारू के समर्थन की बात करते हो। तुम दोनों नकली आंबेडकरवादी हो। असली आंबेडकरवादी तो मैं हूँ, मैं न दारू पीता हूँ और न ही इसका समर्थन करता हूँ। तुम तो नकली हो।" यह डयलॉग गौतम ने छाती पीटते हुए ऐसे नाटकीय अंदाज में कहा कि तीनों की हँसी निकल गई। अब कोल्ड ड्रिंक भी समाप्ति के कगार पर था, इसलिए गौतम ने विषय बदला।

"अब तुम दोनों चुप रहो···बहुत सुन ली तुम्हारी दारू के समर्थन की बात। अब मेरी बात सुनो। मैंने अपने दफ्तर में एक पंगा ले लिया है।"

दोनों की प्रश्नवाचक दृष्टि गौतम के चेहरे पर ठहर गई। प्रतिउत्तर में गौतम ने अपने ऑफिस की भड़ास निकालनी शुरू की, "हमारे ऑफिस में नई डायरेक्टर आई है। वह मुझे दिन में कई-कई बार अपने केबिन में बुलाती है, खुल्लम-खुल्ला 'हिंदू राष्ट्र निर्माण महासभा' (हिरानिम) की बात करती है। वह हिंदुस्तान को मुसलमान-मुक्त हिंदुस्तान बनाना चाहती है। ईसाई-मुक्त हिंदुस्तान बनाना चाहती है।"

"क्या मतलब?" डॉ. तरुण की आँखें हैरानी से फैल गईं, लेकिन आजीवक बाबू ने किसी प्रकार की हैरानी का कोई इजहार नहीं किया, बस साइलेंट मोड में बने रहे और गौतम के चेहरे पर टकटकी लगाए देखते रहे।

"हाँ-हाँ, साहबजी, मैं ठीक कह रहा हूँ। यह सब खुल्लम-खुल्ला चल रहा है, हमारे ऑफिस में। लेकिन···।" डॉ. तरुण इस ऑफिशियल गुंडागर्दी से कुछ विचलित-से हो गए और गौतम की बात पूरी होने से पहले, बिन माँगे अपनी राय दे डाली, "अपने आप को ऑफिस तक सीमित रखो। कोई प्रतिक्रिया देने की जरूरत नहीं है। वो कहावत है न—'बॉस इज ऑलवेज राइट।' मैंने इनकी दुनियादारी बड़े करीब से देखी है। मामला चाहे ऑफिशियल हो या अन-ऑफिशियल, अपने को अलग रखो। पुलिसवालों की तरह ऑफिसरों की न दोस्ती भली और न ही दुश्मनी। जरा भी पर्सनल होने की जरूरत नहीं, वरना

एक दिन किसी–न–किसी चक्कर में फँस जाओगे। इन अफसरों के पास सैकड़ों हथकंडे होते हैं, अपने ईगो को संतुष्ट करने के लिए। इसलिए बचो, ज्यादा आंबेडकरवादी बनने की कोई जरूरत नहीं है। ऑफिस को अपने आंबेडकरवाद से दूर रखो। ऑफिस और पर्सनल दुनिया को कभी आसपास भी मत फटकने दो।" ऐसा लगता था कि जैसे गौतम द्वारा शांत झील में फेंका गया पत्थर अभी झील में नीचे सैटल नहीं हुआ था। बीच में ही कहीं हलचल मचा रहा था, लेकिन डॉ. तरुण आगे कुछ बोले नहीं।

अपनी प्रतिक्रिया के दौरान डॉ. तरुण का चेहरा कुछ तमतमा–सा गया था। ऐसा लग रहा था कि जैसे गौतम ने उनकी कोई दुखती रग पर हाथ रख दिया हो। गौतम की बात पूरी होने से पहले ही डॉ. तरुण ने सारी दुनियादारी की चर्चा एक साथ कर डाली। डॉ. तरुण का यह धाराप्रवाह प्रवचन आजीवक बाबू को अजीब लगा। गौतम को कैसा लगा, कुछ पता नहीं, लेकिन उल्लेखनीय बात यह है कि इन दोनों में से किसी ने भी उन्हें बीच में टोका नहीं और उनकी बात बड़े धैर्य से सुनते रहे। अपनी बात पूरी करने के बाद भी डॉ. तरुण अभी भी गंभीर नजर आ रहे थे।

गौतम डॉ. तरुण को सामान्यत: 'साहबजी' कहकर संबोधित करते हैं, लेकिन कोई बहस का मामला तूल पकड़ जाता है तो वे 'साहबजी' जैसे शब्द को भूल जाते हैं और कुछ भी कह डालते हैं। डॉ. तरुण को गौतम का 'साहबजी' कहकर संबोधित करना सामान्य स्थिति का सूचक था। इसलिए डॉ. तरुण भी सामान्य ही थे। आखिर गौतम ने पुन: अपनी बात आगे बढ़ाते हुए कहा, "साहबजी, आपने अपनी राय देने में देर कर दी। अब इस परामर्श का कोई अर्थ नहीं रह गया है।"

"क्यों? ऐसा क्या हो गया?"

"बात यह है कि मैं बॉस की चर्चा में ऑलरेडी इनवॉल्व हो गया हूँ। दरअसल बात यह है कि कल दस–पंद्रह मिनट तो मैं उनकी सुनता रहा, चर्चा से बचता रहा, साइलेंट बना रहा, लेकिन फिर पता नहीं क्या हुआ कि मैं अपने आप को रोक नहीं सका और भिड़ गया। मुझे नहीं मालूम यह सब कैसे हो गया। अब जो हो गया सो हो गया, देखा जाएगा जो कुछ होना होगा।" अपना पक्ष

रखते हुए गौतम की आँखों में एक अजीब सी बेचैनी उभर आई थी और चेहरे पर विवशता की परछाईं साफ-साफ झलक रही थी। इसे पश्चात्ताप जैसा भी कुछ कह सकते हैं।

कुछ पल माहौल में सन्नाटा पसर गया और तीनों एक-दूसरे के चेहरे देखते रह गए। अब तीर कमान से निकल चुका था, इसलिए न डॉ. तरुण के किसी परामर्श का कोई मतलब रह गया था, न आजीवक बाबू के और न किसी और के ही परामर्श का कोई मतलब था।

"अब आजीवक बाबू को भी समझ आ रहा था कि गौतम ने आज का मिलने का कार्यक्रम क्यों बनाया था?" शायद वे डॉ. तरुण और आजीवक बाबू से अपनी बात साझा करके कुछ हमदर्दी हासिल करना चाहते थे। ऐसी परिस्थितियों से जुड़े उनके अनुभवों का लाभ उठाना चाहते थे, शायद। डॉ. तरुण और आजीवक बाबू अच्छी तरह जानते हैं कि गौतम के खून में गरमी है और यह परिपक्वता के अभाव का प्रबल लक्षण है। न चाहते हुए भी अकसर वह आंबेडकरवाद व बुद्धवाद को लेकर अपने आप को रोक नहीं पाते और रोज नए-नए विवादों में फँसे रहते हैं। यह अलग बात थी कि यह मसला अन्य मसलों के कुछ ज्यादा ही बड़ा था, चिंताजनक हो गया था। खैर...

पिछले शनिवार को गौतम आजीवक बाबू के घर आए थे। तब मुद्दा फेसबुक को लेकर था और दोनों में लंबा संवाद हुआ था, लेकिन यह एक हास्य व ह्यूमर के माहौल में था। इसमें किसी विवाद का कोई संबंध नहीं था। उस समय मामला इतना गंभीर नहीं था, जितना आज महसूस हो रहा था। वह पिछले शनिवारवाला संवाद आजीवक बाबू की नजरों के सामने जीवंत हो उठा। उस समय भी मुद्दा 'हिंदू राष्ट्र निर्माण महासभा' (हिरानिम) और इनकी ट्रोल टीम को लेकर था। आजीवक बाबू ने गौतम को बराबर आगाह किया था, "बंधु, लोकतंत्र की दुनिया में फेसबुक यूनिवर्सिटी का अपना एक वजूद है। क्यों उँगली करते हो फेसबुक को लेकर, बार-बार? वक्त की हवा को समझो, मियाँ! इस नए मिजाज के लोकतंत्र में ऐसा कुछ करोगे तो देशद्रोही हो जाओगे और सीधे बिना वीजा के रोज-रोज पाकिस्तान भेजे जाओगे? अरे भाई, 'फेस' चाहे मिलें न मिलें, 'दिल' मिलें न मिलें, लेकिन 'लाइक' का आलिंगन तो जबरदस्त होता है

न फेसबुक पर। भले ही पोस्ट मॉब लिंचिग पर हो, हत्या पर हो, किसी दुर्घटना, बीमारी या अस्पताल पर क्यों न हो, लाइक का शगुन तो बराबर मिलता है न, वह भी थोक में। तो फिर··· ?" गौतम की मूकता के चलते आजीवक बाबू ने अपनी बात जारी रखते हुए सुझाया था, "आप पोस्ट के साथ टैग करनेवालों को फटकार लगाते हैं, टैग न करने की कठोर हिदायत देते हैं···अरे, बंदों की दरियादिली तो देखिए, फिर भी 'लाइक की झप्पी' देना भूले हैं क्या कभी? आप चारा चुगें, न चुगें, आपकी मर्जी, लेकिन बंदे इंतजाम तो करते हैं टैग करने का···अपने खूँटे पर चारा खिलाने का। आप आतिथ्य-सत्कार स्वीकार करें, न करें, आपकी मर्जी। वे तो 'अतिथि देवो भव:' की अपनी परंपरा का निर्वाह भी बराबर करते हैं। कभी करता है कोई एतराज ऐसी किसी बात पर? ठीक ऐसे ही, सामनेवाले की मर्जी है कि वह आपकी पोस्ट को गंभीर माने, न माने। आपकी लंबी पोस्ट को पढ़े, न पढ़े, लेकिन बंदे लाइक की लॉलीपॉप थमाने से पीछे हटते हैं कभी क्या, बताइए··· ?"

उत्तर जानने की गरज से आजीवक बाबू ने आँखों के इशारे से सतीश गौतम से दोहराया था, "बताइए न··· ?" अपनी बात कहते वक्त उनका चेहरा सामान्य नहीं रहा था, कुछ आवेशित-सा हो चला था। अजीब इत्तेफाक था कि आजीवक बाबूरूपी वैचारिक नदिया कब सैलाब बन गई और कब सतीश गौतम के तार्किक हस्तक्षेप को अपने साथ बहा ले गई, इसका अहसास न सतीश गौतम को रहा था और न ही आजीवक बाबू को। ऐसा लग रहा था, जैसे आजीवक बाबू का ड्राइंगरूम क्लास रूम में तबदील हो गया हो और छात्रों का प्रतिनिधित्व अकेले सतीश गौतम कर रहे हों। उनकी नजरें सतीश गौतम के चेहरे पर जमी थीं और ऐसा लग रहा था कि जैसे वे हिरानिम को लेकर सारी शिक्षा सतीश गौतम की आँखों के जरिए सीधे उसके दिमाग में उड़ेल देना चाहते हों। स्थिति ऐसी हो चली थी कि आजीवक बाबू सतीशमय और सतीश आजीवकमय हो गए थे, यानी दोनों का एकाकार-सा हो गया था। ड्राइंगरूम में मौजूद फर्नीचर, परदे, खिड़की-दरवाजे, गरमी से दो-दो हाथ करता पंखा और वहाँ की आबोहवा और रोशनी-अँधेरे, सब बेमानी-से हो चले थे। दोनों के बीच विचारों के अतिरिक्त कुछ रह ही नहीं गया था, जो चर्चा के काबिल हो।

इस चर्चा के एकालाप की आँधी में सतीश का मुँह खुल नहीं पाया था। उनके चेहरे पर हृदय गति को रेखांकित करनेवाले 'ई.सी.जी.' के ग्राफ की तरह जीवन दरशानेवाले उतार-चढ़ाव के कोई भाव मौजूद नहीं थे। यह स्थिर चुप्पी उस सीधी लाइन की याद दिलाती है, जिसे कार्डियोलॉजिस्ट और डॉक्टर 'डैड' या 'नो मोर' की संज्ञा से नवाजते हैं। जिस्म में विचारों के आगमन के अतिरिक्त कोई हलचल नहीं थी। यह ठीक से कहा नहीं जा सकता था कि यह प्रश्नों का दबाव था या आजीवक बाबू की बातों की गरमी, लेकिन सतीश गौतम का मौन बरकरार था। पुनः लाइफ लाइन बरकरार करने के लिए आजीवक बाबू ने फिर अपनी बात आगे बढ़ाई थी, "न``न``इन्हें अनफ्रेंड करना व किसी प्रकार का कोई पंगा करने का खयाल भी लाना ठीक नहीं है, भाईजान! आँख, कान और मुँह बंद किए इन बापू के बंदरों से इससे अधिक उम्मीद करना गलत बात है। ऐसा करना इनके साथ अन्याय हो जाएगा, अत्याचार हो जाएगा और इनकी निजता का हनन भी हो सकता है और ऐसा हो गया तो एनिमल राइट्सवाले मंत्री-संत्री भी उतर सकते हैं मैदान में। ऐसे में लेने के देने पड़ सकते हैं। आजीवक बाबू ने परामर्श दिया था, "अच्छा तो यही रहेगा बंधु``जरा इन सांप्रदायिक लपटों से बचके रहो।"

इतने पर भी सतीश को साइलेंट मोड में देखकर पुनः आजीवक बाबू ने अपनी बात कुछ इस प्रकार आगे बढ़ाई थी, "इन लाइकवालों की ही बदौलत आजकल सरकारें तक बनती और बिगड़ती हैं। ये ही गऊमाता की रक्षा करते हैं। ये भीड़ बनकर राजनीतिक आकाओं के सपनों को साकार करते हैं, क्या नहीं है ऐसा कुछ?"

इतने लंबे संवाद के बाद अब वैचारिक नदी के बहाव से किनारे लगे सतीश गौतम प्रतिक्रिया देने की स्थिति में आ पाए थे। अब उनकी लाइफ लाइन सीधी रेखा में नहीं रह गई थी। यह बाकायदा ऊपर-नीचे पूरे ग्राफ को नाप रही थी, चेहरे पर इन लकीरों को आसानी से पढ़ा जा सकता था। वे फेसबुकवाली दुनिया को तो जैसे वैचारिक नदी में ही छोड़ आए थे, लेकिन सरकार बनाने-बिगाड़ने की बात पर उनके विचारों की सूई अटक गई थी। उन्होंने सँभलकर बैठते हुए पूछा था, "ये फेसबुक पर 'लाइक' वाले सरकार कैसे बनाते-बिगाड़ते हैं? यह

बात मेरी समझ से बाहर है। फेसबुक के लाइक से सरकारों के बनने-बिगड़ने का क्या लेना-देना? बात कुछ जमी नहीं आजीवक बाबू!" काफी इंतजार के बाद गौतम यह उदासीन-सी प्रतिक्रिया ही दे पाए थे।

आजीवक बाबू को मौजूदा हालात में वह सब स्मरण हो आया था, जो उन्होंने सतीश गौतम को 'हिंदू राष्ट्र निर्माण महासभा' (हिरानिम) के बारे में पिछले शनिवार को बताया था, "हिंदू राष्ट्र निर्माण महासभा (हिरानिम) वो संगठन है, जो हमारे समाज के हर गली-कूचे, ऑफिस, स्कूल-कॉलेज और मीडिया की लाइफ लाइन की तरह काम करता है। ट्विटर, फेसबुक, व्हाट्सएप वगैरह-वगैरह इंटरनेट की दुनिया का कुछ नहीं बचा है, जहाँ इसकी पैठ न हो। यह संगठन हिटलर के प्रचार मंत्री गोयबल्स के प्रचार तंत्र का आधुनिक संस्करण है, शायद उससे भी ज्यादा तेजी से काम करता है।"

उन्हें यह भी स्मरण हो आया था कि यह चर्चा इतने पर ही सिमट गई थी, क्योंकि सतीश गौतम के घर से फोन आ गया था और अचानक उन्हें अपने घर वापस जाना पड़ा था। यादों के भँवर से अब आजीवक बाबू वापस वर्तमान में लौट आए थे। उन्होंने सतीश गौतम और डॉ. तरुण के चेहरे पर नजर डाली। विचारों की दौड़ में पिछड़ जाने का अहसास आजीवक बाबू को हो गया था। इस दौरान उन दोनों के बीच क्या-क्या बात हुई, आजीवक बाबू उससे लगभग अनजान रह गए थे। इसे भी संयोग ही कहें कि इस दौरान उन दोनों ने ऐसा कुछ नहीं किया, जो आजीवक बाबू को वर्तमान में लाने का सबब बनता, लेकिन इस सबके बावजूद आजीवक बाबू को उनसे कदम-से-कदम मिलाने में कोई विशेष दिक्कत नहीं हुई, क्योंकि उनकी वैचारिक यात्रा ज्यादा दूर तक नहीं गई थी।

लेकिन जो गलती गौतम से हो गई थी, उसे यथास्थिति में छोड़ देना भी कोई सम्मानजनक विकल्प नहीं हो सकता था। जो डैमेज होना था, सो हो गया था, लेकिन भविष्य के डैमेज कंट्रोल के विषय में प्रत्येक व्यक्ति को तत्पर रहना चाहिए। हाथ-पर-हाथ रखकर बैठना समस्या के सामने समर्पण है। यह समर्पण कोई भी जिम्मेदार व्यक्ति कभी भी अफोर्ड नहीं कर सकता। इसलिए डॉ. तरुण ने गौतम को संबोधित करते हुए पूछा, "जरा फिर से सिलसिलेवार पूरे घटनाक्रम को विस्तार से बताओ कि तुम्हारी डायरेक्टर ने तुम्हें और क्या-क्या

कहा और तुमने आंबेडकरवाद के नाम पर कौन-कौन से झंडे गाड़े?" अपनी इस प्रतिक्रिया के दौरान डॉ. तरुण कुछ उखड़े-से थे। संभवत: वे उखड़े इसलिए थे कि गौतम बार-बार समझाने के बाद भी अपने को नियंत्रित नहीं रख पाते।

गौतम ने थोड़ा दिमाग पर जोर डालते हुए घटनाक्रम को याद करते हुए डायरेक्टर मैडम के शब्दों को दोहराया, "गौतमजी, वर्तमान सरकार के पक्ष में आपको वोट करना चाहिए। इसी सरकार का मुखिया ऐसा है, जो हिंदुस्तान को मुसलमानमुक्त और ईसाईमुक्त बनाने की हिम्मत रखता है। अपनी प्राचीन संस्कृति को बचाने के लिए यह बेहद जरूरी है। ये मुसलमान और ईसाई किसी के सगे नहीं हो सकते, देशभक्त तो कभी भी नहीं। उसने मुझे उदाहरण देकर बताया कि जब एक मुसलमान को कहा गया कि आपको संविधान और कुरान में से चुनना हो तो किसे चुनेंगे? जानते हो उसने किसे चुना, कुरान को। अगर देश को मुसलमानमुक्त बनाना है तो अब आप ही बताओ कि आपको अपना वोट वर्तमान सरकार को देना चाहिए या किसी और को?"

गौतम ने अपनी बात को आगे बढ़ाते हुए कहा, "मुझसे रुका नहीं गया और मैंने भी जवाब दे दिया; और कब तक सहन करता। सहन करने की भी एक सीमा होती है, क्या नहीं होती है?"

"क्या जवाब दे दिया? वह भी तो बताओ। तभी तो बात कुछ समझ में आएगी कि मामला कितना संगीन है और कितना नहीं।" डॉ. तरुण गौतम की प्रतिक्रिया जानने के लिए कुछ उतावले लगे, लेकिन आजीवक बाबू की गौतम के प्रश्न के मामले में मौन स्वीकृति थी।

गौतम ने अपनी बात रखी, "मैंने कह दिया कि मैडमजी, मुझे यह बात ठीक नहीं लगी। इसलिए मैं भी आपसे एक बात पूछना चाहता हूँ कि आप संविधान और गीता में से किसे श्रेष्ठ मानते हैं? उसने बिना सोचे-समझे तपाक से जवाब दिया, 'गीता' और क्या? फिर भी मैंने यह नहीं कहा कि आपमें और उस मुसलमान में क्या फर्क है? लेकिन मैंने यह जरूर कह दिया कि मैं किसी भी कृति को संविधान से बड़ा नहीं मानता। जहाँ तक वोट देने का सवाल है, मैडमजी, वो तो मैं सामाजिक न्याय पार्टी (एस.एन.पी.) को ही दूँगा। यही हमारी पार्टी है।...और हाँ, मैंने यह भी कह दिया कि आपको भी वोट एस.एन.पी. को

ही देना चाहिए, क्योंकि उसकी मुखिया एक महिला है। महिला सशक्तीकरण अगर महिला नहीं करेगी तो और कौन करेगा ? बस मैंने तो इतनी बात कही थी और मैं अपनी सीट पर वापस चला आया था, बिना उनकी किसी प्रतिक्रिया का इंतजार किए।"

इस पर डॉ. तरुण कुछ उखड़ जरूर गए थे, लेकिन उन्होंने अपने तीखेपन को कंट्रोल कर लिया और पहले की तरह गौतम को सुझाव की दृष्टि से इतना ही कहा, "तुम भी कमाल करते हो, क्या जरूरत थी तुम्हें अपनी सलाह देने की कि वोट किसको देना है ? सीधा सा जवाब था कि वोट का मामला गोपनीय है, इसे मैं सार्वजनिक तौर पर डिस्कस करना उचित नहीं समझता। तुम्हें मालूम नहीं क्या, हिंदू राष्ट्र निर्माण महासभा (हिरानिम) वालों की खुली तानाशाही चल रही है। यही सरकार के पर्याय हो गए हैं। तुम्हें ऐसे विवादों से बचना चाहिए था। खैर, एक बात ध्यान रखना, आगे से ऐसी किसी भी चर्चा में शामिल होने की जरूरत नहीं है। ध्यान रखो, ऑफिस और पर्सनल लाइफ को कभी आपस में मिक्स मत करो। घर में ऑफिस को लाओगे तो गृहस्थी संकट में आएगी और घर को ऑफिस ले जाओगे तो ऑफिस संकट में आएगा।"

जब डॉ. तरुण ने अपनी बात खत्म की और आजीवक बाबू की ओर मुखातिब हुए तो यह आजीवक बाबू के लिए हस्तक्षेप का संकेत था। आजीवक बाबू भी काफी देर से उम्मीद लगाए थे कि कब डॉ. तरुण विराम लें और उन्हें अपनी बात कहने का अवसर मिले। खैर, आजीवक बाबू ने अपनी बात शुरू की—"डॉ. तरुण की बात में एक बात और जोड़ लो गौतमजी! यह मामला तुम्हारे ऑफिस तक सीमित नहीं रह गया है। आजकल कमोबेश पूरे देश का यही हाल है। जिस दफ्तर में जाओगे, हिरानिम की खुली तानाशाही चलती मिलेगी। पुलिस और प्रशासन जैसे हिरानिम के अंडर काम कर रहे हैं। मौजूदा सरकार और मीडिया भी हिरानिम के दिशा-निर्देशों के गुलाम के अतिरिक्त और कुछ नहीं रह गए हैं। मैं तो यहाँ तक कहूँगा कि हर गली-मोहल्ले के सारे अराजक एलिमेंट्स आजकल देशभक्त हो गए हैं, अघोषित सत्ता हो गए हैं।"

गौतम ने दोनों की बातों का विरोध नहीं किया। कहा जा सकता है कि उन्होंने एक प्रकार से इन दोनों की बात का मूक समर्थन किया, लेकिन अपने

ऑफिस के एक और एपिसोड के माध्यम से यह बताने की कोशिश की कि इतना सब होने के बावजूद हमारे ऑफिस के दोनों आई.ए.एस. अधिकारी डॉ. आंबेडकर को बहुत सम्मान देते हैं। इसके लिए उन्होंने अपने ऑफिस में 14 अप्रैल को आंबेडकर जयंती मनाए जाने का हवाला देते हुए बताया, "हमारे ऑफिस में लंच से पहले डॉ. आंबेडकर जयंती मनाई गई। दो-दो आई.ए.एस. अधिकारियों ने अपने विचार रखे। दोनों अधिकारियों ने डॉ. आंबेडकर का गुणगान करते हुए डॉ. आंबेडकर को पढ़ने, समझने और जीवन में उनके आदर्शों को अंगीकार करने की बात कही। उन दोनों ने फ्लिपकार्ट से डॉ. आंबेडकर की पुस्तक मँगाने के ऑर्डर की सूचना दी, ताकि वे डॉ. आंबेडकर के बारे में जान सकें।" गौतम इस विचार से बहुत उत्साहित नजर आए और उन्होंने टिप्पणी की, "मैं उनसे बहुत प्रभावित हुआ हूँ। मुझे उन्हें सुनकर बहुत अच्छा लगा। ये लोग दूसरी विचारधारा के होने के बावजूद डॉ. आंबेडकर के बारे में इतने अच्छे विचार रखते हैं।"

सतीश गौतम की बात के शुरुआती अंश से ही आजीवक बाबू की भौंहें तन गई थीं, लेकिन फिर भी उन्होंने गौतम को अपनी बात पूरी करने का पूरा अवसर दिया। जो कुछ गौतम ने बताया, वह आजीवक बाबू और उनकी आंबेडकरवादी समझ को चुनौती देनेवाला था। आजीवक बाबू अपनी कुरसी पर थोड़ा सँभलकर व संयमित होकर बैठते हैं, लेकिन उनके अंदर सुषुप्त अवस्था में पड़ा लावा अचानक सक्रिय हो उठा और उनके नियंत्रण से बाहर हो गया। इसकी अभिव्यक्ति आजीवक बाबू के शब्दों के रूप में कुछ इस प्रकार होती है, "भाई गौतम, आपको बुरा लगेगा, लेकिन मैं अपनी बात कहूँगा जरूर। आप बाबा साहब के मूलमंत्र 'शिक्षित बनो' की पहली सीढ़ी पर ही लड़खड़ा गए हैं। ऐसे में आप जैसे पढ़े-लिखे और लेखन से जुड़े व्यक्ति के लिए भी उनके दूसरे और तीसरे मूलमंत्र, यानी 'संघर्ष करो' और 'संगठित रहो' का कोई अर्थ ही नहीं रह जाता।"

गौतम बीच में आजीवक बाबू को रोककर कुछ कहना चाह रहे थे, लेकिन आजीवक बाबू के दिमाग में उठ रहे वैचारिक तूफान ने जैसे गौतम को अपने पैर जमाने का अवसर ही नहीं दिया। इसकी परिणति आजीवक बाबू के शब्दों

में कुछ इस प्रकार होती है, "आपको मेरी बात बुरी लगना स्वाभाविक है। पहले मुझे अपनी बात पूरी करने दो। उसके बाद आप जितनी भी कड़वी और जैसी भी बात कहना चाहेंगे...मैं सुनने के लिए तैयार हूँ।"

गौतम के पास अब आजीवक बाबू की बात पूरी होने तक इंतजार करने के सिवाय दूसरा कोई विकल्प नहीं था। गौतम की बॉडी लैंग्वेज साफ संकेत दे रही थी कि उन्हें यह सख्त टिप्पणी एकदम नागवार गुजरी है। यह बात ही ऐसी थी कि आजीवक बाबू को यह टिप्पणी करनी पड़ी और इससे आगे की बात भी गौतम के लिए कोई राहत देनेवाली नहीं थी। आजीवक बाबू अपनी साफगोई के लिए पहले से ही बदनाम हैं, इसलिए उन्होंने अपने मित्र के प्रति भी सभी जैसा रवैया अपनाते हुए अपनी प्रतिक्रिया देना प्रारंभ किया, "गौतमजी, पहली बात तो यह मानकर चलो कि हिरानिम जैसे विषैले दरख्त की छाया में पलनेवाले सँपोलों की सूरत और सीरत में जमीन-आसमान का अंतर होता है। दूसरे, आपके कथनानुसार, अभी तक इन्होंने खुद डॉ. आंबेडकर पर कोई पुस्तक नहीं पढ़ी, सिर्फ सूचना दी है कि उन्होंने फ्लिपकार्ट से पुस्तक ऑर्डर की है और परामर्श दे डाला कि डॉ. आंबेडकर को पढ़ना चाहिए। यह दोगलापन नहीं तो क्या है? क्या डॉ. आंबेडकर को किसी एक पुस्तक की मदद से समझा जा सकता है? यदि इनके मन में डॉ. आंबेडकर के प्रति जरा भी सम्मान होता तो क्या आपकी डायरेक्टर गीता को संविधान से ऊपर बताने की सोच भी सकती थी? लेकिन उन्होंने फिर भी गीता को संविधान से ऊपर बताया।"

"इतना ही नहीं, यदि उनके मन में संविधान व डॉ. आंबेडकर के लिए रत्तीभर भी स्वीकार्यता होती, सम्मान होता तो क्या वो आपसे किसी भी व्यक्ति या सरकार विशेष के पक्ष में वोट डालने की बात करती। सरकारी ऑफिस की कुरसी पर बैठकर देश को मुसलमान व ईसाईमुक्त करने की बात करती? यह भी संभव है कि किसी गैर-दलितों के संदर्भ में भी ऐसी बातें करती होंगी, जैसी वे ईसाइयों और मुसलमानों के बारे में आपसे कर रही थीं। मुझे लगता है कि सिख भी उनके निशाने पर कम नहीं रहे होंगे, फिर उनकी कोई भी बात भरोसे लायक कैसे हो सकती है? व्यावहारिक कैसे हो सकती है? डॉ. आंबेडकर का 'शिक्षित बनो' का मूलमंत्र सच्चाई की परत-दर-परत खोलने की बात करता है।

किसी की चिकनी-चुपड़ी बातों में आकर मूर्ख बनने से रोकने की बात करता है। यह तर्क-विवेक से भरपूर इस्तेमाल की बात करता है। अपने आप को निरंतर प्रयोगात्मक स्थिति में रखने की बात करता है और इसी के आधार पर सम्यक् निर्णय व आचरण की बात करता है। अब आप ही बताइए कि आपके पूर्वग्रही अफसरों की कौन सी बात काबिल-ए-तारीफ है?"

आजीवक बाबू की आवेशपूर्ण बातें सुनकर गौतम को शायद अपनी भूल का अहसास हो गया था, इसलिए उनके चेहरे पर अब पश्चात्ताप के भाव थे···न कि आक्रोश के। अपनी प्रतिक्रिया के रूप में गौतम ने इतना कहा, "मैं तो सिर्फ उनके शब्दों की बात कर रहा था···उनकी नीयत की ओर तो मैंने ध्यान ही नहीं दिया था।"

"गौतम भाई, शब्दों का कोई महत्त्व नहीं होता, यदि उनमें वास्तविकता का अभाव हो। अपना देश आज शब्दों की बाजीगरी का शिकार है। जनता को खोखले शब्दों में उलझाकर रखा गया है। हवाई सपने दिखाए जाते हैं और उनका वोट लूट लिया जाता है। अपने ऐशोआराम का सामान जुटाया जाता है। इसलिए देश में चारों ओर स्थिति अच्छी नहीं है। यदि आप खुद गुड़ खाते हैं और दूसरों को गुड़ न खाने का संदेश देते हैं तो आपका वह संदेश उपदेश मात्र बनकर रह जाएगा। यह हकीकत का अमलीजामा कभी नहीं पहन सकता। ठीक यही बात हिरानिम जैसी संस्था के सँपोलों पर भी लागू होती है, नहीं क्या?" आजीवक बाबू ने डॉ. तरुण की ओर मुखातिब होते हुए इशारे-ही-इशारे में डॉ. तरुण की राय जानने की कोशिश की।

"मैं तो आपकी राय से पूरी तरह सहमत हूँ।" डॉ. तरुण ने आजीवक बाबू के डायलॉग 'माइंडलैस भीड़ व भेड़' कर सहारा लेते हुए कहा, "मैं भी गौतमजी को यही कहना चाहूँगा कि हमें न भीड़ बनना है और न ही भेड़। हमें पूरे तर्क-विवेक के साथ देश का एक जिम्मेदार नागरिक बनना है, राजनीति का मोहरा, यानी अंधभक्त और हिंदू-मुसलमान तो कतई नहीं बनना है।"

"ठीक है, साहब लोगो, गलती हो गई, अब माफ भी कर दो। आप दोनों तो आज जूता लेकर मेरे ऊपर ऐसे पिले पड़े हो कि खोपड़ी पर एक बाल भी नहीं रहने दोगे। बिल्कुल ही टकला करके छोड़ोगे।" सतीश गौतम डॉ. तरुण की

बात पूरी होते ही बीच में एकदम ऐसे कूद पड़े, मानो इन दोनों से अपना पिंड छुड़ाने का मौका हाथ से ही न निकल जाए। गौतम के पास यह ऐसा हथियार था, जिसका वार कभी खाली नहीं जाता था।

गौतम की बात पर तीनों की हँसी छूट गई और गोष्ठी इस शर्त के साथ खत्म हुई कि हमें आपस में हर हफ्ते एक मीटिंग जरूर कर लेनी चाहिए। इससे थोड़ा मन हलका हो जाता है और समसामयिक मुद्दों पर भी अलग से बात हो जाती है। ऐसी बातें किसी अखबार या टी.वी. से संभव नहीं हो सकतीं। ऐसी बातें किसी सिलेबस में भी नहीं पढ़ाई जातीं, शायद पढ़ाई ही नहीं जा सकतीं। गौतम के इसी नोट पर यह छोटी सी मीटिंग समाप्त ही नहीं हुई, बल्कि तीनों अपने-अपने बैग लेकर एक साथ घर के लिए निकल पड़े।

डॉ. तरुण तो उम्र के उस पड़ाव पर थे कि अपने आप कोई भी व्हीकल चलाने की स्थिति में नहीं थे, लेकिन गौतम और आजीवक बाबू के साथ ऐसा नहीं था। यह इत्तेफाक ही था कि ये दोनों भी आज बस से डॉ. तरुण के एकांतवास तक पहुँचे थे। इसलिए तीनों ही इधर-उधर की बातें करते हुए और पैदल ही बस स्टॉप तक पहुँच गए और अपने-अपने गंतव्य की ओर निकल गए, लेकिन आजीवक बाबू हिरानिम की गुंडागर्दी के तूफान से अपने आप को नहीं बचा सके और उन्हें इन्हीं तूफानी थपेड़ों के साथ घर लौटना पड़ा।

□

ग्यारह

यद्यपि इस तिगड़ी की मीटिंग को खत्म हुए कई दिन बीत गए थे, लेकिन आजीवक बाबू के दिमाग में हिंदू राष्ट्र निर्माण महासभा, यानी हिरानिम को लेकर उठा तूफान थमने का नाम ही नहीं ले रहा था। देश भर से उठ रहा चुनावी चक्रवात का कचरा और मुहल्ले-पड़ोस की आवाजें इस तूफान को अधिक विषैला बनाए जा रही थीं। आजीवक बाबू ने सतीश गौतम को तो हिरानिम से बचने के विकल्प बड़े आराम से सुझा डाले थे, लेकिन अपने लिए इससे बचने के विकल्प उन्हें समझ नहीं आ रहे थे। आजीवक बाबू एक अजीब तरह की कशमकश से गुजर रहे थे, काफी परेशान थे। दिन तो घर-गृहस्थी व दुनियादारी के चलते किसी तरह निकल जाता था, लेकिन रात की शांति पर जैसे हिरानिम का अवैध कब्जा-सा हो गया था। रात पर ही क्यों, अप्रत्यक्ष रूप से जैसे आजीवक बाबू पर ही अवैध कब्जा हो गया हो। हिरानिम की चोरी और सीनाजोरी की दादागीरी के चलते आजीवक बाबू अपने आप को एक अजीब-सी कैद में घिरे महसूस कर रहे थे, छटपटा रहे थे। यह कैद निरंतर बेचैनी का सबब बनी थी और बराबर डरा भी रही थी।

क्या हिरानिम के लोग संवेदनहीन हैं, हार्टलैस हैं? क्या इन्हें दूसरों के दु:ख-दर्द और परेशानियाँ समझ नहीं आतीं? क्या इसके गिरोह से अलग विचार और धार्मिक मान्यताएँ रखनेवालों से इन्हें कोई क्षति होती है, कुछ नुकसान पहुँचता है? क्या इतिहास के इन आर्यों को इनकी विचारधारा से इत्तेफाक न रखनेवाले लोग फिर से इस देश के मूल निवासी नजर आने लगे हैं? सैंधव नजर आने लगे हैं, दुश्मन नजर आने लगे हैं? क्या 'वंदे मातरम्', 'भारत माता की जय' के नारों की गूँज के दम पर ये अपनी खोखली देशभक्ति को हकीकत का

जामा पहनाना चाहते हैं, इस देश के असली वारिस हो जाना चाहते हैं? हजारों वर्षों से एक साथ रहते हुए भी क्या ये आर्य संस्कृति के संवाहक असुरक्षित महसूस करते हैं? इन्हें देश से किसी विस्थापन का डर लगता है या इनकी चौधराहट को कोई खतरा महसूस होता है? क्या देश को हिंदू राष्ट्र बनाने के बहाने हिरानिम के लोग इतिहास को बदल देना चाहते हैं? देश के कुछ अलग तरह के हुक्मरान हो जाना चाहते हैं, मालिक हो जाना चाहते हैं क्या? क्या ये आज के दलित-शोषित, ईसाई व मुसलमानों को, जो अधिकतर दलित-शोषित ही रहे हैं, उन्हें कुछ अलग किस्म की प्रजा बनाना चाहते हैं? क्या ये खून-खराबे, आगजनी, बलात्कार और शोषण-उत्पीड़न के दम पर ही हिंदू राष्ट्र बनाना चाहते हैं? क्या ये हिंदू राष्ट्र की स्थापना की आड़ में पुनः इतिहास दोहराकर किसी नए किस्म के दलित और आदिवासी या इनसे भी अलग निचले स्तर की कोई और नस्ल तैयार करना चाहते हैं?

पीड़ा के इन क्षणों में उलटे-सीधे, सच्चे-झूठे और न जाने बिना हाथ-पैर के कितने प्रश्नों से जूझते हुए अचानक आजीवक बाबू को हिरानिम के सारे कारनामों का जैसे सूत्र मिल गया, इनके गोपनीय एजेंडों के दस्तावेज मिल गए हों। उन्हें समझ आ गया, निस्संदेह हिरानिम के लोगों में संवेदना नहीं है। इनमें कोई भावना नहीं है और न ही ये किसी के दुःख-दर्द अनुभव करने की कोई क्षमता ही रखते हैं, क्योंकि ये इनसान नहीं, निर्जीव मशीन हैं और ये एक मशीन की तरह ही काम करते हैं। जाहिर है, मशीन के लिए देश और देशभक्ति के मापदंड और मानदंड दोनों एकदम अलग हैं, जिनका देश और देशभक्ति की सार्वभौमिक अवधारणा से कोई लेना-देना नहीं है।

आजीवक बाबू को अचानक इंट्यूशन जैसा कुछ हुआ कि हिरानिम की पाठशालाओं में इनसानों को मशीन ही तो बनाया जाता है, यानी रोबोट ही तो बनाया जाता है। यह भी किसी से छिपा नहीं है कि हिरानिम की पाठशालाएँ राष्ट्रीय स्तर पर धड़ल्ले से काम करती हैं। इन रोबोट्स में सॉफ्टवेयर की प्रोग्रामिंग ही ऐसी होती है, जिसमें संवेदना, एंपैथी व किसी रहमोकरम जैसे इनसानी संवेगों और भावनाओं के लिए कोई जगह नहीं है। हिरानिम का प्रथम और अंतिम सिर्फ एक ही तो लक्ष्य है, जैसे भी हो, हर कीमत पर हिंदू राष्ट्र निर्माण करना है। बस

इसी प्रोग्रामिंग के आधार पर हिरानिम का सारा कारोबार चलता है और दशकों से चलता आ रहा है।

यह खयाल अपने आप में स्वयं आजीवक बाबू को विस्मित करनेवाला था, उन्हें अब न नींद की झूठी उम्मीद का भ्रम रह गया था और न ही करवट बदलने में किसी सुकून मिलने का। यह स्थिति आजीवक बाबू के साथ कई दिनों से निरंतर चली आ रही अँधेरी रात के बाद जैसे एक नई सुबह का आगाज थी। आजीवक बाबू ने इस नई सुबह का स्वागत किया और रोबोट की दुनिया के बारे में और अधिक जानकारी के लिए गूगल बाबा की शरण में गए। वहाँ उन्हें एक हैरतअंगेज जानकारी मिली। जिसके अनुसार न्यूजीलैंड में पहला नेता-रोबोट बनाने का दावा किया गया था। इसका नाम सैम, यानी एस.ए.एम. बताया जा रहा था। यह भी दावा किया जा रहा था कि यह नेता-रोबोट सन् दो हजार बीस के अंत में न्यूजीलैंड के चुनावी मैदान में सहभागिता करेगा।

लेकिन रोबोट को लेकर गूगल बाबा पर उपलब्ध अगली जानकारी आजीवक बाबू के लिए शॉकिंग थी। इस जानकारी से रू-ब-रू होने पर आजीवक बाबू को भारत की इतनी बड़ी उपलब्धि के बारे में अनभिज्ञता पर जोर का झटका लगा और शर्मिंदगी भी महसूस हुई। यह उपलब्धि सैकड़ों वर्ष पुरानी है। इसे गूगल बाबा ने कुछ ऐसे बताया, "भारत के प्राचीन ग्रंथों में भी रोबोट का अंश मिलता है, अगर हम रामायण की बात करें, जब सीता को वनवास हो जाता है तो एक दिन सीता अपने बेटे लव के साथ पानी भरने के लिए जा रही थी, तब महर्षि वाल्मीकि को लगा कि लव को किसी जंगली जानवर ने उठा लिया या खा लिया तो उन्होंने कुशा से एक बालक का निर्माण किया, जो दिखने में लव की तरह था। इससे साफ है कि उस समय भी भारत के पास ऐसी टेक्नोलॉजी थी।" न्यूजीलैंड में भारत की इस उपलब्धि के नकार को देखकर आजीवक बाबू को लगा कि यह भारत के विश्वगुरु होने के दावे के विरुद्ध एक षड्यंत्र हो सकता है, तभी तो भारत की इस अद्वितीय उपलब्धि को नकारकर न्यूजीलैंड की उपलब्धि की शेखी बघारी जा रही है, अगर यह भारत के विरुद्ध षड्यंत्र नहीं तो और क्या हो सकता है?

आजीवक बाबू ने अपनी अज्ञानता की भूल सुधारने के लिए, यानी स्वयं को अपडेट करने के लिए सबसे पहले वर्तमान को खँगालना शुरू किया, इस दिशा

में थोड़ा और चिंतन-मनन करना शुरू किया। उन्हें न्यूजीलैंड के 'नेता-रोबोट' सैम, यानी एस.ए.एम. को विश्व का पहला 'नेता-रोबोट' कहना भी साजिश का हिस्सा लगा। उन्हें लगा कि न्यूजीलैंडवालों ने हमारे देश में काम कर रहे राष्ट्रीय व अंतरराष्ट्रीय स्तर के दो सबसे बड़े 'नेता-रोबोट' मैस (एम.ए.एस) यानी 'एम' और 'ए.एस.' की नकल की है। उन्होंने इन तीन अल्फाबेट्स का क्रम बदलकर दो 'नेता-रोबोट' के बदले मात्र एक 'नेता-रोबोट' सैम, यानी 'एस.ए.एम.' बनाने की बात की है। यह अभी पूरी तरह बना भी नहीं है। यह विशुद्ध रूप से भारत की आधी-अधूरी नकल नहीं तो क्या है ?

हमारे ये दो 'नेता-रोबोट' यानी 'एम' और 'ए.एस.' भले ही दो दिखते हों, लेकिन इन दोनों के काम एक ही हैं—एकदम 'डिट्टो'। ये दोनों हिरानिम द्वारा निर्मित सॉफ्टवेयर के प्रोग्राम को अमलीजामा पहनाने का काम करते हैं। इनसे इनसानों जैसी संवेदनाओं, कारनामों या किसी ठीक-गलत की परख या नैतिकता से कोई लेना-देना नहीं है। इसीलिए आजकल राष्ट्रीय स्तर पर हिंदू-मुसलमान और मॉब-लिंचिंग का बाजार गरम है। रोबोट संस्कृति के चलते लफ्फाजी का लफड़ा बदस्तूर जारी है। भले ही देश की सारी संवैधानिक संस्थाएँ वेंटिलेटर पर हैं, भले इनसान कितने ही त्रस्त हैं, लेकिन मौजूदा नए सियासी माहौल में हिरानिम और इसका रोबोट गैंग नीचे से ऊपर तक एकदम मस्त है।

रात के दूसरे पहर में जब आजीवक बाबू रोबोट की दुनिया में खोए थे, इसी वक्त बगल में जमीन पर आराम फरमा रहे रॉबी, यानी आजीवक बाबू के डॉगी के खर्राटों से आजीवक बाबू के दिमाग में एक और रोबोट की दुनिया आबाद हो गई। ये खर्राटे किसी इनसानी खर्राटों से अलग नहीं थे। शायद रॉबी के ये खर्राटे आजीवक बाबू की दुनिया में अपनी उपस्थिति दर्ज कराने के लिए ही शुरू हुए थे। आजीवक बाबू का ध्यान हिरानिम और उसके रोबोट जगत् से हटकर रॉबी की दुनिया की ओर डाइवर्ट हो गया। आजीवक बाबू और रॉबी का संबंध ही ऐसा था कि आजीवक बाबू रॉबी की इस उपस्थिति को नजरअंदाज नहीं कर सकते थे, उन्हें लगा कि जैसे रॉबी और उनका जो संबंध है, ठीक वैसा ही संबंध हिंदू राष्ट्र निर्माण महासंघ (हिरानिम) और इसकी रोबोट सेना का है। रॉबी और रोबोट सेना को अपने आकाओं के लिए जीना है, अपने आकाओं के

लिए मरना है। इनका न अपना कोई निजी सुख-दुःख होता है और न ही कोई निजी ख्वाहिश। इन दोनों में आजीवक बाबू को मात्र एक फर्क नजर आया, जो इन दोनों को एक-दूसरे से जुदा करता है। यह फर्क इतना भर है कि रॉबी की बिरादरी एक-दूसरे की जानी दुश्मन है और इसके विपरीत रोबोट एक-दूसरे के जिगरी यार की तरह होते हैं। हिरानिम के सॉफ्टवेयर की यह 'जिगरी यार', यानी आपसी साँठ-गाँठ की प्रोग्रामिंग हिरानिम का वह ब्रह्मास्त्र है, जो भारत के सभी क्षेत्रों में तहलका मचाए है।

आजीवक बाबू रोबोट की दुनिया का पोस्टमार्टम करते हुए इससे आगे बढ़ते हैं और पाते हैं—इसी सॉफ्टवेयर की बदौलत देश का कोई ऐसा कोना नहीं है, जहाँ हिरानिम के रोबोट बदस्तूर हर मोर्चे पर डटे न हों। भले ही यह मोर्चा देश के किसी भी सरकारी या प्राइवेट विभाग से जुड़ा हो या किसी भी छोटे-से-छोटे और बड़े-से-बड़े शिक्षण संस्थान, यानी यूनिवर्सिटी से क्यों न जुड़ा हो, सब जगह हिरानिम के रोबोट अपनी जिम्मेदारियाँ निभा रहे हैं। सरकार और मीडिया हाउस इनके बहुत ही मुफीद आश्रय बन गए हैं। धर्म और धार्मिक संगठन इनके ऐसे बंकर हैं, जो इन्हें सुरक्षा ही नहीं मुहैया कराते, बल्कि इनको विरोधियों पर हमले और दहशतगर्दी का बाजार गरम रखने के लिए सुविधाजनक प्लेटफॉर्म उपलब्ध कराते हैं। आजीवक बाबू को लगता है कि इसी दहशतगर्दी से निरंतर दो-चार होना देश को प्राथमिकता व सर्वोच्च पायदान पर रखनेवाले जिम्मेदार लोगों की नियति बन गया है। इसी उधेड़बुन में आजीवक बाबू न जाने कब तक फँसे रहे, कब तक नहीं, ठीक से कुछ कहा नहीं जा सकता।

अगली सुबह आजीवक बाबू के पास मि. मनीष कुमार शुक्ला, यानी एम.के. शुक्ला का फोन आया। आजीवक बाबू का हालचाल जानने के बाद सामने से प्रश्न हुआ, "सर, आप आज कहीं व्यस्त तो नहीं हैं?"

"क्यों···क्या हुआ बंधुवर, आप ऐसा क्यों पूछ रहे हैं···कोई खास बात है क्या?" आजीवक बाबू ने उत्सुकतावश जानना चाहा।

"नहीं सर, ऐसी कोई बात नहीं है। आज मुझे और राजेंद्र कुमार, यानी आर.के. को आपके क्षेत्र में एक फ्लैट देखने आना है···भाई के लिए खरीदने का विचार बना है। सोचा कि एक पंथ दो काज हो जाएँ, यानी फ्लैट देखने का काम

भी हो जाए और आपसे मुलाकात भी हो जाए। काफी समय हो गया है, ऐसा कोई मुहूर्त ही नहीं सधा आपसे किसी मुलाकात का।" एम.के. शुक्ला ने अपनी आवाज में चहक बरकरार रखते हुए अपनी बात पूरी की।

आजीवक बाबू ने भी उत्साह से भरे शब्दों में इस विचार का वैलकम किया और कह दिया, "शुक्र है, फ्लैट के बहाने ही सही, कम-से-कम मुलाकात का मुहूर्त तो सध ही गया।" एक जबरदस्त हँसी के साथ फोन पर संवाद कट गया, लेकिन आजीवक बाबू के दिलोदिमाग में इन दोनों साथियों के साथ आत्मीय संबंधों की गूँज पुनः मधुर और खुशनुमा हो उठी।

आजीवक बाबू ने सबसे पहले तो इन दोनों अतिथियों के आगमन की सूचना शालिनी को दी, ताकि वह उनके आतिथ्य-सत्कार के लिए मानसिक रूप से तैयार रहे। गौरतलब है कि किसी भी अतिथि के आगमन का दूसरा मतलब रसोई की गतिविधियों का बढ़ जाना भी होता है। ये गतिविधियाँ कितनी बढ़ती हैं, कितनी नहीं, यह अतिथि के संबंधित परिवार के साथ संबंधों की ऊष्मा पर निर्भर करता है। शालिनी इन दोनों को पहले से ही अच्छी तरह जानती थी। शालिनी जानती थी कि दोनों भी आजीवक बाबू के उन साथियों में से हैं, जिनकी वैचारिक फ्रिक्वेंसी आजीवक बाबू से काफी हद तक मैच करती है। इन दोनों की प्राथमिकताओं में 'देश और उसके हित' सर्वोपरि हैं। 'इनसानी मूल्य' सर्वोपरि हैं और इनसे किसी प्रकार का समझौता करना, जैसे न इनके 'जींस' में और न ही इनके 'जिस्म और जेहन' में मौजूद है।

इन दोनों ने लगभग एक बजे दरवाजे पर दस्तक दी। आजीवक बाबू पहले से ही तैयार थे, फिर क्या था, उनके और इन दोनों साथियों के बीच बड़ी गर्मजोशी से हाथ ही नहीं मिले, बल्कि गेट पर ही गलबहियों का जबरदस्त दौर भी चला। यह मिलन बरसों से खोई किसी अनमोल संपदा का अचानक यूँ ही मिल जाने जैसा था, अंतर्मन को गद्गद कर देने जैसा था। शालिनी डोर-बेल बजने के साथ ही सतर्क थी, अपनी जिम्मेदारियों को अंजाम देने के लिए। जाहिर है, पानी की ट्रे और शालिनी दोनों सेकंडों में ड्राइंगरूम में तुरंत हाजिर हो गए। दोनों आगंतुकों ने उठकर शालिनी को बड़े अदब से प्रणाम किया और शालिनी ने भी अपनी चिरपरिचित मुसकराहट के साथ उनका अभिनंदन किया। शालिनी

का दोनों आगंतुकों से पहले से परिचित होने का फायदा यह हुआ कि आजीवक बाबू की अपेक्षा शालिनी ने दोनों को संबोधित करते हुए पहला प्रश्न पूछा, "हाँ जी, ठंडा चलेगा या गरम ?"

दोनों के मुँह से एक साथ निकला, "ठंडा रहने दो, फिलहाल गरम ही चलने दो, मैडम! बेवजह गला भी तो खराब नहीं करना है।"

शालिनी चली गई। अब तीनों ड्राइंगरूम में आमने-सामने थे। किसी-न-किसी के लिए भी कोई प्रश्नावली, यानी क्यूश्चनेयर तैयार नहीं किया था, लेकिन यह स्वत: ही तय था कि चर्चा का ग्राफ आपसी दुनियादारी से लेकर देश-दुनिया के बीच निरंतर अप-डाउन होनेवाला है। बिन बादल के पहली मौसमी फुहार मनीष की तरफ से आई—"और सर, स्वास्थ्य कैसा है, आजकल कैसे टाइम पास हो रहा है⋯रिटायरमेंट के बाद ?"

यह प्रश्न भले ही मनीष ने किया था, लेकिन आजीवक बाबू को राजेंद्र की आँखों में बराबर इसकी पुनरावृत्ति नजर आ रही थी, वैसे भी यह प्रश्न पूछना एकदम प्रासंगिक था, क्योंकि आजीवक बाबू को सेवानिवृत्त हुए लगभग दो वर्ष होने को थे और ऐसे प्रश्नों पर आमने-सामने अभी तक कोई चर्चा ही नहीं हुई थी। यह अलग बात है कि फेसबुक पर प्रतिक्रियाओं का आदान-प्रदान बराबर जारी था। व्हाट्सऐप पर गुड मॉर्निंग व अन्य संदेशों के आवागमन में कोई कमी नहीं थी। आजीवक बाबू का मानना है कि आप कितना भी किसी को फोन करते रहें, स्मार्ट फोन की दुनिया में कितना भी बड़ा तहलका क्यों न मचाते रहें, कितने ही डिजिटल क्यों न हो जाएँ, लेकिन आँखों की प्यास और आत्मीय सुख की प्राप्ति तो तभी होती है, जब आमने-सामने बैठकर, खुलकर बतियाते हैं। कहा जाता है कि बारिश में नहाना आसान है, लेकिन रोज नहाने के लिए बारिश के भरोसे भी तो नहीं रहा जा सकता। इसलिए सुकून की इस बे मौसम की बारिश का लुत्फ उठाते हुए आजीवक बाबू के चेहरे की मुसकराहट ने हालात को कुछ ऐसे बयाँ किया, "बंधुवर, मैं एकदम मस्त हूँ और जहाँ तक मेरे स्वास्थ्य का प्रश्न है, इसके बारे में भी मुझे ही कुछ बताने की जरूरत है क्या ? आपके सामने बैठा हूँ, देख लो स्वास्थ्य कैसा है ?"

मनीष और राजेंद्र अपने प्रश्न के उत्तर के पूर्वार्ध पर हँस पड़े और दोनों ने

एक सुर में कहा, "नहीं सर, स्वास्थ्य तो आपका पहले से भी बेहतर है। हमने तो आपकी प्रोफाइल फोटो पर भी कमेंट किया था, वह भी शे'रो-शायरी के साथ।" इस पर आजीवक बाबू अपनी स्वीकृति के तौर पर सिर्फ मुसकराकर रह गए, लेकिन प्रश्न के उत्तर को पूरा करते हुए आगे कहा, "आप दोनों तो अच्छी तरह से जानते हैं कि मुझे थोड़ा लिखने-पढ़ने की बीमारी है। एक एडिक्शन-सा है, इसलिए आजकल सारा समय इसी एडिक्शन को समर्पित है। एक बार सिस्टम पर बैठ गए तो बैठ गए, फिर पता नहीं चलता कि दिन कब आया और कब गया। हकीकत तो यह है कि आजकल लाइफ पहले से थोड़ी और अधिक बिजी हो गई है। यह काम मेरी चॉइस का है, इसलिए एंजॉय भी खूब करता हूँ। आप तो यह भी जानते हैं कि आजकल मैं पेपर पर नहीं लिखता, सीधा कंप्यूटर स्क्रीन पर लिखता हूँ। इसलिए कहीं आने-जाने का मौका भी कुछ कम ही मिल पाता है। बस यही पुस्तकें और कंप्यूटर ही आजकल अपनी नई दुनिया और दुनियादारी होकर रह गए हैं और क्या ?"

एक-दूसरे का कुशल-मंगल जानने की औपचारिकता एक तरफ थी। इसके दूसरी तरफ मौजूदा चुनाव प्रचार में हो रही बेशर्मी थी। यह लोकतंत्र के ताने-बाने को तहस-नहस करने को आमादा तो थी ही, लेकिन साथ में आजीवक बाबू की नींद हराम करने में कोई कसर नहीं छोड़ रही थी। इसलिए आजीवक बाबू ने चुटकी लेनेवाले अंदाज में कहा, "मनीष बाबू, अबकी बार आप किसकी सरकार बनवा रहे हो, कुछ हमें भी बता दो ? जब रोज साथ-साथ रहते तो पूछने की जरूरत ही नहीं रहती थी, लेकिन अब हालात बदल गए हैं। इसलिए यह प्रश्न पूछना भी जरूरी-सा हो गया है।"

राजेंद्र की प्रश्नवाचक दृष्टि को ध्यान में रखते हुए पुनः आजीवक बाबू ने ही मनीष बाबू की प्रतिक्रिया का इंतजार किए बिना राजेंद्र को जवाब देते हुए कहा, "पिछली दोनों सरकारें मनीष बाबू ने ही बनवाई थीं। इसलिए यह प्रश्न इन्हीं से पूछ रहा हूँ कि इस बार भी इनका पुराना स्टैंड ही बरकरार है या कुछ परिवर्तन है ?"

दरअसल मनीष बाबू से यह प्रश्न पूछने के पीछे एक अलग कहानी है। पिछले चुनाव के दौरान मनीष बाबू केंद्र में नेशनल सेक्युलर पार्टी (एन.एस.पी.)

के लिए और राज्य में जनता जनार्दन पार्टी (जे.जे.पी.) के लिए अकसर बहस करते थे और अकाट्य तर्क प्रस्तुत किया करते थे। कई बार कुछ एग्रेसिव भी हो जाते थे। ये सारी सूचनाएँ आजीवक बाबू को स्टाफ से मिलतीं या कई बार वे खाली समय में आजीवक बाबू की उपस्थिति में भी किसी-न-किसी से बहस में भिड़े रहते, लेकिन आजीवक बाबू कभी किसी पार्टी को लेकर चर्चा न कल करते थे और न ही आज करते हैं। वे सिर्फ मुद्दों पर चर्चा करते हैं। क्या ठीक है और क्या गलत, इस बहस में वे कभी नहीं पड़ते थे, यानी कभी जजमेंटल नहीं होते थे। किसको वोट देना चाहिए और किसको नहीं, यह मुद्दा भी आजीवक बाबू की डिक्शनरी में आज भी नहीं है। यह इत्तेफाक ही था कि जिन पार्टियों के पक्ष में मनीष बाबू हल्ला-गुल्ला करते थे, ताल ठोका करते थे, तब उन्हीं पार्टियों की सरकारें बनी थीं।

लेकिन जब भी इनमें से किसी पार्टी के पॉलिसी मैटर गड़बड़ाते या पार्टी के कोई भी निर्वाचित प्रतिनिधि कुछ उलटा-सीधा करते तो आजीवक बाबू मनीष बाबू को याद दिलाना नहीं भूलते थे। याद दिलाना क्या, उन्हें एक प्रकार से छेड़ना नहीं भूलते थे, लेकिन यह मनीष बाबू की ईमानदारी ही थी कि वे गलत को गलत कहकर अपनी मनचाही सरकार की आलोचना करने में भी संकोच नहीं करते थे। आजीवक बाबू मनीष बाबू की इसी ईमानदारी और निष्पक्षता के कायल हैं। यही ईमानदारी और निष्पक्षता आज भी दोनों के बीच आपसी संबंधों की प्रगाढ़ता का एक महत्त्वपूर्ण आधार है। आज का प्रश्न भी मनीष बाबू की स्पष्टबयानी से रू-ब-रू होने का एक बहाना था।

मनीष बाबू ने आज भी अपनी चॉइस नहीं बदली थी, लेकिन तर्क बदल गए थे। मनीष बाबू ने अपना पक्ष रखते हुए कहा, “सर, मैं मुकेश राघव को एम.पी. के लिए एकदम वाहियात आदमी मानता हूँ, एकदम अयोग्य मानता हूँ। उसने क्षेत्र के लिए कुछ नहीं किया। दरअसल उसके पास कोई विजन ही नहीं है और न ही उसकी नीयत ही है हमारे क्षेत्र के लिए कुछ करने की, लेकिन फिर भी मैं अपना वोट एन.एस.पी. को दूँगा, क्योंकि एन.एस.पी. के पास केंद्र में सशक्त नेता हैं। पी.एम. पद के लिए जबरदस्त विकल्प है। इसके विपरीत विपक्ष के पास पी.एम. पद के लिए कोई मजबूत नेता ही नहीं है, इसलिए मैं विपक्ष को वोट नहीं दूँगा।”

आजीवक बाबू ने अपनी प्रतिक्रिया के रूप में बताया, "मनीष बाबू, मैं आपके इस तर्क से सहमत नहीं हूँ। मुझे लगता है, अब वोट पार्टी को नहीं, उपयुक्त उम्मीदवार को देने का समय आ गया है। यदि हम योग्य उम्मीदवार को वोट देंगे तो अपराधी या गैर-जिम्मेदार मानसिकतावाले लोग संसद् नहीं पहुँच पाएँगे। ठीक ऐसे ही पैसे के दम पर संसद् पहुँचनेवाले उम्मीदवारों पर भी लगाम लगेगी। शुरू में कुछ दिक्कतें आएँगी, लेकिन किसी भी पार्टी के अच्छे लोग मिलकर सरकार बनाने का कोई अच्छा विकल्प जरूर ढूँढ़ लेंगे और यह देश के हित में होगा। इसका एक दूसरा सबसे बड़ा लाभ यह भी होगा कि एक आम आदमी, जिसके पास न मसल पावर है और न ही मनी पावर, वह भी चुनाव लड़ने का सपना देख सकता है, इसे साकार भी कर सकता है और देश की प्रगति में अपनी महत्त्वपूर्ण भूमिका अदा कर सकता है। मुझे लगता है कि लोकतंत्र, जो आज एक तमाशा बनकर रह गया है, इसे वास्तविक रूप में स्थापित करने के लिए यह कदम उठाना बेहद जरूरी है।

राजेंद्र कुमार चूँकि जे.जे.पी. से सीधे जुड़े हैं और पार्टी के शीर्ष पदाधिकारियों से सीधा संबंध रखते हैं। दरअसल ये एक सक्रिय कार्यकर्ता जैसे हैं और अपनी पार्टी के कट्टर समर्थक भी। एक कड़वी हकीकत यह भी है कि जे.जे.पी. और एन.एस.पी. के संबंध किसी साँप और नेवले जैसे संबंधों से कम नहीं हैं। ये एक-दूसरे पर आक्रमण का कोई मौका गलती से भी नहीं गँवाते। मनीष के स्टैंड से आजीवक बाबू भी इत्तेफाक नहीं रखते हैं, इसलिए अपनी बात चिर-परिचित संयमित अंदाज में रखी, लेकिन आजीवक बाबू की प्रतिक्रिया को ठंडे बस्ते में डाल, राजेंद्र कुमार अपने गोला-बारूद के साथ मैदान में उतर आए और बोले, "मुकेश राघव ही नहीं, मुझे तुम्हारे सबसे चहेते स्टार भी एकदम झूठे और जुमलेबाज लगते हैं। राघव से भी बड़े वाहियात आदमी लगते हैं। वाहियात ही क्यों, आज के चुनाव के दौर में तो पूरी एन.एस.पी. ही गुंडागदी की नई मिसाल बन गई है, होड़ लगी है बदतमीजी करनेवालों में चारों ओर।" राजेंद्र कुमार के चेहरे के भाव एकदम बदल गए थे। लगता था, वे इससे भी कुछ और ज्यादा कहना चाह रहे थे, लेकिन मनीष बाबू अपनी ऐसी आलोचना सुनने के आदी नहीं हैं। इसलिए बीच में ही कूद पड़े और लगे अपने जौहर आजमाने, "कौन सी पार्टी

और कौन सा नेता बचा है, जो मर्यादाओं का उल्लंघन नहीं कर रहा। सब एक से बढ़कर एक नंगई पर उतरे हैं, फिर एक पार्टी के बारे में पूर्वग्रह पालना गलत बात है। तुम्हारी पार्टी जे.जे.पी. कौन सी दूध की धुली है? वह तो सबसे अधिक बढ़-चढ़कर जुमलेबाजी करती है, दूसरों पर झूठे आरोप लगाती है। इन झूठे आरोपों के चलते ही तो वे सरकार बना पाए, वरना कौन पूछता है ऐसे लोगों को। ऐसे लोग न जाने कितने आए और कितने चले गए, अगर तुम्हारा नेता सच्चा था तो क्यों माँगता-फिरता है अलग-अलग मामलों में माफी। नहीं माँगता तो पता चल जाता आटे-दाल का भाव। इसलिए पर्सनल आरोप-प्रत्यारोप करना ठीक नहीं है।"

जब रिंग में बॉक्सर नियमों का उल्लंघन करने लगे तो रैफरी का हस्तक्षेप जरूरी हो जाता है। मौजूदा हालात में आजीवक बाबू की भूमिका मनीष बाबू और राजेंद्र कुमार के बीच रैफरी से कुछ अधिक नहीं रह गई थी, क्योंकि उन्हें रूल-पोजिशन स्पष्ट करने के अलावा अपना पक्ष भी रखना था, "देखो बंधु, मुझे लगता है कि ब्लेम गेम से कभी कुछ हासिल नहीं होता। उचित निष्कर्ष पर पहुँचने के लिए यह देखना जरूरी है कि पहल किसने की। दरअसल पहल करनेवाला ही गलत होता है, लेकिन पहल करनेवाले के जवाब में दूसरा भी गलती की दौड़ में आगे बढ़ जाता है तो ठीक-गलत का फैसला करना मुश्किल हो जाता है। ऐसी हालत में दोषी दोनों हो जाते हैं। फर्क बस डिग्री का रह जाता है कि कौन कितना ज्यादा दोषी है और कौन कितना कम। इसके लिए जरूरी होता है कि पूरे घटनाक्रम को समग्रता में देखा जाना चाहिए, तभी हम किसी निष्कर्ष पर पहुँच सकते हैं। दूसरे, पहल किसने की, इससे भी बड़ा प्रश्न है कि नेताओं की बयानबाजी से जनता में क्या मैसेज जा रहा है। इससे कैसे समाज का निर्माण हो रहा है और देश-दुनिया में भारत की कैसी छवि बन रही है। ऐसे प्रश्नों पर गंभीरतापूर्वक विचार करके ही हमें किसी भी नेता या पार्टी के साथ खड़ा होना चाहिए, वरना एक बुद्धिजीवी में और किसी भी पार्टी के भक्तों की दिशाहीन भीड़ में क्या फर्क रह जाएगा, बताइए?"

अपनी बात कहते हुए आजीवक बाबू के अंदर का दर्द चेहरे पर साफ झलक रहा था, वैसे भी आजीवक बाबू को अपने इमोशंस को छिपाने की कला नहीं आती। वास्तविकता उनकी बॉडी लैंग्वेज में स्पष्ट रूप से झलकने लगती है,

लेकिन यह सुखद अनुभूति थी कि आजीवक बाबू गलत दिशा में जाती बहस को रोक पाने में कामयाब हो गए थे। यह तीनों के लिए राहत की बात थी।

इसी बीच शालिनी चाय और स्नैक्स के साथ एक पेड़े की प्लेट भी लेकर उपस्थित हुईं। इसने मौजूदा विषय के प्रवाह में दूसरे अल्पविराम का काम किया। चर्चा में पहले अल्पविराम की भूमिका आजीवक बाबू ने अदा की थी।

चाय की चुस्कियों के साथ आजीवक बाबू ने दोनों को संबोधित करते हुए अपनी बात आगे बढ़ाई, "बंधुवर, यदि रास्ता काँटों भरा हो तो यात्रा का हमसफर एक अच्छा जूता भी यात्रा को अंजाम तक पहुँचाने में मदद कर सकता है, लेकिन जब काँटे जूते के अंदर विद्यमान हो जाएँ तो यात्रा करना नामुमकिन हो जाता है और मंजिल पर पहुँचने की बात तो दूर की कौड़ी हो जाती है। आजकल हम ऐसे दौर से गुजर रहे हैं, जहाँ सियासी यात्रा के हमसफर इनसान की हालत मंजिल पर पहुँचाने वाले जूते से भी बदतर हो गई है। इसलिए न कोई प्रगति हो रही है, न ही कोई समृद्धि। यदि कुछ हो रहा है तो बेहूदी लफ्फाजी और अतीत की कीच को वर्तमान के मुँह पर पोतकर चुनावी विजय का फल खाने की कवायद, इसके अतिरिक्त कुछ नहीं। एक हकीकत यह भी है कि जिसका कोई वर्तमान नहीं होता, उसका कोई भविष्य नहीं हो सकता। देश के किसी भी जिम्मेदार नागरिक को इसे समझने की सख्त जरूरत है, लेकिन ऐसा हो नहीं रहा है। यह स्थिति बेहद चिंताजनक है, कष्टदायक है।"

राजेंद्र कुमार और मनीष कुमार दोनों ही समझ रहे हैं कि आजीवक बाबू की चिंता के केंद्र में कौन है, लेकिन मनीष बाबू ने जैसे मौजूदा सरकार के सामने समर्पण कर दिया हो, वे इसके विरुद्ध बोलने के लिए तैयार नहीं दिखे। यह बात आजीवक बाबू के लिए हैरानी का मामला था। उन्हें समझ नहीं आ रहा था कि इतने मुखर और बढ़-चढ़कर निष्पक्ष टिप्पणी करने के लिए बदनाम मनीष बाबू आज खामोश क्यों हैं? क्या वे हिंदू राष्ट्र के हिमायती हो गए हैं? क्या उन्हें अपने जातीय व धार्मिक हित हिरानिम के हिंदुत्व के एजेंडे में सुरक्षित नजर आने लगे हैं? क्या मनीष कुमार भी हिरानिम का रोबोट तो नहीं बन गए, जैसे कि मौजूदा सरकार के कर्ताधर्ता आज के तानाशाह तक रोबोट बने हैं?"

आजीवक बाबू इस दुविधा में फँसे थे कि राजेंद्र ने कहा, "जिन्हें मनीष बाबू

इस देश के लिए सबसे योग्य लोकतंत्र के प्रहरी बता रहे हैं, मैं उनकी जन्मपत्री अच्छी तरह जानता हूँ, अगर मनीष बाबू में सुनने का साहस है तो बताऊँ?"

चाहे मनीष बाबू हिरानिम के रोबोट बने या नहीं, पिछलग्गू बने या नहीं, अंधभक्तों की भीड़ का हिस्सा बने या नहीं, लेकिन एक बात तय थी कि वे किसी भी चुनौती को स्वीकार करने के अपने धर्म-कर्म पर अब भी डटे थे। मनीष बाबू का यह जज्बा आज भी काबिल-ए-तारीफ है। मनीष कुमार ने राजेंद्र कुमार की चुनौती सहर्ष स्वीकार कर ली और यह बात भी स्वीकार कर ली कि जब तक राजेंद्र कुमार अपनी बात पूरी नहीं कर लेंगे, वो बीच में हस्तक्षेप नहीं करेंगे।

चाय पहले ही समाप्त हो चुकी थी। चाय के खाली कपों को उठाने से पहले ही शालिनी ने सेंट्रल टेबल को प्लेट में सजे ठंडे खरबूजे की चॉप से भर दिया। मनीष ने चाय की तारीफ करते हुए कहा, "मैडम, चाय बहुत अच्छी थी और पेड़ों ने तो इस मुलाकात को एक उत्सव में बदल दिया, मजा आ गया।"

राजेंद्र कुमार कहाँ पीछे रहनेवाले थे, उन्होंने भी खरबूजे को सोने पे सुहागा बता दिया, "वैसे अब थोड़ी भूख-सी लग गई थी। पता नहीं हमारे पेट की पुकार आप तक कैसे पहुँच गई कि आपने बिन माँगे ही हमारी मुराद पूरी कर दी। धन्यवाद मैडम!"

आजीवक बाबू इस कॉम्प्लीमेंट पर मुसकराकर रह गए, वैसे भी यह संवाद मनीष, राजेंद्र और शालिनी के बीच था। इसलिए ऐसे मामलों में वे अनावश्यक हस्तक्षेप करना उचित नहीं समझते, लेकिन शालिनी ने भी कह दिया, "इसमें धन्यवाद जैसी कोई बात नहीं है। यह तो हमारा फर्ज है। आप लोग इतने समय बाद आए, ऐसे छोटे-मोटे जलपान का तो हक बनता ही है न। इसमें कुछ खास या बड़ा जैसा कुछ भी नहीं है।" यद्यपि नाश्ता-पानी काफी ठोस हो गया था, लेकिन यह शिष्टता का तकाजा ही होता है कि सच्चाई को नकारा जाता है। खैर, शालिनी अपवाद नहीं थी। इसलिए इस कॉम्प्लीमेंट को विनम्रता से नकार दिया।

"कभी साहब को भी लेकर आइए न। साहब को तो फुरसत ही कहाँ हम जैसे छोटे-मोटे आदमियों से मुलाकात के लिए शायद आप कोशिश करेंगे तो हमें भी कुछ सेवा का मौका मिलेगा और हमारा भी कल्याण हो जाएगा।" यह टिप्पणी दोनों की साझा थी, लेकिन इसमें आजीवक बाबू का भी जिक्र था,

इसलिए आजीवक बाबू का हस्तक्षेप स्वाभाविक था। उन्होंने कहा, "ऐसा नहीं है, बंधुवर! थोड़ा मौसम ठीक नहीं है और अभी मेरी पुस्तक का काम भी थोड़ा बचता है। इससे मुक्त होते ही जरूर मुलाकात होगी। मुझे बड़ी हसरत रहती है, आप जैसे साथियों से मुलाकात के अवसरों की।"

शालिनी चली गई और तीनों फिर अधूरी बात पर वापस लौट आए, यानी राजेंद्र कुमार को भारतीय लोकतंत्र के सबसे बड़े साहब, जो अपने आप को सबसे बड़ा सेवक बताते हैं, उनके इतिहास के बारे में चर्चा करने के लिए वैसे चाय और खरबूजे के हस्तक्षेप के चलते तीनों में से कोई नहीं भूला था कि राजेंद्र कुमार को कुछ सीरियस किस्म की बात करनी है, बड़े साहब के बारे में। राजेंद्र कुमार ने अपनी बात कुछ इस प्रकार प्रारंभ की, "जिन तानाशाही सोच के महानुभाव को आप लोकतंत्र के सबसे काबिल व्यक्ति कह रहे हो, मेरी नजर में किसी क्रिमिनल से कम नहीं हैं। मैंने अभी अलग से उनके कुकर्मों का काला चिट्ठा यूटयूब पर देखा जिससे मेरे पुराने सारे जख्म फिर से हरे हो गए।"

"अरे भई, कौन क्या है, इस बारे में हमें जजमेंटल नहीं होना चाहिए। हाँ, जो बात है, उसे पूरी जिम्मेदारी से कहा जाना चाहिए और सकारात्मक दृष्टिकोण से इस पर चर्चा होनी चाहिए।" आजीवक बाबू ने राजेंद्र बाबू के जवानी के खून के उबाल को रोकने के इरादे से पहले ही अपनी बात कही, लेकिन मनीष अपने वचन का पालन करते हुए एकदम शांत व मौन ही बने रहे और एक शब्द भी नहीं बोले।

"नहीं, मेरा इरादा किसी का अपमान करने का नहीं है, लेकिन सर, हकीकत इससे भी कहीं ज्यादा भयावह है।" लो, प्रत्यक्ष को प्रमाण की क्या जरूरत है ? सब अपनी आँखों से देख लीजिए। इस टिप्पणी के साथ राजेंद्र कुमार ने अपने आई-पैड पर यूट्यूब का एक वीडियो प्ले कर दिया। यह कुछ इस प्रकार था—इसमें एक व्यक्ति राजू बजरंगी को दिखाया गया है। इसे हाई कोर्ट ने छियासी लोगों की हत्या का जिम्मेदार ठहराया है। यह व्यक्ति कैमरे के सामने सन् 2002 के कत्लेआम पर बात कर रहा है। वह धड़ल्ले से साहब का नाम भी बता रहा है और कारनामे भी बता रहा है, "साहब ने जो किया वो कोई नहीं कर सकता। साहब का साथ नहीं होता तो उसका प्रतिकार नहीं लिया जा सकता

था। साहब के साथ के बिना कुछ नहीं हो सकता था और कोई साथ दे भी नहीं सकता था। पुलिस सामने खड़ी थी, देखती थी, कुछ नहीं होता था। उसने मुँह और आँख बंद कर रखी थी।"

इसी बीच एक औरत कैमरे पर बताती है कि हमने आवाजें सुनीं, "मारो-मारो...काटो...मारो...काटो, ये मियाँ भाई चाहिए ही नहीं भारत के अंदर।"

फिर एक दूसरी औरत बताती है कि ऐसा बोला गया, "कोई औरत हो, बच्चा हो, आदमी हो, कोई हो...मारो...काटो...जलाओ...कोई नहीं चाहिए।"

एक दूसरी औरत बताती है, "आग में फेंक दिया मेरे छोकरे को, आग में फेंक दिया, औरतों को मारा, बेइज्जती की।"

फिर राजू बजरंगी ने शेखी बघारी, "उस समय तो मजा ही और था साहब!"

फिर एक औरत बताती है, "किसी ने मुँह बंद कर लिया, कपड़े फाड़ दिए, नाड़ा तोड़ दिया।...एक अलग औरत हमारे साथ खड़ी थी, वो गर्भवती थी, उसका पेट फाड़ के बच्चा तलवार से काट दिया।"

इस कारनामे पर बजरंगी भाई तर्क देता है, "हमने उसको बताया कि हिंदुओं के साथ गड़बड़ करने का मतलब क्या होता है?"

एक अन्य औरत बताती है, "मेरी तीन साल की बेटी थी गोद में, उसको लेकर पटक दिया और तीन लोगों ने मेरे साथ बलात्कार किया। मेरी आँखों के सामने मेरे परिवार के सब लोगों को मार डाला।"

बजरंगी फिर शेखी बघारता है, "हमको गर्व है, एक-दो मौके और आ जाएँ...बस एक-दो...बाकी हम सब ठीक कर देंगे।"

एक अन्य औरत अपनी आपबीती बताती है, "हम टैंपो लेकर आ रहे थे, धरोलन से करोलल में अनामिका सोसाइटी है, वहाँ टैंपो गिरा दिया, हमारे आदमियों को मार डाला। एक के पैर तोड़ के टैंपो में डाल दिया और टैंपो में केरोसिन डालकर आग लगा दी, मेरे कपड़े फाड़ दिए। पुलिसवाले क्या करते, कुछ नहीं कर रहे थे। जिस दिन साहब गौरव यात्रा निकालने निकले, तो उन्होंने गौरव यात्रा कहाँ निकाली, कहाँ की? वो तो अनामिका सोसाइटी में थी। उस दिन हमारा टैंपो गिरा दिया, वहाँ भाषण किया साहब ने। साहब ने कहा था, 'अगर

मियाँ, तुम्हारा कोई सपना है तो उस सपने को देखनेवाली आँखों को नोचनेवाली हमारी तैयारी है।'

इस वीडियो को देखकर सभी के चेहरों की हवाइयाँ उड़ गई थीं, शायद इन दर्दनाक हादसों की पीड़ा सभी के दिलो-दिमाग पर सवार थी। किसी में इसके समर्थन का साहस नहीं था। किसी सफाई की कोई गुंजाइश ही नहीं थी। मनीष कुमार का चेहरा भी भावशून्य हो चला था, शायद किसी तर्क की कोई गुंजाइश ही नहीं बची थी, अब जैसे सारा मैदान राजेंद्र कुमार के पक्ष में था, फतेह करने के लिए। इसलिए उन्होंने अपनी बात आगे बढ़ाते हुए कहा कि इसी नेशनल सेक्युलर पार्टी के एक और तथाकथित साधु तो सार्वजनिक मंचों पर हिंदू राष्ट्र की स्थापना के संबंध में यहाँ तक बोल गया, "जिस दिन यह राष्ट्र 'हिंदू राष्ट्र' हो जाएगा, जिस दिन यह देश हिरानिम और हमारे जैसे युवा संन्यासियों के हाथ में आ जाएगा, तो मुसलिम दोयम दर्जे का नागरिक बनेगा। उसका वोट देने का अधिकार छीन लिया जाएगा, अगर वे एक हिंदू को मारेंगे तो हम भी सौ को मारेंगे। हम लोगों ने तय कर रखा है, अगर वे एक हिंदू बालिका को ले जाएँगे तो हम कम-से-कम सौ मुसलिम बालिकाओं को उठाएँगे।"

अब आप ही बताइए कि अगर देश का नेतृत्व ऐसे लोगों के हाथ में होगा, जो सभी प्रकार के सांप्रदायिक दंगों और तथाकथित साधु-संन्यासियों के सार्वजनिक मंचों से इतने भयानक विष-वमन पर शांत रहेंगे तो क्या इसका सीधा सा मतलब यह नहीं है कि साहब और उसकी सत्ता की हिंदू राष्ट्र के निर्माताओं के ऐसे कारनामों को मूक स्वीकृति है? क्या यह किसी भी लोकतंत्र के लिए खतरे की घंटी नहीं है? इसलिए मैंने साहब और उसके आजू-बाजू अवसरवादियों की जमात के लिए क्रिमिनल जैसे शब्द का प्रयोग किया। ये कारनामे क्रिमिनल मानसिकता की ओर इशारा नहीं करते क्या?"

अब शाम के सात बज गए थे और शालिनी को लगा कि ये लोग छह-सात घंटों से ऐसे ही हल्ला-गुल्ला किए जा रहे हैं। इन्हें भूख भी लगी होगी, इसलिए वो पुन: पनीर और आलू के पकौड़ों के साथ ड्राइंगरूम में जा पहुँचीं। कहने की आवश्यकता नहीं, अकसर सूना रहनेवाला यह ड्राइंगरूम आज ड्राइंगरूम कम और वाद-विवाद स्थल ज्यादा लग रहा था। शालिनी की इस सूझ-बूझ पर

आजीवक बाबू भी दंग रह गए। उन्हें इसकी अपेक्षा नहीं थी। आजीवक बाबू आज अंदर-ही-अंदर शालिनी के इस आतिथ्य-सत्कार की अनूठी नजीर से बहुत खुश थे। यह उनके लिए भी फख्र की बात थी।

चाय-पकौड़ों के साथ जलपान का यह तीसरा दौर भी वाद-विवाद से अछूता नहीं रहा। इन तीनों को देखकर ऐसा लग रहा था कि ये कोई प्राइवेट अनौपचारिक बातचीत नहीं कर रहे, बल्कि यह किसी राजनीतिक अनुसंधानकर्ताओं की कोई महत्त्वपूर्ण वर्कशॉप चल रही हो। आजीवक बाबू ने भी ऐसी कोई अपेक्षा नहीं की थी, लेकिन सब चल रहा था बिना किसी बोरियत और थकान के। यह अलग बात है कि राजेंद्र और मनीष बाबू के घर से कई बार फोन भी आए, लेकिन चर्चा के कार्यक्रम में कोई परिवर्तन की बात नहीं थी।

आखिर यह दोस्ताना मीटिंग रात के साढ़े नौ बजे तक बदस्तूर चली और इस नोट पर समाप्त हुई कि कोई पार्टी दूध की धुली नहीं है और कमोबेश सभी का चरित्र एक जैसा है। इसलिए हमें देश के एक जिम्मेदार नागरिक के रूप में किसी भी राजनीतिक पार्टी या व्यक्ति का मोहरा नहीं बनना है। न भीड़ बनना है, न भेड़ और न ही संवेदनहीन रोबोटिक मशीन ही बनना है। जितनी शिद्दत से राजनीतिक पार्टियाँ और उम्मीदवार चुनाव जीतने के लिए एड़ी से चोटी का जोर लगाते हैं, यदि ठीक वैसे ही वोटर अपने उपयुक्त जनप्रतिनिधियों के मूल्यांकन के लिए एड़ी से चोटी तक का जोर लगा दें तो हम खुद ही काफी हद तक राजनीतिक गंदगी और गुंडागर्दी को समाप्त करने में कामयाब हो सकते हैं।

अंत में आजीवक बाबू ने आज की मीटिंग, यानी जीवन की सबसे लंबी मीटिंग का समापन एक संक्षिप्त सी टिप्पणी के साथ किया, "सराहना हो या आलोचना, दोनों के फायदे हैं, क्योंकि दोनों ही प्रेरित करने और सुधार लाने का मार्ग खोलते हैं।" दरअसल वे नहीं चाहते थे कि कोई भी साथी उनके यहाँ से किसी प्रकार का मनमुटाव लेकर वापस अपने घर लौटे। वैसे ऐसा लग भी नहीं रहा था, क्योंकि ऐसा कुछ होता तो इस मीटिंग को समाप्त करने के लिए घर से आए फोन ही काफी थे।

□

बारह

जैसा कि गत मीटिंग में सतीश गौतम से तय हुआ था, तिगड़ी की मीटिंग का यह पहला शनिवार था। सतीश गौतम ने संभवत: शनिवार को साहित्य और समसामयिक गतिविधियों पर चर्चा के लिए चुना था और इसकी पहली मीटिंग भी अपने घर ही रखी थी। इस मीटिंग को अंजाम देने का श्रेय सतीश गौतम को ही जाता है। ठीक ऐसे ही उन्होंने काफी पहले से रविवार को कॉलोनी के बुद्ध विहार को समर्पित कर दिया था। गौतम मूल रूप से आंबेडकरवादी हैं और बुद्धिज्म को आंबेडकरवाद का अनिवार्य हिस्सा मानते हैं। यद्यपि आंबेडकरवाद डॉ. तरुण और आजीवक बाबू की प्राथमिकताओं में से एक महत्त्वपूर्ण बिंदु है, लेकिन उन्होंने अन्य विचारधाराओं के लिए भी अपने खिड़की-दरवाजे खुले रख छोड़े हैं।

मीटिंग में जाने से पहले आजीवक बाबू के दिमाग में स्वाभाविक रूप से हिरानिम की कारगुजारियाँ आतंक मचाए थीं। वे जानते हैं कि हिरानिम के निशाने पर मुसलिम हैं, लेकिन यह पूरा सच नहीं है। पूरा सच यह है कि मुसलिम और ईसाई, यानी धर्मांतरित दलित इनके घोषित एजेंडे पर हैं। दलित-आदिवासी इनके अघोषित दूसरे एजेंडे पर हैं तो अन्य पिछड़ा वर्ग तीसरे अघोषित एजेंडे पर। आजीवक बाबू की नजर में हिरानिम का एकसूत्री और गुप्त कार्यक्रम भारत को इन सभी मूल निवासियों से मुक्त कराना है, यानी अपने आर्यन, जिसे हिंदूवादी एजेंडा भी कहा जा सकता है, को अंजाम तक पहुँचाना है। गौरतलब है, इन घोषित और अघोषित तीनों एजेंडों को इनकी सुनियोजित रणनीति के तहत तीन फेज में पूरा होना है। आजीवक बाबू की चिंता का विषय ये तीनों एजेंडे नहीं हैं। उनकी चिंता का विषय मूल निवासियों का हिरानिम के इन एजेंडों के प्रति जागरूकता का अभाव है।

दूसरे, आजीवक बाबू के दिमाग में संदेह की कोई गुंजाइश नहीं है कि मौजूदा सरकार ही है, जो हिरानिम के एंजेंडों को अंजाम तक पहुँचाने में संजीवनी का काम कर रही है, एक लाइफ लाइन का काम कर रही है। आज का मीडिया मौजूदा सरकार की निजी सेना की भूमिका में आ गया है। यह हिरानिम और सरकार की तरफ से छिपकर वार करता है, गुरिल्ला युद्ध करता है। आजीवक बाबू की नजर में कोबरा पोस्ट का स्टिंग ऑपरेशन इनकी कारगुजारियों का जीता-जागता उदाहरण है। यह स्टिंग ऑपरेशन मीडिया के चेहरे से शराफत के मास्क को खुरच-खुरचकर कुछ ऐसे उतारता है—'देश भर के बहुत सारे चैनल और अखबार हिंदू-मुसलमान के आपसी टकराव के समाचार चलाने को तैयार हो गए। किसी भी विरोधी पार्टी की मजाक उड़ाने, बार-बार नई प्रकार की अनर्गल स्टोरी तैयार करने को तैयार हो गए। विपक्ष की वास्तविक भूमिका को भुलाकर उसकी पुरानी रिपोर्टिंग करने को तैयार हो गए। मोटा पैसा किसी भी रूप में लेने को तैयार हो गए, ताकि जी.एस.टी. से बचा जा सके, टैक्स से बचा जा सके।'

हिरानिम, मौजूदा सरकार और मीडिया के बीच नेक्सस, यानी साँठ-गाँठ कैसे काम करती है, यह आजीवक बाबू की रातों की नींद उड़ाए है, क्योंकि उन्हें मालूम है—'मीडिया व सभी सरकारी दफ्तरों में अधिकतर उच्च जाति के अफसर हैं, उनकी हमदर्दी मौजूदा सरकार से इसलिए भी है कि वो ऊँची जातियों के हित की ही बात करती है। इससे उनकी जाति के हित सुरक्षित होते हैं और दूसरे उन्हें अपनी नौकरी गँवाने का कोई खतरा नहीं रहता। इतना ही नहीं, यदि उनकी सरकार भक्ति। इसलिए वे दोनों हाथों में लड्डू रखने में अपनी भलाई समझते हैं। वो सरकारी गुलामी स्वीकार नहीं करते तो नौकरी के साथ-साथ जान-माल को गँवाने का खतरा भी बराबर बना रहता है। उन्हें भरोसा है कि जनता के मौजूदा सबसे बड़े सेवक के रहते दलित और मुसलमानों के पंख आसानी से कतरे जा सकते हैं।'

इस नेक्सस में कॉरपोरेट हाउस कैसे जुड़ते हैं, यह समझना आजीवक बाबू की पहुँच से बाहर नहीं है। वे जानते हैं कि देश की संचार व्यवस्था से जुड़े अंडर टेकिंग्स, हवाई जहाज और बैंक वगैरह-वगैरह फटेहाल क्यों होते जा रहे हैं?… और कॉरपोरेट घराने मालामाल क्यों हैं? साफ है कि सरकार और मीडिया के

आर्थिक हितों की पूर्ति वाया भटिंडा कॉरपोरेट हाउस ही करते हैं। ये ही साहूकार हैं, ये ही कर्जदार हैं, ये ही मौजूदा सरकार के संकटमोचक हैं और तारणहार हैं। ये 'तू मेरी पीठ खुजला और मैं तेरी' की फिलॉसफी पर काम करते नजर आते हैं। रामजी की कृपा से देशभक्ति इनके घर की बाँदी हो चली है। सरकार सेना की पीठ की सवारी करती है और अपने हित साधती है।

ऐसे में सरकार कभी भी किसी दूसरे के छींकने और खाँसने तक को देशभक्ति का मुद्दा बनाती है। चुटकियों में कोई भी व्यक्ति और उसकी देश के प्रति निष्ठा संदिग्ध हो जाते हैं। इतना ही नहीं, भारत माता, गऊ माता और गंगा मैया तो इनके कुकर्मों का गू-मूत ढोने को इनकी चौखट के बाहर सिजदा करती हैं। ऐसे में शेष बचा ही क्या है?

आजीवक बाबू को इसका अहसास है कि हिंदू राष्ट्र बनाने में हिनानिम के साथ कौन-कौन जुड़ा है? कौन हैं वे जो लोकतंत्र की रीढ़ संविधान और संवैधानिक संस्थाओं को वेंटिलेटर से मुक्ति के सवाल पर मौन हैं? इसके विपरीत, आजीवक बाबू यह भी जानते हैं कि संविधान और संवैधानिक संस्थाओं की मृत्यु पर अनाथ कौन होनेवाले हैं? जाहिर है, हिंदू राष्ट्र की बुनियाद के पत्थर बन जमींदोज होनेवाले और कोई नहीं हैं, इस देश के मूल निवासी हैं। इतने सब खतरों के बावजूद ये देश के मूल निवासी फेसबुक जैसे सोशल मीडिया तक को क्यों नहीं बनाते आंदोलन का औजार? आजीवक बाबू पूछना चाहते हैं, जो सहज उपलब्ध है, वो सँभलता नहीं, जो नहीं है, उसके लिए गिड़गिड़ाहट क्यों? क्यों भाई···क्यों? इस क्यों के जवाब में आजीवक बाबू पुनः प्रश्न करते हैं कि हम ही क्यों बने हैं बलि के बकरे। हम ही क्यों खोद रहे हैं अपनी कब्र? और हमें ही क्यों है इसमें दफन हो जाने का इंतजार, आखिर क्यों?

आजीवक बाबू इस 'आखिर क्यों' के उत्तर की तलाश में उलझे थे कि इसी दौरान चिर-प्रतीक्षित मोबाइल की दुनिया रोशन हो उठी। आजीवक बाबू का अनुमान एकदम ठीक निकला। फोन डॉ. तरुण का ही था। स्क्रीन पर डॉ. तरुण अपनी सफेद-चिट्टी दाढ़ी, जो उनके लेखकीय व्यक्तित्व की पहचान बराबर बनी थी, के साथ मौजूद थे। चेहरा वही सत्तर के पार भी अपने आकर्षण से समझौता करने को कतई राजी नहीं था। डॉ. तरुण के फोन के साथ उनके फोटो

से रू-ब-रू होना आजीवक बाबू को अच्छा लगता है। उधर से सीधे आवाज आई—"मैं दस मिनट में पहुँचनेवाला हूँ।"

"ओ.के. सर, आइए···मिलते हैं वहीं बस स्टैंड पर।"

"ठीक है, बाय।" डॉ. तरुण की 'बाय' के साथ आजीवक बाबू घंटों से घिरे अपने खयालों की उस दुनिया से ही मुक्त नहीं हुए, बल्कि तुरंत घर से भी निकल लिये, क्योंकि आजीवक बाबू को अपने घर से स्टैंड तक पहुँचने में पाँच-दस मिनट लग ही जाते हैं। दरअसल, इन दोनों को बस स्टैंड से पैदल ही गौतम के घर पहुँचना था और समय से पहुँच भी गए। सतीश गौतम के ड्राइंगरूम में मौजूद सोफे पर सुविधानुसार अपना-अपना स्थान भी ग्रहण कर लिया। जलपान के साथ-साथ इधर-उधर की गपशप हुई और तीनों सीधे दुनियादारी के मूल मुद्दे पर आ गए।

बाबा साहब की जयंती के अवसर पर पार्लियामेंट स्ट्रीट पर लोगों की गैदरिंग को लेकर सतीश इस बार पहले की अपेक्षा अधिक ही उत्साहित थे। इस गैदरिंग में अपनी कॉलोनी के लोगों की उपस्थिति को लेकर वे डॉ. तरुण से फोन पर इसकी चर्चा पहले भी कर चुके थे, क्योंकि डॉ. तरुण खराब स्वास्थ्य के चलते इस बार वहाँ नहीं जा पाए थे। यद्यपि इस बार भी गौतम और आजीवक बाबू की मुलाकात पार्लियामेंट स्ट्रीट पर हुई थी, लेकिन आपस में एक-दूसरे के अनुभव साझा नहीं हुए थे। आज भी सतीश गौतम कॉलोनी में अपने योगदान का श्रेय लेने के लिए इसकी पुनः चर्चा कर बैठते हैं—

"अब की बार कॉलोनी के लोग पार्लियामेंट स्ट्रीट जाकर ज्यादा खुश थे। वहाँ मौजूद भीड़ को देखकर मैंने इनके हौसले में बदलाव नोट किया है। आज इन्होंने वहाँ तक जाने का साहस किया है। इसके चलते इनकी सोच के स्तर में भी बदलाव की संभावनाओं से इनकार नहीं किया जा सकता। मुझे लगता है कि लोगों में जागृति ऐसे ही आती है। अब देखते हैं, यह प्रयास आगे कैसा टर्न लेता है, मेरा मतलब ऊँट किस करवट बैठता है?" अपनी टिप्पणी की समाप्ति पर गौतम जोर से मुसकरा दिए, लेकिन इसके बावजूद गौतम की नजरें विशेष रूप से आजीवक बाबू के चेहरे पर टिकी थीं। संभवतः वे उनकी प्रतिक्रिया से पहले उनकी बॉडी लैंग्वेज का भी जायजा लेना चाह रहे थे।

आजीवक बाबू थोड़ा मुसकरा दिए, लेकिन अपने रीयल-सेल्फ की अभिव्यक्ति को रोक न सके और बोले, "मैं आपसे इस मामले में पूरी तरह इत्तेफाक नहीं रखता। मैं बहुत सारे लोगों को जानता हूँ, जो सिर्फ डॉ. आंबेडकर, यानी बाबा साहब का जाप करते हैं। उनके कारनामों का गुणगान करते हैं। ऐसे लोग सिर्फ भीड़ बढ़ाने और नारे लगाने का काम करने तक ही सीमित होते हैं। मुझे नारे लगानेवाले लोग खोखले लगते हैं। काम करनेवालों को किसी नारों की जरूरत नहीं होती। ऐसी मेरी निजी मान्यता है। करेला और ऊपर ने नीम चढ़ा जैसी एक कड़वी सच्चाई यह भी है कि अधिकतर दलित लेखक भी बाबा साहब के अंधभक्त बने हैं। जहाँ तक 14 अप्रैल को बाबा साहब के जन्मदिन के रूप में मनाने का सवाल है, आजकल यह भी एक बड़ा कर्मकांड जैसा होकर रह गया है।"

"इस मेले में लोगों में खाने की मारामारी इतनी जबरदस्त होती है कि इसके पीछे का सारा उद्‌देश्य गौण हो जाता है। पुस्तक वगैरह के स्टॉल पर ऐसा कोई उत्साह नहीं रह गया है, जैसा पहले हुआ करता था। आजकल अन्य सामग्री बेचनेवालों की भी कमी नहीं रह गई है। यह दलितों का मिनी कुंभ जैसा बनता जा रहा है। ऐसे ही कर्मकांडों और कर्मकांडियों के चलते बुद्धिज्म की वैज्ञानिकता की चमक पर जैसे ग्रहण लग गया है। मुझे इस प्रकार के कर्मकांड बुद्धिज्म और आंबेडकरइज्म, यानी दोनों की फिलॉसफी के अनुकूल नहीं लगते। इस भीड़ की न कोई दिशा होती है और न ही इस जनसमूह के पास कोई नेतृत्व। मुझे लगता है, इसका किसी रचनात्मक कार्य में परिवर्तित करने की किसी मुहिम से कुछ लेना-देना नहीं लगता है। मुझे यह सब जनसमूह की ऊर्जा और समय की बरबादी लगता है। यह हम सभी की चिंता का विषय होना चाहिए। यह मेरी निजी मान्यता है, वैसे किसी का इससे सहमत होना जरूरी नहीं है।"

आजीवक बाबू पुनः डॉ. तरुण की ओर मुखातिब होकर बोले, "डॉ. साहब, आप बताइए, 14 अप्रैल को खाने-पीने के कार्यक्रम, यानी किसी भी प्रकार के ये जो भंडारे होते हैं, यदि इन्हें बंद कर दिया जाए तो तब भी क्या ऐसी ही भीड़ जुटेगी? वैसे मुझे इस भीड़ की नारेबाजी क्षणिक उत्तेजना की अभिव्यक्ति के अलावा ज्यादा कुछ नहीं लगती, लेकिन इस बारे में आपका पक्ष जानना

चाहता हूँ। भंडारों के अभाव में इस भीड़ और इसके जोश के बने रहने के बारे में आपको क्या कहना है?"

"मैं आपकी बात से सहमत हूँ, लेकिन विकल्प क्या है? यदि ये कर्मकांड ही बंद कर दिए जाएँगे तो आंदोलन जैसी कोई चीज बचेगी ही नहीं। मुझे इन कर्मकांडों के होने, न होने के बारे में कुछ नहीं कहना है, वैसे भी मेरे पास इस मामले में कोई ठोस तर्क नहीं है, क्योंकि मैंने इस नजरिए से पहले कभी सोचा ही नहीं, लेकिन मैं गौतमजी की बात से सहमत हूँ कि कुछ भी न होने से कुछ होना अच्छी बात है। कम-से-कम ऐसे कार्यों से आगे का मार्ग प्रशस्त होने की संभावनाएँ तो बनी रहती हैं।" डॉ. तरुण अपनी प्रतिक्रिया के दौरान काफी गंभीर दिखे और कुछ हताश भी, लेकिन गौतम के लिए यह प्रतिक्रिया काफी राहत पहुँचानेवाली थी, क्योंकि यह उनकी बात का समर्थन करती नजर आ रही थी।

आजीवक बाबू को इस प्रतिक्रिया के संदर्भ में 'पीके' फिल्म के एक पात्र 'स्वामीजी' की याद ताजा हो आती है। वे स्वामी के तर्क को व्यक्ति के भगवान् की शरण में जाने की वकालत के संबंध में कुछ ऐसे याद दिलाते हैं, "यदि भगवान् की वजह से लोगों में उम्मीद जगती है, मुसीबतों को झेलने का हौसला मिलता है, आदमी आत्महत्या से बच जाता है तो भगवान् की शरण में जाने में बुरा क्या है?" वे अपनी प्रतिक्रिया को पुनः आगे बढ़ाते हुए कहते हैं, "यदि ऐसा है तो सभी को प्रचलित धर्मों के किसी भी भगवान् की शरण में चले जाना चाहिए, फिर अलग से किसी डॉ. आंबेडकर व तथागत बुद्ध और उनके चिंतन दर्शन की जरूरत ही क्या है? आंबेडकरवाद और बुद्धवाद की क्या जरूरत है?"

आजीवक बाबू का तर्क डॉ. तरुण और गौतम को हजम नहीं हुआ। डॉ. तरुण तो शांत बने रहे, लेकिन गौतम की जवानी का जोश कहाँ शांत रहनेवाला था। आखिर गौतम ने अपने दिल की भड़ास निकाल ही दी, "आजीवक बाबू, मुझे लगता है कि आपको किसी की बात समझ ही नहीं आती। यदि आती भी है तो शायद आप उसे समझना नहीं चाहते। आप सिर्फ सामनेवाले की बात को खारिज करना जानते हो। आप सिर्फ आलोचना करना जानते हैं। इसमें आपको मजा आता है शायद? अब आप बताइए, ऐसी परिस्थिति में किया क्या जाए? आजीवक बाबू की फिलॉसफी क्या है?"

'आजीवक बाबू की फिलॉसफी क्या है?' इस सवाल पर आजीवक बाबू मुसकरा दिए। यह पहला अवसर नहीं था जब गौतम आवेश में आ गए थे। लगभग हर मुलाकात में किसी-न-किसी मुद्दे पर इन दोनों की ऐसी गरमागरमी आम बात थी। इससे दोनों भलीभाँति परिचित थे, लेकिन बीस वर्ष से भी अधिक समय से ये दोनों ऐसी नरमी-गरमी के साथ एक-दूसरे के साथ थे, मित्रवत् थे, जैसाकि आमतौर पर होता है, गौतम की बात का आजीवक बाबू को बुरा नहीं लगा और उन्होंने बड़ी सहजता के साथ अपनी बात रखी, "आपको नाराज होने का हक है, बंधुवर, लेकिन मुझे सिर्फ इतना कहना है कि जब 'व्यक्ति' किसी भी व्यक्ति विशेष, किसी कर्मकांड विशेष, किसी पुस्तक विशेष या किसी 'वाद' विशेष की शरण में चला जाता है, उसके समक्ष अपने को सरेंडर कर देता है तो उस व्यक्ति की 'निजता', यानी उसका 'सेल्फ', उसका अपना वजूद, उसकी अपनी अस्मिता, उसके अपने नहीं रहते, सब कठपुतलाई हो जाते हैं। ऐसे मामलों में न किसी आंबेडकरवाद का कोई भविष्य रह जाता है, न किसी बुद्धवाद का, न ही किसी लोकायत व चार्वाक का और न ही 'व्यक्ति' का अपना कोई स्वतंत्र भविष्य ही रह जाता है।"

"आजीवक बाबू की फिलॉसफी क्या है?" बंधुवर, इस बारे में मैं सिर्फ इतना कहना चाहता हूँ, "मुझ जैसे साधारण आदमी की कोई फिलॉसफी संभवतः हो ही नहीं सकती और जाहिर है, मेरी भी ऐसी कोई फिलॉसफी नहीं है, लेकिन मैं 'व्यक्ति' को प्रत्येक गतिविधि का केंद्र मानता हूँ। मैं यह भी मानता हूँ कि 'स्वस्थ पर्यावरण' व्यक्ति के लिए अनिवार्य है और इसे प्रत्येक व्यक्ति की प्राथमिकता होनी चाहिए, केंद्रीय गतिविधि होनी चाहिए। व्यक्ति को 'अप्प दीपो भव' के कॉनसेप्ट का पूरा स्पेस मिलना चाहिए। मैं व्यक्ति को किसी गली-मुहल्ले, प्रदेश व देश-विदेश के नागरिक तक सीमित नहीं मानता। मैं उसे ग्लोबल सिटीजन के रूप में देखता हूँ। मैं व्यक्ति के कर्तव्यों के निर्वहन के मामले में भी उससे उसी स्तर की अपेक्षा करता हूँ। माफ करना, मुझे मौजूदा आंबेडकरवाद और बुद्धिवाद की स्थिति 'गए थे चौबे बनने और दूबे भी न रहे' या 'गए थे नमाज अदा करने, रोजे गले पड़ गए' की ओर अग्रसर होती दिखती है, क्योंकि आंबेडकरवाद और बुद्धिवाद व्यक्ति की जीवन-शैली बनने से अभी

काफी दूर है। इनका दिखावा अधिक और यथार्थ कम है, ऐसा मेरा मानना है।"

डॉ. तरुण की बॉडी लैंग्वेज से साफ था कि उन्हें भी आजीवक बाबू की यह टिप्पणी नागवार गुजरी है, इसलिए अपनी बात रखने से वे पीछे हटनेवाले नहीं थे और मुखर हो उठे, "आप आंबेडकरवाद और बुद्धिवाद के भविष्य पर प्रश्नवाचक चिह्न लगा रहे हैं। चलो! थोड़ी देर को मान लेते हैं कि आपकी बात ठीक है। पार्लियामेंट स्ट्रीट पर डॉ. आंबेडकर के नाम पर जैसी गैदरिंग होती है, उन्हीं के नाम पर इससे भी बढ़कर गैदरिंग सामाजिक न्याय पार्टी (एन.एस.पी.) की रैलियों में होती है। इन गैदरिंग के दम पर ही एन.एस.पी. पार्टी राष्ट्रीय स्तर की पार्टी भी बनी और कई बार राज्य की सत्ता पर काबिज हुई। काबिज ही नहीं हुई, शासन-प्रशासन भी एकदम काबिल-ए-तारीफ रहा। इस पर आप सवाल नहीं उठा सकते। मेरा प्रश्न आपसे बड़ा सीधा सा है कि ये लोग गैर-जिम्मेदार कैसे हो सकते हैं? अपरिपक्व कैसे हो सकते हैं?"

डॉ. तरुण की इस प्रतिक्रिया ने सतीश गौतम के हौसले के लिए ऑक्सीजन जैसा काम किया। इसने एक उत्प्रेरक जैसा काम किया। गौतम ने आजीवक बाबू के बोलने से पहले ही जैसे अपनी ऊर्जा का टॉप गियर लगा दिया और अपनी प्रतिक्रिया भी कुछ इसी अंदाज में दी, "मैंने तो अपनी बॉस को भी पिछली मीटिंग में कह दिया था कि मैं तो अपना वोट अपनी पार्टी एन.एस.पी. को ही दूँगा। आपको भी अपना वोट हमारी ही पार्टी को देना चाहिए। एक महिला यदि दूसरी महिला को वोट नहीं देगी तो कौन देगा? महिला सशक्तीकरण कैसे होगा? मेरा तो पक्का मानना है कि हमारी पार्टी इस बार जबरदस्त प्रदर्शन करेगी और बहनजी ही देश की प्रधानमंत्री बनेंगी। आजीवक बाबू, देख लेना, आप भी यहीं हैं और हम भी। 'हाथ कंगन को आरसी क्या और पढ़े-लिखे को फारसी क्या?' देख लेना, इस बार 'दूध-का-दूध और पानी-का-पानी हो जाएगा'।"

सतीश गौतम का हौसला और आत्मविश्वास गजब का था। भले ही डॉ. तरुण उनकी बात से पूरी तरह सहमत न हों, लेकिन सतीश गौतम ने डॉ. तरुण की उँगली ही नहीं, पौंहचा भी पकड़ लिया और अपने को डॉ. तरुण से जोड़कर 'हम' बना दिया। आजीवक बाबू को इस तिकड़ी से जैसे अलग कर दिया, विरोधी खेमे में खड़ा कर दिया या यूँ कहें कि एक प्रकार से डिस्ओन कर दिया। दरअसल, यह

अलगाव व डिस्ओन वैचारिक था, क्षणिक था, लेकिन दीगर हकीकत यही है कि आजीवक बाबू अपनी ऐसी ही सोच के चलते मित्रों व रिश्तेदारों से बराबर डिस्ओन होते जा रहे हैं। उन्हें यह बराबर अखरता भी है, लेकिन वे अपने आप को बदलने की स्थिति में नहीं हैं। ऐसा बदलाव उन्हें किसी खुदकुशी से कम नहीं लगता। वे कमजोर नहीं हैं, कायर भी नहीं हैं, इसलिए बराबर अलगाव के साथ अपने वैचारिक मोर्चे पर डटे हैं। जाहिर है कि खुदकुशी करने की स्थिति में कतई नहीं हैं।

जाहिर है, आजीवक बाबू को अपनी प्रतिक्रिया देनी थी। बिना किसी संकोच के उन्होंने अपनी प्रतिक्रिया कुछ इस प्रकार दी—"देखिए बंधुओ, मैं अपनी बात व्यक्ति की बौद्धिकता के संदर्भ में कह रहा था। व्यक्ति के स्थायी व्यक्तित्व के विकास की बात कर रहा था और बेहतर जीवन-शैली की बात कर रहा था। मैं अपनी बात पर अभी भी कायम हूँ। दूसरे, आपने व्यक्ति के अपलिफ्टमेंट को राजनीति से जोड़ दिया, यह तर्कसंगत नहीं है। राजनीति में कोई क्रिमिनल मानसिकता का व्यक्ति भी लोकतंत्र के शिखर तक जा सकता है। किसी भी पार्टी का अध्यक्ष बन सकता है। मंत्री हो सकता है। किसी भी पार्टी का सर्वेसर्वा हो सकता है।

"मौजूदा लोकतंत्र में यह काम भीड़ बखूबी करती है। भयभीत भेड़ करती है और माइंडलैस क्राउड यह सब करती है। मेरा मानना है कि एस.एन.पी. के मामले में डॉ. आंबेडकर की वैचारिकी की कोई भूमिका नहीं है। सिर्फ उनके नाम को भुनाया जा रहा है। सभी उनके नाम पर राजनीति कर रहे हैं। उनके जैसे काम पर कोई राजनीतिज्ञ नहीं टिका है। यदि उनके काम पर राजनीति होती तो समाज और देश की तसवीर ही कुछ और होती। यहाँ कुछ भी स्थायी नहीं है। जिस दिन डॉ. आंबेडकर की वैचारिकी एन.एस.पी. के सिर चढ़ के बोलेगी और उनकी वैचारिकी की प्रधानता होगी तो परिणाम लाजवाब होंगे। मैं निराशावादी नहीं हूँ, लेकिन फिर भी मुझे मौजूदा राजनीति की बेशर्मी के चलते इसके आसार नगण्य नजर आते हैं।"

लेकिन आजीवक बाबू दोनों के सामने चाहकर भी अपने मन की बात साझा करने का साहस नहीं कर सके कि उनकी नजर में एन.एस.पी. की अध्यक्षा बहनजी पीएम पद के योग्य नहीं हैं। वे जानते हैं कि सिक्के का एक दूसरा पहलू

भी है—यदि किसी राजनीतिक मजबूरी के चलते बहनजी को पी.एम. बनाने की कोई परिस्थितियाँ बनती हैं तो भी जातिवादी अजगर सारी नैतिकता और सारे कायदे-कानून निगल जाएँगे। इतिहास पुनः अपने आप को दोहराएगा और मौजूदा राजनीति की गंदगी के चलते धर्मनिरपेक्षता के सारे मानदंड धरे रह जाएँगे। ठीक वैसे ही जैसे गुजरे समय में होता रहा है। इसका मतलब यह नहीं है कि वे यह मानते हैं कि दलित समाज का कोई व्यक्ति पी.एम. पद के योग्य नहीं होता, हो नहीं सकता, निस्संदेह वह बराबर हो सकता है। पहले भी कई दलित नेता पीएम के योग्य रहे हैं, आज भी हैं और आगे भी रहेंगे।

यह अलग बात है कि जातीय नंगई के चलते उन्हें बराबर पी.एम. पद से महरूम रखा गया। यद्यपि अनुभव और योग्यता के मामले में वे किसी अन्य से कम नहीं थे, लेकिन साजिशों का बाजार हमेशा गरम ही रहा और जातिवाद हमेशा जीत गया। उन्हें अहसास है, यदि राजनीतिक मजबूरी के चलते बहनजी को पी.एम. पद की जिम्मेदारी देने की नौबत आई भी तो उनके साथ आज भी जातीय अजगर फन उठाकर जरूर खड़ा होगा, इसमें कोई संदेह की बात नहीं है। ऐसा कहकर आजीवक बाबू अपने दोनों अजीज मित्रों को कोई सदमा नहीं पहुँचाना चाहते थे, लेकिन पी.एम. पद की योग्यता के संबंध में उनके तर्क हैं कि राष्ट्रपति के सर्वोच्च पद पर कोई दलित समाज का व्यक्ति यदि न्याय कर सकता है और इस पद की गरिमा को बढ़ा सकता है तो पीएम पद के लिए वह सिरे से अयोग्य कैसे मान लिया जाता है?

इसी बीच जलपान और खाद्य सामग्री के साथ श्रीमती गौतम तशरीफ लाई और जय भीम के संबोधन का आदान-प्रदान हुआ। इसी दौरान श्रीमती गौतम को देखकर आजीवक बाबू के दिमाग में अचानक एक प्रश्न कौंधा, 'यह घंटों किसी-न-किसी मुद्दे पर बहसबाजी आदमियों का शगल है। बेचारी महिलाएँ इनके बीच में बेवजह फँसती हैं, बराबर पिसती रहती हैं। इन महिलाओं को इनकी खिदमत में अनावश्यक ही हाई-अलर्ट पर रहना पड़ता है, जैसे युद्ध के दौरान मेडिकल टीम को सेकंड लाइन में अलर्ट पर रहना प्राथमिकता होती है···युद्ध में घायल सैनिकों का इलाज करना होता है। इन्हें अपने श्रीमानों की चर्चाओं में कितनी दिलचस्पी है, कितनी नहीं, इसका सर्वे शायद कभी हुआ ही नहीं। इन्हें

इनकी साहित्यिक गतिविधियों के चलते क्या-क्या दिक्कतों का सामना करना पड़ता है? यदि ऐसा कोई सर्वे हो जाए तो पता नहीं कैसे परिणाम निकलेंगे?' लेकिन आजीवक बाबू ने अपनी इस जिज्ञासा को सार्वजनिक नहीं किया, शायद किसी अन्य अवसर के लिए बचा के रखा हो।

डॉ. तरुण और सतीश गौतम के प्रश्नों के जवाब देने के बाद अब प्रश्न पूछने की बारी आजीवक बाबू की थी। उन्होंने दोनों को संबोधित करते हुए अपनी बात एक अलग मुद्दे की ओर यानी राजनीतिक चरित्र की ओर ध्यान दिलाने के लिए शुरू की—"जब कोई दलित नेता, एम.पी., एम.एल.ए. वगैरह किसी रिश्वतकांड में फँसता है या किसी पार्टी का अध्यक्ष, यानी कोई दलित यदि किसी पार्टी फंड के लिए कोई रिश्वत वगैरह लेता है या अन्य किसी अपराध में फँसता है तो आपने किसी पार्टी को उसके पक्ष में खड़े होते देखा है, उसे डिफेंड करते हुए देखा है? सही बात है, किसी के भी गलत कार्य या आपराधिक कारनामों को डिफेंड नहीं किया जाना चाहिए।

"इसके विपरीत दूसरी स्थिति यह है—यदि कोई गैर-दलित, भले ही वह बड़े-से-बड़े नरसंहार में शामिल ही क्यों न हो, मॉब-लिंचिंग का हिस्सा क्यों न हो, लोगों को जिंदा जला देने के कांड में शामिल क्यों न हो, संविधान व उच्चतम न्यायालय को चुनौती देने का गुनहगार क्यों न हो, धार्मिक स्थलों की तोड़-फोड़ व सांप्रदायिक गुंडागर्दी में शरीक क्यों न हो, देश-विरोधी व आतंकवादी गतिविधियों तक में आरोपी क्यों न हो, पूरी पार्टियाँ उसके साथ खड़ी होती हैं। वे उन्हें सम्मानित तक करती हैं और चुनाव तक लड़ने का अवसर प्रदान करती हैं। यहाँ तक कि उन्हें मंत्री-संत्री तक के सर्वोच्च पदों से नवाजती हैं। ऐसे में मेरा सवाल आप दोनों से यह है—'ऐसे में दलित समाज से जुड़ा व्यक्ति, राजनेता या राजनीतिक पार्टी वह हथकंडे क्यों अपनाते हैं, जो ये गैर-दलित पार्टियाँ, व्यक्ति या हुक्मरान अपनाते हैं? जब इन्हें संविधान और इसके निर्माता के प्रति पूर्ण समर्पण है, सम्मान है, ये क्यों नजर आते हैं किसी भी आपराधिक गतिविधियों में, आखिर क्यों?' "

आजीवक बाबू की टिप्पणी से दोनों के चेहरे से विजय के भाव कुछ फीके जरूर पड़े थे, लेकिन दोनों की मिली-जुली प्रतिक्रिया थी। पहले डॉ. तरुण ने अपनी बात रखी, "मैं इस बात से पूरी तरह सहमत हूँ कि किसी भी रिश्वत जैसे

अनैतिक व अपराधी प्रकृति के कारनामे से सभी को बचना चाहिए और कोई बचे-न-बचे, लेकिन दलित-शोषित व कमजोर वर्ग के लोगों को कम-से-कम इनसे बचना चाहिए। ये सारे कारनामे गैर-दलितों के लिए ही छोड़ दिए जाने चाहिए, क्योंकि पुलिस भी गैर-दलितों का ही प्रत्यक्ष व परोक्ष रूप से समर्थन करती है। वजह साफ है कि उनके पास पैसा, जान-पहचान व न्याय की खरीद-फरोख्त तक की कोई कमी नहीं है। दलितों के पास इसका नितांत अभाव है। इस दृष्टि से भी और नैतिकता की दृष्टि से भी, इन्हें किसी भी लफड़ेबाजी से दूर ही रहना चाहिए, तभी वे समाज के कमजोर वर्ग की लड़ाई लड़ सकेंगे।"

"क्या दलितों की लड़ाई कोई गैर-दलित संगठन या राजनीतिक दल उतनी शिद्दत से लड़ेगा जितनी अपेक्षा है, यह अपने आप में अँधेरे में तीर मारने जैसा है, अगर ऐसा होता तो अभी तक न दलितों की कोई समस्या ही रहती और न ही समाज में उन्हें अपने आप को दलित कहने के लिए विवश होना पड़ता। आजकल अधिकतर गैर-दलित राजनीतिक दलों के लिए काम कर रहे दलित राजनेताओं का आशय केवल और केवल अपना निजी हित साधना है। समाज का हित उनकी प्राथमिकता नहीं हैं, अगर वे चाहें भी तो दूसरे दलों में वे ऐसा कर ही नहीं सकते। इसलिए दलितों के हितों के लिए कौन लड़ेगा, यह एक तीखा सवाल है।" डॉ. तरुण शायद कुछ और भी कहना चाह रहे हों, लेकिन गौतम अपनी बात कहने के लिए कुछ ज्यादा ही उत्साहित दिखे।

गौतम ने अपनी बारी का भरपूर लाभ उठाया और अपनी बात बड़ी जिम्मेदारी से रखी—"एक बात मेरी समझ से बाहर है। इस राजनीतिक पतन के दौर में सारी नैतिकता की ठेकेदारी क्या दलितों और दलितों की पार्टी के हिस्से आती है। किसी और का इससे कोई लेना-देना क्यों नहीं होना चाहिए? यदि दलित नैतिक के इस चक्रव्यूह में फँसे रहेंगे तो वे कभी सत्ता में आ ही नहीं पाएँगे। यदि सत्ता में नहीं होंगे तो उनके अपने हित कैसे सुरक्षित रह सकते हैं। मुझे लगता है, ऐसे में अत्याचार और शोषण का बाजार गरम होगा। आरक्षण के कारण दलितों में जो थोड़ा-बहुत शिक्षा का प्रचार-प्रसार हुआ है या उनकी जो थोड़ी-बहुत आर्थिक स्थिति में सुधार आया है, वह सब बरबाद हो जाएगा। हम सब घूम-फिरकर वहीं पहुँच जाएँगे, जहाँ से आरक्षण पॉलिसी लागू होने से पहले खड़े थे?"

डॉ. तरुण इस मुद्दे पर और अधिक प्रकाश डालना चाह रहे थे, इसलिए उन्होंने गौतम की बात खत्म होते ही पुन: चर्चा की कमान थाम ली—"यह काम तो सभी बुद्धिजीवियों का है और देश के जिम्मेदार नागरिकों का है। गैर-दलित बुद्धिजीवी भी इसमें अहम भूमिका अदा कर सकते हैं। जो सच्चे मायने में बुद्धिजीवी है, वह जाति और धर्म जैसी संकीर्णताओं से ऊपर उठकर बराबर काम करता है और आगे भी करेगा, लेकिन मौजूदा सियासी गुंडागर्दी के दौर में भी गैर-दलित पत्रकार, जिनमें बहुत सारे ब्राह्मण हैं, वे अपनी रोजी-रोटी ही दाँव पर नहीं लगा रहे हैं, अपना सुख-चैन और यहाँ तक कि जिंदगी भी दाँव पर लगाकर सियासी षड्यंत्रों के खिलाफ साथ खड़े हैं। वे हिंदुत्व के विरोध में ताल ठोककर खड़े हैं, लेकिन इसके बावजूद मैं तो यही कहूँगा कि इस अभियान में, इस आंदोलन में दलित बुद्धिजीवियों व लेखकों की महती भूमिका की दरकार है, वरना···।"

'वरना' पर आकर डॉ. तरुण रुक गए···रुक ही क्यों गए, बल्कि ड्राइंगरूम में पड़े पलंग पर आरामतलबी की गरज से पीछे को लुढ़क गए। उनकी एक बड़ी समस्या है कि वे न ज्यादा देर तक बैठ ही सकते हैं और न ज्यादा देर तक लगातार बोल ही सकते हैं। इसलिए लेट गए और लेटने की स्थिति में उनकी प्रश्नवाचक दृष्टि अभी भी आजीवक बाबू की ओर लगी थी, क्योंकि गौतम अपनी बात पहले ही रख चुके थे। अब इस मुद्दे पर जो कुछ भी कहना था, वह आजीवक बाबू को ही कहना था।

आजीवक बाबू ने मुद्दे पर आने से पहले अपनी बात को कुछ इस प्रकार रखना शुरू किया—"आपको अटपटा लगेगा, लेकिन यह जीवन की हकीकत है—जिस इनसान के पास जितनी कम शिकायतें हैं, वह इनसान उतना ही सुखी है। इसके विपरीत, हमारे ज्यादातर लेखकों के पास शिकायतें-ही-शिकायतें हैं, निवारण नहीं हैं। परिणामस्वरूप, समाधान की दुनिया सिरे से बंजर नजर आती है। मैं ऐसे लेखकों को भी जानता हूँ, जो बीस-पच्चीस साल से लिख रहे हैं, वे आज भी सिवाय ब्राह्मणवाद के कपड़े फाड़ने, कपड़े उतारने के अलावा नया कुछ भी प्रेरणादायक नहीं लिख पा रहे हैं। अपना क्या है, क्या करना है, इससे उनका कोई लेना-देना नहीं है। उनके लेखन व चिंतन का सारा ताम-झाम आरोप-प्रत्यारोप का कोरा स्टीरियो टाइप तमाशा बनकर रह गया है। ऐसा नहीं है कि शिकायतें नहीं

होनी चाहिए, बराबर होनी चाहिए, उनके कारणों की खोज भी होनी चाहिए, लेकिन इसे घिसी-पिटी यथास्थिति के बखान तक सीमित नहीं होना चाहिए। दिक्कत की बात है कि जिनके कई-कई कविता-संग्रह आ गए हैं, वे कल भी फतवेबाजी कर रहे थे, आज भी फतवेबाजी ही कर रहे हैं? अगर ऐसे ही चक्रव्यूह में उलझे रहेंगे तो समाधान आएगा कैसे? कई बार तो ऐसा लगता है कि कुछ लोगों ने दूसरों की खामियाँ गिनाना ही सारी समस्याओं का समाधान मान लिया है।

"दूसरे, ऐसा ही फतवेबाज उनका पाठक वर्ग है। वाह! वाह! एकदम सही! कमाल कर दिया! अतिशयोक्तिपूर्ण प्रतिक्रिया से लगता है कि जैसे यह फतवेबाज पाठक दूसरी कोई प्रतिक्रिया देना जानता ही नहीं। दलितों ने अपने लेखक संघों के माध्यम से एक नई संस्कृति का निर्माण किया है। उन्होंने लेखक संघों की परिभाषा ही बदलकर रख दी है। लेखक संघ हैं, लेकिन इनमें लेखक नहीं हैं। संघों में चिंतन-लेखन के अलावा सबकुछ होता है, मीटिंग होती हैं, मीटिंग में राजनीति होती है, गुटबंदी होती है, शॉलें बँटती हैं, प्रशस्ती पत्र बँटते हैं, बस और क्या? न कोई लेखन संबंधी कोई वर्कशॉप, न किसी समसामयिक मुद्दों पर आमने-सामने कोई चर्चा, न रोजमर्रा की चुनौतियों के लिए कोई रणनीति। आजकल चिंतन लेखन के स्तर पर बड़े वैक्यूम के चलते शायद लेखक संघों की यही सबसे सटीक परिभाषा रह गई है। मैं इसे ह्यूमन रिसोर्सिज व ऊर्जा की टोटल बरबादी के रूप में देखता हूँ। आप जिस रूप में समझना चाहें, वैसे समझ सकते हैं।

"मुझे इस विषय पर आप लोगों से और भी बात करनी है, क्योंकि मेरी प्रबल मान्यता है कि दूसरों के दोष ढूँढ़ने की अपेक्षा हमारा फोकस अपने आलोचनात्मक मूल्यांकन पर होना चाहिए, आत्मावलोकन पर होना चाहिए, क्योंकि यही अपने सपनों की भावी इमारत बनाने के लिए सारा रॉ-मैटेरियल मुहैया कराता है। यही हमारा कदम-कदम पर मार्गदर्शन कर सकता है, लेकिन ऐसा हो नहीं रहा है, यह दु:खद है। एक नया दौर दलितों द्वारा पुरस्कार वितरण का चल पड़ा है। इसका किसी रचनात्मक कार्यों से कोई लेना-देना नहीं है। पुरस्कार का चारा डालकर गुटबंदी के नए-नए कीर्तिमान स्थापित करने की होड़ लगी है। इसका सीधा सा मतलब कोरी राजनीति, फेसबुक पर धमा-चौकड़ी के नए कीर्तिमान स्थापित करना, इवेंट मैनेजमेंट के अतिरिक्त कुछ और नहीं रह

गया है। वैसे इवेंट मैनेजमेंट का हुनर होना भी आज की माँग है। इवेंट मैनेजमेंट के दम पर ही तो आजकल सरकार के बनने-बिगड़ने का नया दौर चला हुआ है। इस संभावना से भी इनकार नहीं किया जा सकता कि इवेंट मैनेजमेंट के हुनर के चलते दलितों की भी किसी नई राजनीति का आगाज हो जाए।"

आजीवक बाबू अपनी प्रतिक्रिया के दौरान डॉ. तरुण और गौतम की ओर बराबर देखते हैं और उनकी भाव-भंगिमा का जायजा लेने का प्रयास करते हैं, लेकिन उधर कोई प्रतिक्रिया की सूरत नहीं बन रही थी, उन्हें लगता था कि कुछ-न-कुछ जबरदस्त होनेवाला है, लेकिन जब तक कुछ नहीं हो रहा था, आजीवक बाबू ने अपने दिल का गुबार निकालने से पहले एक अल्पविराम जैसा पाने की गरज से डॉ. तरुण को बीच में हस्तक्षेप करने के लिए उकसाया—"आजकल पुरस्कार पानेवालों की एक अलग जमात तैयार हो गई है, जिसका काम सिर्फ पुरस्कार पाने की तिकड़मबाजी करना रह गया है। इस कड़ी में मैं डॉ. तरुण से चाहूँगा कि वे बताएँ कि 'पुरस्कार कैसे मिलते हैं?' प्रो. एल.के. निगम के पुरस्कार के विषय में व्यक्त अनुभव भी साझा करें। मुझे खुशी है कि जब एल.के. निगम पुरस्कार मिलने के तर्कशास्त्र का रहस्योद्घाटन कर रहे थे, तब डॉ. तरुण के साथ मुझे भी पुरस्कार का तर्कशास्त्र समझने का मौका मिला।"

डॉ. तरुण ने लेटे-लेटे ही पुरस्कार के फॉर्मूले को डी-कोड किया, जैसा कि प्रो. एल.के. निगम ने अपनी जुबाँ से बयाँ किया, "यह जो मैं पुरस्कार मैनेजमेंट की बात आपसे साझा कर रहा हूँ, यह एक बानगीभर है। पुरस्कार के निर्धारण के लिए एक कमेटी होती है, लेकिन निजी संबंधों के आधार पर भी ऐसा होता है कि बिना किसी बायोडाटा के किसी को नामांकित कर दिया जाता है। प्रो. निगम स्वयं भी ऐसे विभाग में ऑनरेरी सदस्य रहे हैं, जहाँ पुरस्कार देनेवाली विभिन्न कमेटियों की लिस्ट आती है। वे अपने निजी संबंधों के आधार पर अपने भक्तों, अपने चहेतों के नाम प्रस्तावित करा चुके हैं। बिना पांडुलिपि के भी बाल साहित्य पुरस्कार दिए जाने की कहानी वे जानते हैं। पुरस्कार यदि सांप्रदायिक ताकतों से मिले तो भी कुछ लोग किंतु-परंतु लगाकर पुरस्कार झटक ही लेते हैं। जाति के आधार पर पुरस्कार पा लेना भी आज एक अलग प्रकार की कला हो गई है, योग्यता हो गई है। पुरस्कार की राजनीति और राजनीति के पुरस्कार दोनों ही मामलों में उम्मीदवार

के गिरने की कोई सीमा नहीं रह गई है। पुरस्कार के लिए जब चाहो, जैसे चाहो, किसी को भी माईबाप बनाया जा सकता है। मतलब निकल जाने के बाद फिर डिसओन किया जा सकता है। क्या फर्क पड़ता है, पुरस्कार के लिए कितने भी माईबाप बदले जा सकते हैं, लेकिन माँ तो बेचारी एक ही रहती है, जिसे पुरस्कार के लिए अपनी खुदगर्ज औलाद के बार-बार नाजायज होने की जिल्लत झेलनी पड़ती है, लेकिन माँ तो माँ होती है, अपनी ऐसी औलाद के बार-बार नाजायज हो जाने के बाद भी उसे डिसओन नहीं करती, शायद कर भी नहीं सकती।"

डॉ. तरुण की पुरस्कार की राजनीति सिर्फ दलितों के संदर्भ में ही नहीं, यह गैर-दलितों पर भी बराबर लागू होती है, क्योंकि जो कुछ खुराफाती कारनामे दलितों के पास आते हैं, वे ऊपर से ही छनकर आते हैं। दलितों के आत्ममंथन की इस कड़ी में आजीवक बाबू भी अपनी बात को दलितों तक सीमित रखते हुए कहते हैं, "आप दोनों को यह बात बहुत अखरेगी, लेकिन यह मेरा निजी अनुभव है कि दलितों के वरिष्ठतम लेखकों में जबरदस्त असुरक्षा का भाव है। वे अपने सीनियर लेखकों से तो सदा डरे रहते ही हैं, लेकिन अपने से काफी जूनियर लेखकों से डरे रहना उनकी नियति बन गया है। ये तथाकथित मठाधीश इतने डरे होते हैं कि मंचों से ही नहीं, ये अपने कनिष्ठ साहित्यकारों की पीठ पीछे भी अजीबोगरीब षड्यंत्रों में लिप्त होने से मुक्त नहीं रह पाते। जहाँ सुरक्षा का इतना अभाव हो, वहाँ आपसी सहयोग की संभावनाओं के लिए जगह ही कहाँ बचती है? ये गैर-दलितों को तो सह-अस्तित्व व आपसी सहयोग की अनदेखी के लिए कठघरे में खड़ा करने का कोई अवसर नहीं छोड़ते, लेकिन अनेक ऐसे ही मामलों में दलित भी दलितों की जड़ काटने की इस दौड़ में किसी कट्टर ब्राह्मणवादी से कम नहीं हैं। मैं इसे डिग्निटी के अभाव के रूप में देखता हूँ। यहाँ व्यक्ति के निजी हित सर्वोपरि और आंदोलन के हित कुछ भी नहीं रह गए हैं। यह किसी भी आंदोलन के लिए चिंता की बात है।"

आजीवक बाबू डॉ. तरुण और गौतम के मौन को तोड़ने के लिए उनसे पूछते हैं, "यदि आपको बीच में कुछ कहना है तो अपनी बात रख सकते हैं। ऐसा नहीं कि गौतम की तरह बाद में उलाहना दें कि हमें अपनी बात कहने का अवसर ही नहीं दिया।"

लेकिन दोनों जैसे इस विषय को आगे बढ़ता देखना चाह रहे थे। इसलिए दोनों ने एक सुर में कहा, "आप अपनी बात पूरी कर लें। जहाँ जरूरी होगा, वहाँ हम अपने आप ही आपको रोककर अपनी बात कर लेंगे।"

आजीवक बाबू ने थोड़ी चुटकी लेते हुए कहा, "ठीक है, जब चाहे कह लेना, लेकिन यह तो मैंडेटरी नहीं है न कि बीच में पानी भी नहीं पी सकते।" आजीवक बाबू की बात सुनकर गौतम को अपनी गलती का अहसास हुआ और किसी को पानी के लिए कहने के बजाय खुद ही पानी लाने चले गए।

आजीवक बाबू ने अपनी प्यास बुझाकर आनेवाले अकाल की चिंता कुछ इस प्रकार व्यक्त की, "ऐसी ही असुरक्षा की भावना मुझे हिरानिम में नजर आती है, इसलिए उनकी सारी गतिविधियाँ विध्वंसक बनी रहती हैं। इसकी क्षति समाज व देश को हो रही है। फलस्वरूप, देश का सामाजिक, राजनीतिक व आर्थिक ताना-बाना ऐसी ही असुरक्षा व डर के कारण बरबादी के कगार पर है। दलित बुद्धिजीवियों की दुनिया अलग हो गई है। लेखकों की दुनिया अपने लेखन की छपास, पुरस्कार पाने की मार्केटिंग और पाठ्यक्रम का हिस्सा बनने की जद्दोजहद तक सिमटकर रह गई है। पाठ्यक्रम में शामिल होने के मामले में इतनी हेरा-फेरी है कि पुस्तक अभी प्रकाशित होकर ठीक से आई भी नहीं, इसमें क्या लिखा है; कुछ पता नहीं, लेकिन पुस्तक की माँग हो रही है कि पुस्तक भेजो, इसे पाठ्यक्रम में लगवाना है।

"मुझे लगता है कि इसे इन दो कहावतों के जरिए बेहतर जाना जा सकता है, एक चूहे को हल्दी की गाँठ मिली नहीं कि पंसारी बन बैठा। दो, अंधा बाँटे रेवड़ी, अपनों-अपनों को दे। आजकल पाठ्यक्रमों में अपनी कृतियों को शामिल कराने के लिए किसी रसिक टाइप व कमजोर बौद्धिकतावाले प्रोफेसर, खबरों में रहनेवाले लेखक या रचनाकार को किसी उच्च पद या हैसियत का होना जरूरी हो चला है। वैसे भी आज के बाजारवाद के युग में हर कार्य नफे-नुकसान के आधार पर ही अंजाम तक पहुँचता है, गुणवत्ता के आधार पर नहीं। आजकल गुणवत्ता की स्थिति ऐसी हो गई है, जैसे सच्चाई के साथ खड़े होने की। सच्चाई के लिए वकालत करने की, क्योंकि दोनों को आश्चर्य अथवा शक की नजर से देखा जाता है। दरअसल ये रोजमर्रा के व्यवहार का हिस्सा नहीं रह गई हैं,

इसलिए अजूबा लगती हैं। चारों ओर ऐसे अजीबोगरीब नेक्सस के चलते क्या किसी न्याय जैसी अवधारणा का कोई मतलब रह जाता है?"

डॉ. तरुण इस प्रतिक्रिया पर इतना बोले, "जब कोई लेखक लिखता है तो आमतौर पर एक आदर्श स्टैंड लेकर लिखता है। बिना आदर्श स्टैंड के कोई अच्छी बात कही ही नहीं जा सकती, लेकिन जिस लेखक, राजनेता, गुरु, धर्मगुरु वगैरह की करनी और कथनी में जमीन-आसमान का अंतर हो तो यह गंभीर चिंता की बात होनी चाहिए। इसके शिकार दलित लेखक बखूबी हो रहे हैं। यही स्थिति मीडिया पर भी लागू होती है, लेकिन बेहद दुःख की बात है कि ये सभी मूल्य भ्रष्ट राजनीति के शरणागत हो गए हैं, लेकिन हैरत की ही नहीं, गैरत की बात हो गई है कि भ्रष्टाचार व अनैतिकता के जनक देशभक्ति और समाजसेवा के नाम पर इतनी लंबी-लंबी फेंकते हैं कि देश के सबसे बड़े फेंकुओं के भी रिकॉर्ड तोड़ने की श्रेणी में आ जाते हैं। ऐसे में किसी समाज या देश के हित की कैसी उम्मीद और कैसे? ये सवाल परेशान करनेवाले हैं।"

इतनी लंबी चर्चा के चलते लगता है कि सबके गोला-बारूद और कारतूस जैसे समाप्त हो गए थे, लेकिन सतीश गौतम आज की चर्चा में जैसे कुछ पिछड़ गए थे, शायद होस्ट होने के कारण वे ज्यादा कुछ नहीं बोल रहे थे। उनकी आक्रामकता भी एक-दो अवसरों पर नजर आई। यदि वे होस्ट नहीं होते तो न जाने वे आक्रामकता के कितने छक्के मार चुके होते, लेकिन गौतम चूँकि यंग हैं, इसलिए टिप्पणी भी उसी जोशवाले अंदाज में करनी शुरू की, "कुछ नहीं, यह सब तो चलता ही है। भले ही आप हकीकत में नहीं डरे, लेकिन चर्चा में तो डरे लगते हो। डर भगाने के लिए चलते-चलते किसी का कहा ये शे'र सुनो—

मैं इतना कमजोर नहीं कि न ले सकूँ अपने सीने पे खंजर।
हसरत इतनी सी है बस कि वार पीछे से नहीं, सामने से हो॥

इस शेर को सुनाने से पहले ही गौतम के चेहरे पर मुसकान आ गई थी। यह मुसकान उनके घर पर पहली मीटिंग के सफल समापन की थी या कुछ और लेकिन इस शे'र ने तीनों के चेहरे पर हलकी सी मुसकान को जरूर अस्तित्व में ला दिया था, जो पूरी चर्चा के दौरान सिरे से नदारद थी।

□

तेरह

जैसे ही बैठक का समापन हुआ, सतीश गौतम अपने घर से डॉ. तरुण और आजीवक बाबू को बस स्टैंड तक छोड़ने आए। इस 10-15 मिनट के सफर में न विचारों का घना जंगल था और न ही दिमाग पर किसी प्रकार का दबाव। यद्यपि आजीवक बाबू और डॉ. तरुण के लिए स्वयं सतीश गौतम, उनके घर के सदस्य और उनका घरेलू परिवेश सभी जाने-पहचाने थे, लेकिन वहाँ से बस स्टैंड की ओर आते हुए ऐसा सुकून-सा मिल रहा था कि जैसे किसी परीक्षा भवन से परीक्षा देकर लौटते हुए मिलता है। फर्क इतना था कि परीक्षा भवन में सिलेबस के आधार पर निर्धारित प्रश्नों के हल तलाशने की मगजपच्ची होती है, लेकिन यह तिगड़ी जिस परीक्षा भवन से वापस लौट रही थी, उसमें कोई पूर्व-निर्धारित सिलेबस होता ही नहीं, शायद हो भी नहीं सकता। इसमें प्रश्न भी मल्टिपल चॉइस, मैचिंग टाइप नहीं होते और न ही टिक मार्क करनेवाले ही होते हैं। ऐसे परीक्षा भवनों में सबसे बड़ा प्रश्न 'व्यक्ति' होता है। वही पूरक प्रश्नों का केंद्र बिंदु भी होता है। 'व्यक्ति' को केंद्र में रखकर ही समाज, धर्म, राजनीति वगैरह किसी भी डिसिप्लिन से, किसी भी प्रकार के प्रश्न हो सकते हैं और किसी भी लेवल के हो सकते हैं। आजीवक बाबू ऐसी ही रोजमर्रा की निरंतर चलनेवाली परीक्षाओं के एक स्थायी परीक्षार्थी बनकर रह गए हैं। वे जानते हैं कि ये परीक्षाएँ खत्म होनेवाली नहीं हैं और न ही इन परीक्षाओं का कोई अंतिम परिणाम ही आनेवाला है।

जो सुकून सतीश गौतम के घर से आते वक्त रास्ते में मिल रहा था, घर आते-आते अब वह आजीवक बाबू का दामन छोड़ रहा था। वे घर पहुँचकर अपने आप को काफी असहज महसूस कर रहे थे। इसकी खास वजह यह थी

कि आज जो बातें मीटिंग के दौरान हुईं, उनसे सतीश गौतम और डॉ. तरुण कुछ असहमत-से लग रहे थे। संभवत: यह डिफरेंस ऑफ ओपिनियन की वजह से था, लेकिन आजीवक बाबू के मन में अचानक एक चिर-परिचित प्रश्न ने दस्तक दी, 'कहीं मेरी बातें, मेरी सोच, मेरे इन दो मित्रों के बीच भी दूरियाँ तो नहीं बढ़ा देंगी? मुझे इन दोनों से भी जुदा करने का सबब तो नहीं बन जाएँगी? अगर ऐसा हुआ तो यह एक अलग प्रकार की सर्जिकल स्ट्राइक होगी।' आजीवक बाबू जितना इन प्रश्नों को अनदेखा करते, उतना ही ज्यादा ये प्रश्न उनका पीछा करते। वे इन प्रश्नों के उत्तर को 'हाँ' में अफोर्ड नहीं कर सकते थे, लेकिन ये प्रश्न मच्छरों की तरह उनकी नींद के दुश्मन बन गए थे, बार-बार करवट बदलने का सबब बन गए थे, वैसे भी विचारों की उधेड़बुन के कारण आजीवक बाबू को नींद न आना एक व्याधि-सी बन गई थी। आज भी नींद का अता-पता नहीं था और आजीवक बाबू के रीयल सेल्फ और इनर सेल्फ के बीच एक अजीब सा संवाद जारी था, यानी आजीवक बाबू स्वयं ही प्रश्न बने थे और स्वयं ही उत्तर और दोनों के बीच अजीब सा टकराव था, अजीब सा कंफ्यूजन था।

आजीवक बाबू अपने इन अंतर्द्वंद्वों के बीच किसी ऐसे मुकाम की तलाश में थे कि साँप भी मर जाए और लाठी भी न टूटे। आजीवक बाबू अपने चेतन और अचेतन सेल्फ के बीच अतीत के अपने ऐसे ही अनेक मधुर संबंधों के विच्छेद को लेकर एक संवाद से रू-ब-रू होते हैं, "मैं तो साहित्य की दुनिया में शैशवावस्था में था। घुटनों पर रेंगने जैसी हालत थी मेरी, लेकिन प्रो. ललित अपने साहित्य की दुनिया के शिखर थे, फिर भी उन्होंने मेरी पहली पुस्तक के प्रकाशन से लेकर आज तक अजीब से षड्यंत्रों की बाढ़ ला रखी है और आज भी वे जैसे बगल में छुरी लिये घूमते हैं। 'दलित' शब्द के पैरोकारों के विरुद्ध मेरे स्टैंड ने मेरे संबंधों को सबसे अधिक क्षति पहुँचाई है। खलनायक बनकर रह गया हूँ इनकी जमात में। ऐसे में कैसे मिलूँ उनसे गले? कैसे डालूँ गलबहियाँ? कैसे कतरने दूँ अपनी उड़ान के पंख? और कैसे छोड़ दूँ सिंधु सभ्यता तक अपनी विरासत के हौसलों की उड़ान? कैसे डिसओन कर लूँ खुद को, अपने मूल निवासी होने की विरासत से? और कैसे स्वीकार कर लूँ—'मैं दलित हूँ'

सदा के लिए 'दलित'। 'दलित' ही मेरा वर्तमान, 'दलित' ही मेरा भविष्य और 'दलित' ही मेरा दीनो-ईमान?

"नहीं दे सकता मैं अपनी औलाद को यह घिनौनी विरासत। नहीं कर सकता मैं किसी बेहूदा फेसबुक पोस्ट पर वाह! वाह! लाजवाब! एकदम सही! इसलिए मंजूर है मुझे फेसबुक की दुनिया से भी बेदखल हो जाना, हुक्का-पानी बंद हो जाना। किसी 'दलित' और 'दलितपन' की सामूहिक कैद से अच्छा है, क्यों न इकट्ठा करूँ अपने हिस्से की धूप-छाँव और हवा-पानी, ताकि भर सकूँ अपने सपनों की उड़ान, अपने अकेले के दम पर, निर्विवादित खुले आकाश में?"

निजी संबंधों के मामले में बहुत कुछ खोने के बावजूद, आजीवक बाबू कम्फर्ट जोन में थे, लेकिन मौजूदा राजनीतिक परिदृश्य के संदर्भ में कोई कम्फर्ट जोन समझ नहीं आ रहा है। उनके दिमाग की नसें बिजली के तार-सी तनी हैं, जब उनकी स्मृति में यह तसवीर चलचित्र की तरह गतिमान होती है—'हिरानिम (हिंदू राष्ट्र निर्माण महासंघ) का सरदार हाथ में लाठी लिये जैसे मौजूदा सियासी रोबोट को पशुओं के झुंड की तरह हाँक रहा है। दावा कर रहा है, ये हमारे रोबोट हैं, हमारी सेना है, इसमें सॉफ्टवेयर हमारा है और प्रोग्रामिंग भी हमारी ही है। इतना दावा करके वह हिरानिम का सरदार आँखों से ओझल हो जाता है। यह इस फिल्म का मध्यांतर जैसा हो जाता है।

मध्यांतर के बाद जाति, धर्म, मीडिया, सेना, गाय-भैंस, जिंदा-मुर्दा इनसान और जिंदा-मुर्दा मुद्दे सब बलि के बकरे की तरह सामने मिमियाते नजर आते हैं। इन बलि के बकरों के झुंड को छाँट-छाँटकर अपने अलग-अलग सियासी मंचों पर ले जाया जाता है, हलाल किया जाता है और सेलिब्रेशन होता है। भीड़ इस सेलिब्रेशन में ताली बजाती है, खूब शोर-शराबे के बीच इस बलि प्रथा की वैधता पर अपनी मुहर लगाती है और अंततः मोगैम्बो खुश होता है, बहुत खुश होता है। आजीवक बाबू के दिमाग में चल रहे चलचित्र के स्क्रीन पर महीनों से यही हो रहा है, बस बलि के स्थान बदल रहे हैं।

बार-बार फिर नई भीड़, नई बलिवेदी, नई प्रकार की हलाली, नया सेलिब्रेशन और फिर नए तरीके से मोगैम्बो खुश होते हैं। कई हफ्तों से यह सबकुछ ज्यादा ही तेजी से चल रहा है, यानी हिरानिम के सॉफ्टवेयर का यह

कारनामा। भारत माँ के आँचल का नाममात्र का ही कोना बचा है, जो इन बलि के बकरों के खून से निरंतर रँगा नहीं है। आजीवक बाबू को अहसास हो चला है कि हिरानिम का रोबोट अभियान भारत माँ के आखिरी कोने तक को मानवीय खून से रँग देने से पहले रुकनेवाला नहीं है।

आजीवक बाबू के दिलो-दिमाग में चल रहा चलचित्र एकदम रुक गया, जैसे चलती फिल्म का रिबन ही टूट गया हो। इसके साथ ही आजीवक बाबू उठ बैठे। जब उनका हकीकत से सामना हुआ तो पाया कि यह चलचित्र नहीं, एक सपना था, जो हकीकत से बड़ी हकीकत का आईना है। उन्हें समझ आ गया कि जितने भी प्रयास इस बलि प्रथा को रोकने के हुए हैं, सब न-काफी साबित हुए। आगे अब बचा ही क्या है कुछ करने लायक, सिवाय दिन-रात का चैन गँवाने के। महीनों से आजीवक बाबू की दिनचर्या का स्थायी हिस्सा बनी बेचैनी ने जैसे आज आजीवक बाबू के घुटने टिकवा दिए थे। इससे अधिक रातों की नींद और मन का सुकून गँवाने की स्थिति में अब आजीवक बाबू नहीं रह गए थे। उन्हें इस परेशानी की हालत में जाने-माने गजलकार तेजपाल सिंह 'तेज' की गजल का यह शे'र याद आता है—

जब-जब भी मिलें उलझनें यों कीजिए,
हो आईने से रू-ब-रू हर गाँठ खोलिए।

इस शे'र के आईने में आजीवक बाबू खुद को देखते हुए आत्म-मूल्यांकन करते हैं और अपने इनर सेल्फ से बतियाते हैं—"मेरी उलझनें एक दिन की नहीं हैं, ये तो जीवन भर चलनेवाली हैं। इनसे मुक्ति का विकल्प मेरे पास नहीं है। लेखन की दुनिया में कदम रखा है, कदम क्या, अब तो यह एडिक्शन-सा हो गया है। इमोशनल फूल जो बनकर रह गया हूँ। इसलिए कुछ लिखे बिना चैन नहीं। जो लिखने के लिए उपलब्ध है, उसमें बेचैनी के अलावा कुछ है ही नहीं। मौजूदा चुनावी माहौल में इन उलझनों की गाँठें ही तो खोलने में जुटा हूँ। न आईना साथ दे रहा है और न ही उँगलियाँ, इसलिए ये उलझनें अब उलझनें कहाँ रह गई हैं, बबाल-ए-जान हो गई हैं।"

आजीवक बाबू मौजूदा बेलगाम सियासी खुराफातों से यकीनन टूट-से गए हैं और उन्हें हर ओर अँधेरे के अलावा कुछ नजर नहीं आ रहा है। ऐसे में उन्हें

बेचैनी से मुक्ति का कोई मार्ग नहीं सूझ रहा है। इसी दौरान उनके जेहन में 'तेज' की इसी गजल के एक दूसरे शे'र ने दस्तक दी—

बहते हुए पानी को न अश्कों से तोलिए,
जब-जब भी रुकें पाँव, चलने को बोलिए।

आजीवक बाबू को लगा—'तेज' साहब ठीक ही तो कह रहे हैं, मौजूदा सियासी माहौल भी बहता हुआ पानी ही तो है। चला जाएगा बहकर कुछ समय बाद किसी गटर में। इस पर आँसू बहाने की जरूरत ही क्या है? आँसू बहाने से फायदा भी क्या है? इस राजनीतिक अराजकता का कोई तोड़ भी नजर नहीं आ रहा। कभी सुना था कि जैसा राजा वैसी प्रजा, लेकिन आज इसका एकदम उलट हो गया है। आजकल जैसी प्रजा वैसा राजा, यानी वैसी सरकार हो गई है। कारण आज की जनता स्वच्छ छविवाले प्रत्याक्षी को तवज्जो न देकर राजनीतिक दल को महत्त्व देती है। अब तो आजीवक बाबू को लगने लगा कि इस शे'र की अगली पंक्ति जैसे उन्हीं के लिए लिखी गई है और मौजूदा परिस्थिति के समाधान के लिए लिखी गई है। इसलिए 'पाँव के चलने' की बात सराब नहीं, हकीकत लगी, यानी कि भ्रम नहीं लगी, साक्षात् शीतल जल का भंडार लगी, फिर क्या था, आजीवक बाबू ने सबसे पहले स्वयं से ही कह डाला, "यह हुई न बात महीनों की प्यास बुझाने की, शरीर की तपन मिटाने की। जय हो! तेज साहब, आपकी जय हो!"

सुबह होते ही आजीवक बाबू ने अपने ही घर में सर्जिकल स्ट्राइक कर डाली, यानी यह खुशखबरी शालिनी को बिना किसी प्रसंग के दे डाली। शालिनी के लिए तो यह जानकारी 'अंधा क्या चाहे दो आँखें' जैसी थी। शालिनी बिना किसी सवाल-जवाब के एकदम तैयार हो गई और बिना किसी पूर्व नियोजित कार्यक्रम के आजीवक बाबू ने अपनी गाड़ी उठाई और निकल पड़े पहाड़ों की रानी मसूरी की ओर, मुट्ठी भर सुकून के लिए। मस्ती में किसी शायर की इन पंक्तियों को गुनगुनाते हुए—'चल कहीं और चल ऐ मेरे हमनशीं, इस चमन में तो अपना गुजारा नहीं…।'

□□□